Rick Joyner

# Die Engel, die Ernte und das Ende der Welt



Projektion J Verlag GmbH, Wiesbaden

*Weitere Bücher von Rick Joyner:*

DIE ZWEI BÄUME IM PARADIES

LEITERSCHAFT, MANAGEMENT
UND FÜNF SCHLÜSSEL ZUM ERFOLG
(Frühjahr 1994)

Titel der Originalausgabe:
*The Harvest*


published by MorningStar Publications
P. O. Box 369
Pineville, North Carolina 28134



ISBN 3-925352-99-6

Die Bibelstellen wurden, soweit nicht anders angegeben, der Einheitsübersetzung entnommen.

Umschlaggestaltung: Büro für Kommmunikationsdesign Heidenreich, Haltern am See
Gesamtherstellung: Schönbach Druck GmbH, Erzhausen



2 3 4 5 94 95

# INHALT

# VORWORT

Oft bitten mich Menschen, ihnen das »Erlebnis« zu beschreiben und zu schildern, *wie* ich diese Vision empfangen habe. Deswegen möchte ich an dieser Stelle versuchen, diesem Wunsch mit wenigen Worten nachzukommen. Die wesentliche prophetische Sicht dieser Vision hatte ich in drei Teilen: den ersten Teil im September 1987, den zweiten im Mai 1988 und den dritten im September 1988. Während dieser Zeit habe ich bis heute viele weitere »Offenbarungen« erhalten, die diese Vision bestätigt und deutlicher gemacht haben und ebenfalls in diesem Buch aufgeführt sind. Um Klarheit zu schaffen, werde ich kurz die Situation schildern, in der ich mich befand, als ich all diese »Offenbarungen« empfing.

Seit meiner Bekehrung im Jahre 1971 wurde ich immer wieder dazu befähigt, in der Zukunft liegende Ereignisse zutreffend – wenn auch nicht allzu spezifisch – vorauszusehen. Gelegentlich hatte ich die seherische Fähigkeit, Menschen anzuschauen und danach Einzelheiten über ihr Leben zu wissen – wie beispielsweise Probleme, die sie gerade hatten oder geistliche Berufungen, die es in ihrem Leben gab. Ich wußte, daß diese Fähigkeiten die biblischen Gaben des »Wortes der Erkenntnis« und der »Prophetie« waren. Mir war auch durchaus bewußt, wie hilfreich diese Gaben sind, wenn man für andere betet. Die biblischen Prophetien über die Ereignisse in der Endzeit interessierten mich jedoch kaum, und mir war es weder ein Anliegen, Visionen und Offenbarungen zu erhalten, noch war mir daran gelegen, solche zu verstehen. Die Kirchengeschichte interessierte mich eher mehr als die bevorstehenden Ereignisse. Selbst heute sind mir wahrscheinlich die meisten verbreiteten Endzeitszenarien unbekannt, die im Leib Christi entstehen und weitergegeben werden.

Nach einigen Jahren, in denen ich mich vollberuflich für den Herrn einsetzte, wurde mir bewußt, daß meine persönliche Beziehung zum Herrn und damit auch mein Dienst oberflächlich geworden waren. Ich fühlte mich genau wie eine »Martafigur«; ich tat für den Herrn so viele Dinge, hatte ihn aber nie wirklich kennengelernt. Weil ich keine enge und vertraute Beziehung mit dem Herrn lebte, hatte ich mehr auf Formeln und Verfahren gebaut als auf die Salbung, die allein in der Lage ist, die Wahrheit für uns lebendig zu machen. 1980 beschloß ich, so lange mit dem Dienst auszusetzen, bis in mir eine »aufrichtige und reine Hingabe an Christus« (2 Kor 11,3) gewachsen sein würde. Ich war von Beruf Pilot. Deswegen nahm ich bei einer Fluggesellschaft eine Stelle als Flugzeugführer an. Diese Anstellung ließ mir für Bibelstudium und Gebet viel Zeit. Auf dem Land fand ich eine hübsche kleine Gemeinde, in der ich mich einfach in der letzten Bank zurücklehnen und mich an den Menschen freuen konnte. In den folgenden sieben Jahren nahm ich, von gelegentlicher Lehrtätigkeit abgesehen, keinerlei Dienste an. Ich kann mich auch nicht daran erinnern, während dieser Zeit irgendeine prophetische »Offenbarung« erhalten oder andere geistliche Gaben ausgeübt zu haben.

1982 erhielt ich von Gott einen ganz besonderen Ruf, in den Dienst zurückzukehren. Gleichzeitig ergab sich für mich eine Gelegenheit, in ein Unternehmen einzusteigen. Da ich mich noch immer unerfüllt und unzulänglich fühlte und gerade den schlimmsten persönlichen Angriff erlebt hatte, den der Feind mir je zugefügt hatte, entschied ich mich für die Wirtschaft. Zwar führte ich keinen »fleischlichen« Lebensstil oder ein Leben, das man als offensichtlich sündig bezeichnen würde, dennoch verlor ich in den nächsten fünf Jahren ein wenig die Nähe zum Herrn, was daran lag, daß ich ganz in dem Unternehmen aufging, das ich zu dieser Zeit aufbaute. 1987 rief mich der Herr mit dem Hinweis in den Dienst zurück, daß er meine Berufung jemand anderem geben würde, wenn ich dieses Mal nicht zurückkäme. Ich wußte zwar nicht, was meine »Berufung« sein sollte, ich wußte nur, daß ich sie nicht verlieren wollte. Ich antwortete unverzüglich auf diesen Ruf.

Ich war ziemlich sicher, daß ich nicht wieder Pastor werden sollte, aber ich konnte mir nicht vorstellen, was ich in der Gemeinde sonst hätte tun sollen. In den vergangenen sieben Jahren hatte ich keine einzige christliche Zeitschrift gelesen und keine christliche Fernsehsendung angeschaut. Ich kannte auch kaum etwas davon, was sonst in der Kirche weltweit so vor sich ging. Einige Jahre zuvor hatte ich das Buch *Die zwei Bäume im Paradies* * geschrieben, das in letzter Zeit sehr bekannt geworden ist. Ich rief einige Pastoren an, die ich entweder schon kannte oder die sich aufgrund des Buches mit mir in Verbindung gesetzt hatten, und ließ sie wissen, daß ich für eine Aufgabe zur Verfügung stünde. Einige luden mich als Redner in ihre Gemeinde ein. Ohne zu wissen, über welches Thema ich bei ihnen reden sollte, nahm ich diese Einladungen an. Ich wußte nur, daß ich keine alten Geschichten aus meinem früheren Dienst aufbereiten wollte. Sie waren damals vor sieben Jahren bereits alt und langweilig geworden, als ich den Dienst hinter mir ließ! Deswegen fuhr ich einfach hin und vertraute dem Herrn, daß er mir etwas geben würde, bis ich vor den Menschen stand. Ich denke, er schenkte mir gerade genug, daß es denen, die mich eingeladen hatten, nicht zu peinlich war.

Nachdem ich zum ersten Mal nach mehr als sieben Jahren wieder in einer fremden Gemeinde gepredigt hatte, kam ich heim und fühlte mich genauso unerfüllt und unzulänglich wie zuvor. Nur war jetzt noch der Eindruck hinzugekommen, daß ich an einem ganz anderen Punkt stand als die Gemeinde, die ich besucht hatte. Die einzige Änderung, die mich aufbaute, bestand in der Tatsache, daß ich mich dem Herrn viel näher fühlte, als dies seit langem der Fall war. Auch mein Wunsch, dem Herrn zu dienen, lebte wieder auf. So sehr ich das Fliegen liebte, es gab nichts, was mich mehr erfüllte als der Dienst für den Herrn, auch wenn ich ihn noch nicht sehr gut erfüllte.

Am Morgen nach meiner Heimkehr ging ich in mein Büro, um am liegengebliebenen Papierkram zu schaffen. Nachdem ich mich gesetzt hatte, spürte ich die ehrfurchtgebietende Gegenwart des Herrn. Ich glaube, er versuchte nach sieben Jahren, in denen keine prophetische Offenbarung stattfand, alles in drei Tagen aufzuholen, was ich versäumt hatte! Der gegenwärtige Zustand der Gemeinde Jesu und die bevorstehenden Ereignisse, die in diesem Buch festgehalten sind, wurden mir fast alle während dieser Zeit offenbart.

Ein Teil der Offenbarung kam in Form von »offenen Visionen«. Diese sind sichtbare, äußerliche Visionen; es ist so, als ob man auf

---

* Erschienen bei Projektion J Verlag GmbH, D-65187 Wiesbaden

eine Kinoleinwand schaut. Es gab andere zarte, innere Visionen, als ob die »Augen des Herzens« geöffnet würden. Jetzt habe ich oft Visionen und Träume voller Symbolik, die der Interpretation bedürfen, wie das bei den meisten biblischen Visionen der Fall ist. Die Visionen damals waren anders; viele der Einzelheiten, die Sie in diesem Buch lesen werden, habe ich tatsächlich so gesehen, wie es hier niedergeschrieben ist.

Einiges, was ich hier mitteile, kam so, als ob Gott mich ganz gewaltig mit der Gabe des Wortes der Erkenntnis salben würde – ich wußte einfach ganz plötzlich Einzelheiten über zukünftige Ereignisse, als ob es in mich hineingegossen worden wäre. Ich kann es nicht anders erklären, als daß ich einfach Dinge wußte, die mir vorher nicht bekannt waren. Mir wurde gesagt, »... daß beim Herrn ein Tag wie tausend Jahre und tausend Jahre wie ein Tag sind« (2 Petr 3,8). Gott sprach, er könne in mir an einem Tag das vollbringen, wozu er sich bei anderen vielleicht viele Jahre Zeit nehmen möchte. Ich denke, dies ist an sich schon eine Offenbarung dessen, was sich in Kürze abspielen wird. Viele, die jetzt ins Reich Gottes kommen, werden viel schneller zur Reife gelangen als in der Vergangenheit, da die Zeit nun kürzer ist.

Einiges, was ich in diesem Buch mitteile, entsprang wortwörtlichen Gesprächen mit dem Herrn. Ich habe seine Stimme zwar nicht akustisch gehört, doch ich kann mich nicht erinnern, sie jemals zuvor vertrauter und realer empfunden zu haben. Schon immer hatte ich einen großen Wissensdurst. Mein ganzes Leben lang als Erwachsener habe ich fast jede Woche ein Buch gelesen. Am meisten zog es mich zu Kirchengeschichte oder zu klassischer Literatur hin. Als der Herr während dieser Zeit zu mir sprach, waren seine Sätze kurz und gezählt. Doch jeder einzelne Satz gab mir Schlüssel, um einen großen Teil des scheinbar zusammenhanglosen und bezuglosen Wissens zu verstehen, das ich über die Jahre angesammelt, aber nie zuvor miteinander in Verbindung gesetzt hatte. Fakten und Ereignisse wiesen plötzlich Bezüge auf, die ich meiner Meinung nach nie selbst hätte finden können. Diese Schlüssel der Erkenntnis verhalfen mir auch zu einem Verständnis von Schriftstellen und aktuellen Ereignissen, auf die ich zwar seither gestoßen bin und sie studiert habe, die mir aber damals noch nicht vertraut waren. Der Herr sagte mir, daß er die Jahre wiederherstellen würde, die die »Heuschrecken gefressen« hätten (vgl. Joel

2,25). Ich glaube ganz ehrlich, daß ich zu keinem anderen Zeitpunkt meines Lebens so viel verstanden habe wie in diesen drei Tagen.

Normalerweise verbinde ich den Ausdruck »Vision« damit, daß prophetisch »Bilder« gesehen werden, gleichgültig, ob äußerlich oder innerlich. Als »Offenbarung« bezeichne ich die Tatsache, daß uns Erkenntnis und Verständnis zufällt, das wir mit unseren natürlichen geistigen Anlagen nicht hätten erlangen können. Der größte Teil dieses Buches fiel mir durch Visionen oder Offenbarungen zu, die übernatürlich waren. Einiges ist auch das Ergebnis meiner eigenen Studien. Doch auch diese wurden erst durch seine Salbung in einem solchen Licht gezeigt, daß ich sie in der Perspektive sehen konnte, in der sie hier mitgeteilt werden.

Oft höre ich, wie Menschen sagen, daß sie die Visionen und Träume, die sie mitteilen, nicht verstehen, als ob dies ihrer Erfahrung irgendwie mehr Glaubwürdigkeit verleihen würde. Das habe ich nicht so erlebt. Ich habe sehr wohl verstanden, was ich hier mitteile und würde es nicht tun, wenn ich es nicht verstanden hätte. Ich gebe gerne zu, daß meine eschatologischen Kenntnisse nicht fundiert waren, da ich mich vor dieser Vision kaum dafür interessierte. Und an dem Maßstab der meisten Leute gemessen sind sie wahrscheinlich auch jetzt noch oberflächlich. Einige der vagen Gedanken über die Zukunft, mit denen ich mich trug, entstammten ein paar Büchern, die ich in meinen ersten Jahren als Christ gelesen hatte. Seit dieser Vision hatte ich dann ein größeres Interesse an Eschatologie. Doch von den Dingen, die ich gelesen oder von anderen gehört habe, hat nicht sehr vieles das erhärtet, was mir gezeigt wurde. Jedoch sind mir auch darüber hinaus keine zwei Auffassungen zu Ohren gekommen, die sich gegenseitig bestätigt hätten!

Selbstverständlich wollte ich meine Visionen und Erkenntnisse durch die Schrift belegen und habe dies auch getan. In der Tat geht die Schrift auf viele Ereignisse der Geschichte oder der Endzeit sehr detailliert ein. Und das Muster, das ich in der Bibel erkenne, bestätigt zweifellos das Muster, das mir in dieser Vision zu Gesicht gekommen ist. Ich glaube, daß ich viele Schriftstellen bei weitem nicht so tiefgründig aufnehmen könnte, wenn ich diese Vision nicht gehabt hätte. Durch diese Vision wurden ein paar meiner wenigen oberflächlichen Konzepte, die ich über Eschatologie hatte, verändert, und ich glaube so verändert, daß sie eher mit dem übereinstimmen, was die Schrift lehrt. Dennoch bin ich überzeugt, daß es nicht richtig ist, Doktrinen anhand von Visionen, Träumen oder prophetischer Offenbarung aufzustellen. Prophetische Offenbarung ist vielmehr dazu geeignet, die Schrift zu erläutern und zu veranschaulichen. Und ebendies hat diese Vision auch bei mir bewirkt.

Trotzdem habe ich hier nur ein paar Hinweise auf die Schrift gegeben, um Raum zu lassen, daß der Herr selbst zu jedem sprechen kann, der dieses Buch liest. Ich denke, dies wird die Erfahrung des Lesers bedeutungsvoller und wirklichkeitsbezogener machen. Die Vision eines anderen nur zu lesen und sie gutzuheißen macht sie nicht unbedingt für uns selbst zur Offenbarung. Erst wenn der Herr das Wort in uns bestätigt, haben wir unsere eigene Begegnung mit ihm, und dann ist es nicht mehr allein die Offenbarung eines anderen. Ich denke, wir sollten uns immer um die Haltung der Männer von Samaria bemühen. Sie glaubten nämlich nicht einfach deshalb an Jesus, weil sie das Zeugnis der Frau am Brunnen gehört hatten, sondern weil sie ihn selbst gesehen und gehört hatten.

## Einige Worte über Prophetie

Seit die Zusammenfassung der ersten Vision Verbreitung fand, habe ich andere Menschen getroffen, die die gleiche Kernvision gesehen und aufgezeichnet hatten, zum Teil in größerer Klarheit und mit größerer Genauigkeit. Uns wurde ja verheißen: »*Nichts tut Gott, der Herr, ohne daß er seinen Knechten, den Propheten [Plural], zuvor seinen Ratschluß offenbart*« (Am 3,7). Um diese Vision richtig aufzufassen, darf man sie weder als exklusiv noch als allumfassend betrachten, sondern muß sie als einen Teil ansehen, der erst mit anderen Teilen zusammen ein fertiges Bild ergibt.

Die Vision, die ich gesehen habe, endet während der Ernte. Ich weiß nicht, zu welchem Zeitpunkt der Ernte sie endet, oder wieviel Zeit nach den Ereignissen, die ich sehen durfte, noch verbleibt.

Es ist Zeit, daß das Gericht beginnt, und es beginnt mit dem Haus des Herrn (vgl. 1 Petr 4,17). Der Apostel erklärte:

»Doch wenn wir jetzt vom Herrn gerichtet werden, dann ist es eine Zurechtweisung, damit wir nicht zusammen mit der Welt verdammt werden« (1 Kor 11,32).

Es gibt keinen sicheren Ort, wo wir hingehen, und auch nichts, was wir tun könnten, um dem kommenden Gericht zu entgehen. Das *einzige*, was uns davor bewahrt, ist, in Christus gefunden zu werden. Jesus ist die Arche, in der wir Befreiung finden. Wenn wir in ihm bleiben, werden wir am rechten Ort sein und das Richtige tun. Wenn es ein zentrales Thema gibt, das sich durch die ganze Vision zieht, dann ist es das, daß wir jetzt zu unserer ersten Liebe zurückkehren müssen und uns nie wieder von der »einfachen und reinen Hingabe an Christus« (2 Kor 11,3) abbringen lassen dürfen.

Alles wird in Christus vereint werden (vgl. Eph 1,10).

Wenn wir in ihm bleiben, erfüllen wir unser Ziel und unsere Berufung in dieser Stunde, die lautet, am Ende jeden Gedanken im Himmel und auf der Erde gehorsam in Einklang mit ihm zu bringen. Alles ist durch ihn und auf ihn hin geschaffen. *Jesus ist das Ziel der Schöpfung*; er *ist* der Plan Gottes. Jesus ist die Wonne und das Verlangen des Vaters, und der Vater liebt ihn. In allem, was geschaffen wurde, schaute er, ob er seinen Sohn darin finden kann. Ebenso schaut er auch bei uns, ob er seinen Sohn in uns findet.

Einige Themen in diesem Buch werden wiederholt, doch geschieht dies mit Absicht. Hierdurch soll die Aufmerksamkeit immer wieder auf Sachverhalte gelenkt werden, die von äußerster Wichtigkeit sind.

Das Wesen und Ziel von Prophetie ist nicht einfach nur, Ereignisse vorauszusagen, sondern zuweilen auch, eine Reaktion auf die Vorhersage hervorzurufen, die sich hinterher in Buße oder Fürbitte oder in beidem gemeinsam äußert. Dies kann sodann unser Geschick und den Ablauf der Ereignisse verändern. Dafür gibt es eine Anzahl von Beispielen aus der Bibel, wie beispielsweise als Jona in Ninive predigte. Jona predigte zwar nicht ausdrücklich, daß es möglich wäre, den Untergang Ninives durch Buße abzuwenden, doch diese Möglichkeit ist bei jeder Ankündigung von Gericht implizit gegeben.

Daß Ninive dann nicht vernichtet wurde, machte Jona nicht zum falschen Propheten, sondern war die Frucht eines echten und gesalbten prophetischen Wortes. Wie hätte solch eine heidnische Stadt durch die Predigt eines Juden, die nicht einmal von Zeichen und Wundern begleitet wurde, je so Buße vollbringen können, wie sie es getan hat, wenn diese Predigt nicht gesalbt gewesen wäre? Die vorliegende Prophetie offenbart uns Ereignisse, die durch Buße und Fürbitte *geändert werden können*. Es gibt aber auch Ereignisse, die nicht geändert werden können oder sollen, da sie in der Abwicklung von Gottes letztem Plan einen souveränen und nicht einfach zu verstehenden Platz einnehmen. Diese Ereignisse werden jedoch hier nicht aufgeführt, da sie auch mir nicht offenbart wurden; mir wurde nur zu verstehen gegeben, daß dem so sei. Wir sollten also auf alles, was Gott heute offenbart, mit Gebet und Buße antworten, damit wir zu Gefäßen werden, die er bei der Ausführung seiner Pläne einsetzen kann.

Die Reihenfolge, in der die Ereignisse dieser Prophetie dargestellt werden, ist nicht notwendigerweise die Reihenfolge, in der sie tatsächlich eintreffen werden. Sogar in biblischen Prophezeiungen ist die Abfolge von Ereignissen oft mit Absicht durcheinandergebracht; sie stimmt also nicht mit der Abfolge überein, in der sich die Dinge tatsächlich abspielen werden. Dies hat der Herr nicht getan, um uns zu verwirren. Er möchte vielmehr, daß wir von ihm die Interpretation abhängig machen. Dies verhilft uns weiterhin, uns nach *ihm* auszustrecken und nicht nur nach dem Verständnis der Dinge. Die Begegnungen mit ihm, in denen er uns Offenbarung und Erkenntnis schenkt, lehren uns nicht nur Fakten, sondern sie lehren uns seine Wege. Deshalb brauchen wir seine Botschaft nicht Wort für Wort zu predigen, sondern können sie durch seinen Geist und mit seinem Herzen predigen.

Biblische Prophetie wie auch die Gabe der Prophetie im Neuen Bund ist vom Wesen her *allgemein*. Um es noch einmal zu wiederholen: Die Prophezeiung ist nicht so sehr dazu da, bevorstehende Ereignisse vorherzusagen. Ihr Sinn und Zweck ist vielmehr, die Kirche auf die kommenden Ereignisse vorzubereiten und eine Reaktion herbeizuführen, die Einfluß auf die Ereignisse nehmen kann. Wenn der Herr uns mit seiner Fähigkeit, Dinge vorauszusagen, beeindrucken wollte, hätte er in seinen eigenen Voraussagen wesentlich genauer sein können. Er hätte uns die Namen, Daten und exakten Merkmale von kommenden Führern der Welt, von Nationen und Kriegen mitteilen können, anstatt nur zu sagen, daß die Erkenntnis wachsen wird. Er hätte auch die Erfindung von Flugzeugen und Raumfahrt und ähnlichen Dingen voraussagen können. Gelegentlich wird der Herr in dem, was er offenbart, etwas spezifischer, doch ist es nicht üblich. Durch das, was er uns offenbart, läßt er uns wissen, in welchem Bereich wir ihn um Einsicht bitten sollen. Also halten wir fest, daß es seine Absicht ist und unserem Besten dient, wenn wir *ihn* suchen, um die wichtigen Einzelheiten zu erfahren und die noch bestehenden Lücken zu schließen. »*Gottes Ehre ist es, eine Sache zu verhüllen, des Königs Ehre ist es, eine Sache zu erforschen*« (Spr 25,2). Der Herr setzt die Prophetie ein, um in seinem Volk ein suchendes Herz zu wecken. Er hat uns berufen, in diesem Leben zu herrschen, und das Wesen gottesfürchtiger Könige ist, die Geheimnisse und Absichten Gottes zu erforschen.

Ich bete, daß Sie ihm begegnen, wenn Sie sich durch diese Vision um Verständnis bemühen. Sie sollen seine Herrlichkeit sehen und dadurch so verändert werden, daß Sie ihn noch vollkommener im Geist und in der Wahrheit anbeten können. Denn nur dann können wir seine Werke richtig verstehen.

Ich weiß, daß ich das, was mir in der Reihe von Visionen und anderen »Offenbarungen« gezeigt wurde, nur in »rätselhaften Umrissen« (1 Kor 13,12) gesehen habe. Doch da ich mit zunehmender Zeit immer größeres Verständnis der einzelnen Aspekte dieser Vision habe, werde ich diese Informationen jeder Neuauflage zufügen. Sollte ich an Aussagen, die prophetischen Charakter haben, etwas *verändern*, werde ich, um prophetische Integrität zu bewahren, diese Änderungen in Klammern (...) hinzufügen oder auch das Datum angeben, wann ich es zugefügt habe. Ich halte mich in keiner Weise für unfehlbar, und es kümmert mich sehr wenig, ob ich als »Prophet« bekannt bin oder nicht. Mir geht es eher darum, daß ich das, was mir anvertraut wurde, genau vermittle. Das kann immer wieder einmal bedeuten, daß ich Dinge ändern muß, die ich vorher nicht richtig verstanden habe. Bisher (in den vorherigen vier Auflagen, die in Amerika veröffentlicht wurden, Anm. d. Übers.) habe ich solche Änderungen noch nicht vorgenommen, doch an einigen Stellen dieser Vision habe ich Weiteres hinzugefügt, was mir inzwischen klargeworden ist.

*Kapitel 1*

# Die Ernte

*»So spricht der Herr der Heere:*
*Macht eure Hände stark, wenn ihr in diesen Tagen die Worte aus dem Mund des Propheten hört.*
*Die Propheten treten seit dem Tag auf, an dem das Fundament für das Haus des Herrn der Heere gelegt wurde, damit der Tempel gebaut werde« (Sach 8,9).*

Jesus sagte: »Die Ernte ist das Ende der Welt« (Mt 13,39). Von jetzt an bis zum Ende aller Zeiten werden mehr Menschen Jesus kennenlernen, als dies von Pfingsten bis heute geschehen ist. Bevor das Ende kommt, wird in jedem Dorf eines jeden Landes das Evangelium gepredigt worden sein. Jeder einzelne Mensch wird den Namen Jesus hören. Die Erkenntnis des Herrn wird die Erde erfüllen, so wie die Wasser sich in das Meer ergießen. Oft werden sich ganze Städte und manchmal auch ganze Nationen zum Herrn bekehren. Das Ausmaß dessen, was kommen wird, läßt sich mit nichts vergleichen, was wir bisher schon gesehen haben. Selbst das All wird von dieser Kraft erfüllt sein. Mehr als ein Zehntel aller Menschen, die je gelebt haben, mehr als eine Milliarde Menschen werden in aufrichtiger Hingabe den Namen des Herrn anrufen, und Gott wird ihnen eine wahre Bekehrung schenken.

Diese Ernte wird jede vorhergehende geistliche Ausgießung des

Geistes bei weitem übertreffen. Denn Jesus wird dann nicht nur als Retter, sondern auch als Herr verkündigt werden. Während dieser Ernte wird sich die Botschaft des Evangeliums von »Komm und laß dich retten« zu »Beuge dein Knie, denn er ist König!« wandeln. Das ist die siebte und letzte Posaune oder auch Botschaft, die gepredigt wird. Diese Botschaft wird nicht nur mit Worten gepredigt werden, sondern sie wird von Bezeugungen der Kraft Gottes und noch nie dagewesenen Demonstrationen des Wirkens des Heiligen Geistes begleitet werden.

Ein anderer Aspekt dieser Ernte, die »das Ende der Welt« bedeutet, ist folgender: auch das Böse wird geerntet werden. Ernte bedeutet, daß *alles* geerntet wird, was gesät wurde. Auch das Böse, das in die Menschen gelegt wurde, wird während dieser Zeit zur vollen Entfaltung kommen. Während der »Weizen« eingeholt wird, wird auch das »Unkraut« gebündelt werden, d. h. seine Kräfte werden sich vereinigen. Diese Bündelung des Unkrauts wird letzten Endes dazu beitragen, daß der Weizen leichter gesammelt werden kann. In den kommenden Tagen wird immer deutlicher sichtbar werden, daß diese beiden Saaten grundverschieden sind und nichts miteinander zu tun haben. Der »sündige Mensch«, der die Personifikation der »Sünde des Menschen« ist, wird während dieser Ernte voll und ganz offenbar und verstanden werden. Davor brauchen wir uns nicht zu fürchten, denn der, der in uns ist, ist *viel* größer als der, der in der Welt ist. Auch der Geringste im Reich Gottes hat mehr Vollmacht als alle Antichristen zusammen. Aber nichtsdestoweniger müssen wir dieses Böse, was ebenfalls zur Ernte kommt, verstehen.

## Mobilisierung

Diese Vision soll all jene vorbereiten und ermutigen, die bei dem großen Ereignis mitarbeiten werden. Diese Vision berichtet von einigen Geschehnissen, die sich in der Kirche oder der Welt ereignen werden und die mit dieser Vorbereitung eng verknüpft sind. Der Inhalt dieser Vision wird nicht weitergegeben, um uns emotional anzustacheln, sondern der Leib Christi braucht diese Informationen, um seinen Auftrag zu erfüllen. Es ist Zeit, aufzuwachen, um uns mit klarem Geist ganz dem hinzugeben, wozu wir berufen sind. »Er ist aber für alle gestorben, damit die Lebenden *nicht mehr für sich leben, sondern für den, der für sie starb und auferweckt wurde«* (2 Kor 5,15). Es ist Zeit für uns, ein Leben zu führen, das unserer Berufung würdig ist. Jeder Christ hat eine bestimmte Aufgabe zu erfüllen. Wir sind alle zu etwas ganz Bestimmtem berufen. Der Herr möchte, daß jeder, dessen Name im Buch des Lebens verzeichnet ist, seinen Namen dort selbst lesen kann. Er möchte, daß jeder weiß, daß Gott ihn kennt, und daß jeder den Plan für sein Leben klar erkennen kann.

In den kommenden Tagen wird die mächtigste Armee eingezogen werden, die je einberufen wurde. Diese Armee wird nicht mit Gewehren und Schwertern ausgerüstet sein, aber dennoch wird keine Macht im Himmel oder auf der Erde gegen sie ankommen. Die Verantwortlichen dieser Armee werden sich scheinbar kaum von den anderen Mitgliedern unterscheiden und manchmal überhaupt nicht in Erscheinung treten. Dennoch wird diese Armee eine solche Disziplin und Entschlossenheit an den Tag legen, wie man sie bei keiner menschlichen Organisation jemals gesehen hat. Denn diese Armee wird vom Herrn selbst angeworben werden. Er wird sie vorbereiten und führen. Wenn die Schlacht beginnt, werden die Mitglieder dieser Armee in vollkommener Ordnung marschieren. Sie werden nicht von ihrem Weg abkommen und sich nicht gegenseitig im Weg stehen. Ihre Entschlossenheit wird nicht erschüttert werden können, und auch der Geringste von ihnen wird stärker sein als der Mächtigste ihrer Feinde. Das ist die Armee Gottes, die die Propheten vorausgesehen haben und die es bald schon geben wird.

In diese Armee aufgenommen zu werden, erfordert ein Training und eine geistliche Disziplin, die die körperliche und mentale Disziplin bei weitem übersteigt, die militärische Eliteeinheiten von ihren Angehörigen fordern. Im Zusammenhang damit zeigte mir der Herr in einer Vision ein Streitroß. Dieses Pferd war wild und ließ sich, wenn es Angst hatte, leicht zu spontanen und unkontrollierten Reaktionen hinreißen. Aber nachdem es trainiert worden war, konnte es nicht einmal von den erschreckendsten äußeren Einwirkungen aus der Ruhe gebracht werden. Auch wenn es sich Kanonen, Gewehren und Säbeln gegenübersah, verlor es nie die Beherrschung. Selbst im ohrenbetäubendsten Durcheinander der Schlacht konnte es den leisen Druck der Schenkel oder der Fersen seines Herrn spüren, mit dem er es anwies, zu wenden oder die Gangart zu wechseln. Das wird die Art von Disziplin sein, die den Dienst in den letzten Tagen kennzeichnen wird. Gleichgültig, wie laut und beunruhigend die Schlacht toben mag, das Volk Gottes wird so nah bei seinem Schöpfer sein, daß es seine leisesten Anweisungen vernehmen und darauf reagieren wird. Wie auch ein untrainiertes Streitroß sich selbst und seinen Reiter in Gefahr bringt, so werden auch die, die sich heute weigern, vom Herrn ausgebildet zu werden, in den kommenden Tagen in großer Gefahr schweben. »*Heute*, wenn ihr seine Stimme hört, verhärtet euer Herz nicht« (Hebr 3,7-8). Der Herr hat für diese letzten Tage einen Dienst vorbereitet, der Engel und Menschen in Staunen versetzen wird. Die Menschen, die dieser Verantwortung nachkommen, werden nicht eigennützig handeln und sich selbst erhöhen, sondern die meisten werden für die Welt und einen Großteil der Kirche Unbekannte bleiben. Ihre Taten und Predigten werden ganze Nationen aufrütteln, aber viele dieser Menschen werden in der Menge verschwinden, bevor irgend jemand erfahren kann, wer sie waren. Diese Menschen haben kein Interesse daran, große Dienste aufzubauen, und werden es nicht auf Ruhm und Reichtum absehen. Sie sind »geistliche Zölibatäre«; sie werden die Braut nicht schänden. Wie sich auch Eunuchen ganz der Aufgabe widmen, die Braut für den König herzurichten und selbst kein Verlangen nach ihr haben, es ja gar nicht haben können, so werden diese Menschen sich ganz der Aufgabe widmen, die Kirche für ihren König vorzubereiten. Ihr einziger Wunsch besteht darin, mit anzusehen, wie sich der Herr über seine Braut freut, denn sie sind seine wahren Freunde. Sie werden ihm folgen, wo immer er auch hingeht. Während viele ihrer Mitarbeiter vollbrachte Leistungen öffentlich darstellen und großmachen wollen, haben sie sich ruhig und ohne Aufsehen vorbereitet, wie auch Jesus das die ersten dreißig Jahre seines Lebens getan hat. Als bei vielen anderen die Aufgaben immer umfangreicher wurden, haben sich viele von ihnen immer mehr zurückgezogen. Es gab andere, die sich nach oben orientiert haben, während sie an der Basis gegraben und versucht haben, ihr Fundament tragfähiger zu machen und ihre Wurzeln tiefer einzuschlagen. Sie befinden sich gewöhnlich mit einem Großteil der Kirche nicht in Übereinstimmung, worüber sie oft sehr traurig sind. Denn der Grund hierfür liegt nicht darin, daß sie rebellisch sind. Dies sind die Menschen, von denen gesagt wurde: »Wir haben für euch auf der Flöte (Hochzeitslieder) gespielt, und ihr habt nicht getanzt; wir haben Klagelieder gesungen, und ihr habt euch nicht an die Brust geschlagen« (Mt 11,17). Wenn die Schlacht beginnt, werden viele führende Köpfe im Leib Christi ihre Leitungspositionen durch eigenes Vordrängen und berechnende Manipulation erkämpft haben. Viele, die in den Augen der Leute wie »Generäle« erscheinen, sind in den Augen Gottes nur gewöhnliche Soldaten. Und manche, die nach Ansicht der Menschen nur eine untergeordnete Stellung einnehmen, sind Gottes erste Generäle. Sie werden sich in jener Zeit gar nicht einmal Rang und Stellung in der Kirche wünschen, sondern ruhig und meist unerkannt die Strategie der Kirche in der Endzeit lenken. Ihre Autorität wird in ihrer Weisheit begründet sein. Stephanus war auch nur ein Diakon, aber seine Weisheit und Vollmacht entzündete ein Feuer, welches das Christentum in neue Bahnen führte. So wie er wird auch diese neue Generation von maßgeblichen Leitern ohne Ruhm oder Stellung einige der größten Ereignisse der Geschichte lenken. Nicht viele dieser führenden Vorkämpfer werden den Menschen bekannt sein, doch die gesamten Heerscharen des Himmels und der Hölle haben sie schon von Anfang an gekannt.

Seit Jesus auf der Erde war, hat der Feind niemanden mehr so gefürchtet wie diese selbstlosen Botschafter der Macht Gottes. So wie er damals versuchte, Mose und Jesus umzubringen, indem er alle Kinder töten ließ, stellt sein jetziger Angriff durch Drogen und Abtreibung einen weiteren verzweifelten Versuch dar, die Angehörigen dieser kommenden Armee zu zerstören, bevor sie zur Reife gelangen. Einige von ihnen werden aus den schrecklichsten Abgründen von menschlicher Sünde, aus Trauma und Verzweiflung herausgeholt werden, bevor sie zum Leben erwachen. Sie werden zu großer Liebe fähig sein, da ihnen viel vergeben wurde und sie von vielem befreit sind. Wenn diese Menschen freigesetzt werden, wird der Herr sie ebenso tief erfüllen, wie der Feind zuvor seine Wurzeln in sie hat legen können. Andere werden religiös und behütet erzogen werden, doch das Gute, das sie kennen, wird vom Baum der Erkenntnis kommen, nicht vom Baum des Lebens. Sie werden wie Saulus von Tarsus von religiösen Denk- und Verhaltensmustern gequält werden, bis Gott sie davon befreit. Danach wird Gott sie dafür einsetzen, die Axt an die Wurzel des Baumes zu setzen, der von Anfang an allen Menschen den Tod gebracht hat. Sie werden mit dem Licht des Lebensbaumes leuchten und den Nationen Heilung bringen.

Am Pfingsttag begann der Herr, seinen »Leib« zu bauen. Durch die Jahrhunderte hindurch hat er diese Gemeinschaft weiter aufgebaut und aus jeder Zeit diejenigen hinzugefügt, die alles überwunden haben. Die Menschen, die zu diesem Leib als letztes hinzustoßen, bezeichnet man bildlich gesehen als die »Füße«. Wie auch unsere Füße den Boden berühren und der übrige Körper aufrecht steht, so werden die »Füße« des Leibes Christi die Erde berühren, aber gleichzeitig den gesamten Leib repräsentieren, der vollendet in die himmlischen Bereiche ragt. Die Schrift sagt, daß all seine Feinde unter seinen *Füßen* zertreten werden. Das heißt aber nicht, daß die »Füße« dies allein vollbringen, sondern sie erfüllen und vollenden einfach das, was von denen, die vorher gelebt haben, aufgebaut wurde. Als Jesus gefragt wurde, mit welcher Vollmacht er denn seine Wunder vollbringe, fragte er zurück: »Stammt die Taufe des Johannes vom Himmel oder von den Menschen?« (Mt 21,23-25). Die Frage war nicht willkürlich gewählt; die Antwort auf diese Frage entsprach nämlich der Antwort auf die zuvor gestellte Frage. Für Jesus war klarer und deutlicher Zeugnis abgelegt worden als für irgend jemanden sonst, der auf der Erde gelebt hatte. Jedes Wort in der Schrift deutete auf ihn. Dies beginnt bei der ersten Prophezeiung für Eva, daß ihr Nachkomme die Schlange zertreten werde, und zieht sich über die unendliche Reihe von Propheten und gerechten Männern hin bis zu all den Ritualen des Gesetzes, die von Jesus sprechen. Johannes verkörperte diese Ordnung, die den Weg für Jesus bereitet hatte, und er bezeugte, daß Jesus in der Tat das Lamm Gottes war. Von Johannes getauft zu werden bedeutete, dieses Zeugnis des einen anzuerkennen, der als König *geboren* war. Die »Füße« des Leibes Christi werden von all denen Zeugnis geben, die früher gelebt und gewirkt haben. Sie werden untereinander so verbunden sein, wie noch nie eine Gruppe von Menschen miteinander verbunden war. Sie werden aber auch mit all den wahren Gläubigen aller Zeiten verbunden sein, die gelebt haben und das Kommen dieses Tages prophezeiten. Wie Jesus verheißen hat, wird das, was er getan hat, und noch Größeres in seinem Namen vollbracht werden, *weil* er zum Vater ging. Die, die ihm treu sind, werden bald in noch nie dagewesener Vollmacht und

Autorität auftreten. Sehr bald werden wir nicht mehr voller Neid auf die Urgemeinde zurückschauen, weil sie damals so große Taten vollbrachte. Alle werden darin übereinstimmen, daß der Herr seinen besten Wein bis zum Ende aufgehoben hat. Wir leben nun in der großartigsten Zeit der ganzen Menschheitsgeschichte. Wir, die wir davon geträumt haben, eines Tages einmal mit Petrus, Johannes und Paulus reden zu können, werden überrascht sein, wenn wir sehen, daß sie alle darauf gewartet haben, endlich mit uns reden zu können! Wir sind erwählt, diese Ernte zu sehen, die Frucht der Samen, die sie damals in den Boden gelegt haben. Dies ist die beste Zeit, mit Gott zu leben, die es je gegeben hat. Doch wir müssen aufpassen, daß wir nicht überheblich werden. Die Füße würden ohne den Rest des Leibes von keinerlei Nutzen sein, und wir würden nie da stehen, wo wir jetzt sind, wenn es nicht diejenigen gegeben hätte, die vor uns ihr Leben hingegeben haben. Wenn die Füße mit dem Leib verbunden sind, dann wird sich der ganze Leib über den Sieg an diesem Tag freuen und an den Früchten teilhaben.

## Säen für die Ernte

Im Buch Kohelet, im dritten Kapitel, Vers 1 wird das Wesen geistlicher Wahrheit deutlich: »Alles hat seine Stunde. Für jedes Geschehen unter dem Himmel gibt es eine bestimmte Zeit.«

Es gibt eine Zeit zu pflanzen und eine Zeit zu ernten, doch wenn wir die Zeit des Pflanzens versäumen, werden wir auch nichts ernten. In der Kirche hat es immer eine »Erntementalität« gegeben, die zur Folge hatte, daß viele Gelegenheiten zum Pflanzen verpaßt wurden. Aus diesem Grund gaben unsere Ernten nur wenig mehr her als das, was wild gewachsen ist. Viele waren bisher nur dann bereit, für den Herrn zu arbeiten, wenn sie mitrechnen konnten, was sie vollbrachten, um es in Berichten, Rundbriefen und Büchern festzuhalten. Wir möchten unverzüglich Resultate sehen und fühlen uns oft als Versager, wenn diese sich nicht einstellen. In der Tat würde vielen Missionaren die finanzielle Unterstützung entzogen werden, wenn sie nicht sogleich Ergebnisse vorweisen. Erst in der Ewigkeit werden wir erkennen, wieviel Effektivität diese Haltung der Kirche uns gekostet hat. Diese Einstellung

ellen Zeitalters, die uns glauben macht, wir brauchten für alles ein festes Schema, hat auch dazu geführt, daß wir das Evangelium in geistliche Gesetze gezwängt haben. Dies entspricht jedoch überhaupt nicht Gottes Vorstellungen von Evangelisation. Unsere Schemata und Formeln werden einigen eine »Entscheidung« abringen und vielleicht sogar bei manchen zur Bekehrung führen. Doch oft bewirkt diese Art des Evangelisierens, daß die Menschen dem echten Evangelium gegenüber immun gemacht werden, d. h. der erneuernden und den Menschen neuschaffenden Begegnung mit Gott. Die Mitarbeiter in zukünftigen Zeiten werden weit mehr mitbringen als nur ein Rezept, wie man schnelle Entscheidungen bewirkt. »Denn nicht in Worten erweist sich die Herrschaft Gottes, sondern in der Kraft«, und Kraft wird über die wahren Zeugen Christi kommen, wenn sie die Übungsphase durchlaufen haben (1 Kor 4,20).

Das soll kein Angriff auf Dienste sein, die Menschen in eine Beziehung mit Jesus führen wollen. Aber wenn wir nicht erkennen, in welchem Zustand wir uns gegenwärtig befinden, werden wir uns nicht auf das vorbereiten können, was kommen wird. Unreife hat durchaus seine Berechtigung. Bei einem einjährigen Kind ist es völlig verständlich, wenn es Windeln trägt. Die Windeln spiegeln zwar die Unreife des Kindes wider, doch von einem einjährigen Kind wird auch gar nichts anderes erwartet. Es kann sogar durchaus sein, daß dieses Kind außerordentlich reif für sein Alter ist. Wäre dieses Kind zwölf und trüge immer noch Windeln, dann wäre dies problematisch! Viele eingesetzte Gruppen in der Kirche befinden sich gegenwärtig noch in einem Zustand relativer Unreife, aber das ist im Moment genau die Situation, die für sie stimmt. Die Frage ist nur – werden wir erwachsen werden? Denn die Ereignisse in den kommenden Tagen erfordern unsere Reife.

## Das Einholen der Ernte

Das Ausmaß dieser Ernte wird am Ende sogar die zuversichtlichsten Christen überwältigen. Gemeinden mit weniger als hundert Mitgliedern werden zu bestimmten Zeiten jede Woche tausend neubekehrte Gläubige aufnehmen. Spontane Treffen werden ganze Städte aufrütteln und so lange in der Art fortgeführt, bis Abend für

Abend die größten Stadien gefüllt sind. In vielen Regionen werden die beliebtesten Sportarten aufgegeben, da niemand mehr Interesse daran hat. Ganze Städte mit vielen tausend Einwohnern werden in die benachbarten Städte strömen, um diese zu evangelisieren. Die Nachrichten in den Medien werden überwiegend von der Ernte berichten, bis sie diese Flamme auf der ganzen Welt entfacht haben. Reporterteams werden den Aposteln auf Schritt und Tritt folgen, wie sie es auch bei Staatsmännern tun. Sie werden große Wunder aufzeichnen und diese mit spontaner Begeisterung im Fernsehen ausstrahlen. Bei manchen dieser einzelnen Sendungen werden sich mehr Menschen bekehren, als dies in den ganzen Jahren, seit christliche Sender existieren, geschehen ist. Das ist keine negative Beurteilung der Arbeit, die christliche Fernsehsender geleistet haben; es soll nur gezeigt werden, in welchen Größenordnungen sich Ereignisse abspielen, die vor uns liegen. Große Städte werden Zeiten erleben, in denen es kein Verbrechen mehr gibt, da alle Einwohner Überführung durch den Heiligen Geist erleben. Das Licht der Kirche wird die Dunkelheit von ganzen Landstrichen verbannen. In vielen Gegenden werden Pornographie, Prostitution, illegaler Drogenhandel, Abtreibung und Alkoholmißbrauch völlig aufhören, ohne daß ein einziges Gesetz verabschiedet worden wäre. Große Fabriken und Unternehmen werden tagelang schließen, damit ihre Angestellten besondere Treffen besuchen können. Ganze Nationen werden sich von Zeit zu Zeit gemeinsam dem Gebet und dem Fasten widmen. An manchen Orten werden sich so viele Menschen bekehren, daß auch Menschen, die erst sehr kurz dabei sind, plötzlich riesige Gemeinden leiten. Manche Gemeinden werden sich alle paar Monate wieder teilen. Nicht, weil sie Schwierigkeiten hätten, sondern weil das Wachstum so ansteigt, daß die Größe der Gemeinde auf ein überschaubares Maß gebracht werden muß. Und jede dieser Teilungen wird neue Gemeinden zur Folge haben.

Der Herr wird unentwegt die Gedanken vieler Menschen beschäftigen. Mittagspausen, Kaffeepausen und Ruhepausen werden für Bibelstunden und Gebetstreffen genutzt werden. Städte werden Freudenfeuer veranstalten, bei denen Pornographie, Zauberutensilien, astrologisches Zubehör und illegale Drogen verbrannt werden. Zauberer, Hexen, Mediums und sogar Mafiabosse werden vor Jesus ihre Knie beugen und mit großer Freude ihre Errettung annehmen. Straßenbanden werden sich gegenseitig Bibeln und Geschenke schicken, und Gefängnisse werden zu Gemeinden, aus denen einige der größten Lehrer für den Leib Christi hervorgehen.

Wunder, die sogar die aufsehenerregendsten Dinge in der Bibel noch übertreffen, werden bewirken, daß ganze Nationen sich zu Jesus bekehren. Staatsmänner von einigen der mächtigsten kommunistischen Länder werden öffentlich ihren Glauben an Jesus Christus bekennen und ihre Landsleute aufrufen, ebenfalls Jesus nachzufolgen. Auf manchen wird bisweilen die sichtbare Herrlichkeit des Herrn ruhen, und diese Herrlichkeit wird jeden heilen, der mit ihr in Berührung kommt. Nicht einmal die Feuersäule, die die Israeliten damals geführt hat, wird sich mit der Intensität der Gegenwart Gottes in diesen Tagen vergleichen lassen. Das Erscheinen von Engeln wird so alltäglich sein, daß die Leute dies nicht mehr als bedeutsames Ereignis ansehen. Bei Versammlungen der Apostel und Ältesten wird der Herr selbst erscheinen und die Richtung weisen. Dies wird den Verantwortlichen so viel Mut und Frieden verleihen, daß sogar ihre größten Gegner staunen und ihren Respekt zollen. Noch nie zuvor ist der Herr so innig und vertraut mit seinem Volk gewesen, wie er es in diesen Tagen sein wird. Die Gläubigen werden aus dem Staunen nicht mehr herauskommen und jeden Tag von neuem gespannt sein, was für großartige neue Dinge sie jetzt erleben.

Eines der besonderen Merkmale dieser Ernte besteht darin, daß die Mitarbeiter unvorstellbar jung sind. Teenies werden das Rückgrat der Erweckung sein und Kinder einige der größten Evangelisten. Jüngere Kinder werden Dämonen austreiben, Kranke heilen, Tote auferwecken und mit einem Wort tobende Sturmfluten zurückweisen. Manche werden sogar Herrschaft über ganze Krankenhäuser und Nervenheilanstalten ergreifen und jeden einzelnen dieser Patienten heilen, nur indem sie die Hände auf das Gebäude legen. Bei dieser Ernte wird die Welt erkennen, daß »Kinder Zeichen und Wunder tun«.

Doch so hell das Licht des Evangeliums strahlen wird, in so tiefe Dunkelheit wird ein Großteil der Welt versinken. Es wird Gebiete geben, in denen die Liebe und der Friede des Herrn herrschen wird. Diese werden Festungen darstellen, von denen aus die Kirche hinausgehen wird, um die Angst und Paranoia anzugehen, die den Rest der Erde erfassen. Nach Siegen werden sich schlimme Niederlagen ereignen, und nach Niederlagen große Siege. Große

Städte werden beinahe vollkommen unter der Herrschaft des Herrn stehen. Andere werden nahezu ganz in der Gewalt von bösen Mächten stehen, die furchtbarer sind, als wir es uns gegenwärtig überhaupt vorstellen können. Noch nie zuvor hat der Herr mit so großer Kraft und Vollmacht gewirkt, doch gleichzeitig ist der Feind noch nie so verzeifelt dagegen angegangen. Am Ende der Vision nahm sowohl Licht wie auch Finsternis auf dem gesamtem Erdkreis zu.

Für diesen Konflikt müssen wir vorbereitet sein. Während dieser Ernte wird es Märtyrer geben. An manchen Orten wird die Gemeinde Jesu fast vollständig aufgerieben werden. Aber das Leben dieser Märtyrer wird die Saat für eine Ernte sein, die an eben diesem Ort eingeholt wird. Die Plätze, an denen der Feind seine heftigsten Angriffe vollführt, sind eben diejenigen, an denen das Evangelium die größten Siege erringen wird. Vergessen Sie nicht, daß das Licht die Dunkelheit erhellt und nicht umgekehrt. Wenn Sie nachts Ihre Fensterläden öffnen, dann dringt nicht die Dunkelheit ein, sondern der Lichtschein nach draußen. Das Licht ist mächtiger als die Dunkelheit und wird sie immer überwinden.

## Das Fischnetz

Für die kommende Ernte bereitet der Herr ein großes geistliches »Fischnetz« vor, das den Fang, der darin eingeholt werden wird, auch halten kann. Das Netz wird dadurch entstehen, daß das Volk Gottes sich zusammenschließt. Die Knotenpunkte dieses Netzes werden die Beziehungen und der gegenseitige Austausch des göttlichen Volkes untereinander sein. Je stärker die Beziehungen und der Austausch untereinander ist, desto reißfester wird das Netz sein. Dies geschieht nicht nur auf Gemeindeebene zwischen einzelnen Gemeindemitgliedern, sondern zwischen Diensten, Gemeinden und den verschiedensten Bewegungen innerhalb des Leibes Christi. Dies wird sich über Städte und Staaten hinziehen und internationale Grenzen auf der ganzen Welt überschreiten.

Im vierten Kapitel des Epheserbriefes, Verse 15 und 16 wird dieses Prinzip unterstrichen: »Wir wollen ... in allem wachsen, bis wir ihn erreicht haben. Er, Christus, ist das Haupt. Durch ihn wird der ganze Leib zusammengefügt und gefestigt in jedem einzelnen

*Gelenk.*« Ein Gelenk ist kein Teil an sich, sondern es ist die Stelle, an dem zwei Teile zusammenkommen. Im geistlichen Bereich findet momentan ein großes Zusammenfügen von Teilen statt, und es wird auf allen Ebenen zunehmen. Mit jeder neuen Verbindung wird bei den beteiligten Parteien wesentliches Wachstum und Erbauung einhergehen.

Der Geist drängt im Moment Pastoren, sich mit anderen Pastoren zusammenzuschließen; er drängt Propheten, mit anderen Propheten, und Apostel, mit anderen Aposteln zusammenzutreffen. Sogar ganze Gemeinden fangen an, Gemeinden mit anderen Schwerpunkten als den ihren zu besuchen und Beziehungen zu ihnen aufzubauen. Dies ist ein Werk des Herrn. Manche dieser Treffen mögen vielleicht fruchtlos erscheinen, da die Erwartungen falsch sind, doch am Ende werden sie Frucht tragen; Verbindungen werden geknüpft sein. Schon bald wird die Gegenwart des Herrn bei diesen Treffen alle Überheblichkeit und alle Mauern wegschmelzen, die uns davon abhalten, mit dem Herrn und untereinander eins zu sein. Seine Gegenwart wird einen Lobpreis hervorrufen, der die Einheit bewirken wird, von der im Psalm 133 die Rede ist: wenn wir das Haupt des Herrn mit unserem Lobpreis salben, wird das Öl bis zum Saum seines Gewandes hinunterfließen, bis es den ganzen Leib bedeckt.

Der Herr beginnt mit diesem radikalen Hinwegnehmen der Schranken bei der Leiterschaft, denn dort sind sie meistens entstanden, und dort sind sie am machtvollsten. Wenn die Mauern bei den Leitern gefallen sind, wird sich langsam der ganze Leib zusammenschließen. Und wenn die Verantwortlichen sich diesem Wirken Gottes widersetzen sollten, wird Gott es einfach direkt durch die Gemeinden weiterführen. Diese werden anfangen, mit anderen Mitgliedern des Leibes Christi Beziehungen aufzubauen. Diese Bindungen werden stärker werden, trotz der Warnungen und des Widerstandes von Pastoren, die da nicht mitmachen wollen. Dies ist ein Wirken des Heiligen Geistes, und es kann nicht aufgehalten werden. Pastoren und Leiter, die diesem Strom der Einheit weiterhin Widerstand leisten, werden abtreten müssen.

Einige von ihnen, die heute in Leiterschaft stehen und diesem Wirken Gottes widerstehen, werden sich so verhärten, daß sie all diejenigen bekämpfen und verfolgen, die die Absichten des Herrn vollbringen. Andere werden sich ändern und wegen der Härte in ihrem Herzen Buße tun. Allerdings wird in manchen Fällen die Tatsache, daß sie sich dem Heiligen Geist widersetzt haben, zur Folge haben, daß sie für den Dienst in der Leiterschaft nicht mehr tauglich sind. Dieser zunehmende Strom von einem einheitlichen Geist in der Kirche wird das wahre Wesen jedes einzelnen Leiters ans Licht bringen. Diejenigen, die für sich selbst und ihre eigene Ehre gearbeitet haben, werden sich von dieser Bewegung bedroht fühlen, da sie sie nicht mehr kontrollieren können. Menschen, die diesem »Geist des Kontrollierens« anheimgefallen sind, werden immer die größte Bedrohung für das Wirken Gottes sein. Diejenigen, die nicht nur von einer Institution, sondern von Gott in ihr Amt eingesetzt worden sind, werden immer fester entschlossen sein, ihre Gemeindemitglieder und Umstände nicht länger zu »kontrollieren«, sondern sich dem Heiligen Geist zu beugen. Die »Kontrolle«, die sie aufgeben, wird durch geistliche Autorität ersetzt, die im Frieden und der Ruhe des Herrn gründet. Die kommenden Ereignisse sind jenseits dessen, was Menschen noch unter Kontrolle halten könnten. Nur der Heilige Geist kann dieses Werk ordnen, und er ist schon dabei, seine Autorität aufzurichten. *Menschen mit einem »Geist des Kontrollierens« werden bis zum Ende hin immer die größten Gegner allen Wirkens Gottes sein.*

Da die Ausmaße dieses »Fanges« so überwältigend sein werden, wird das Netz oft zerreißen und muß ständig geflickt werden. Der Herr nutzt einen großen Teil der derzeit in der Kirche herrschenden Uneinigkeit, um die vorzubereiten, deren Hauptaufgabe während der Ernte sein wird, dieses große Netz zu reparieren und weiterzuknüpfen. Diese Friedensstifter werden bei der Fertigstellung des Netzes maßgeblich beteiligt sein und einen ungeheuren Einfluß auf die Schlagkraft der gesamten Erweckung haben. Diejenigen, die immer mitten im Feuer der Konflikte zu stehen scheinen, sollen sich ermutigen lassen, denn sie werden für eine große Aufgabe vorbereitet. Auch wird die ehrfurchtgebietende Gegenwart des Herrn nicht ganz verhindern, daß es weiterhin Zank und Streitereien unter den Christen gibt, wie damals bei den Zwölfen. Sogar große Apostel wie Paulus und Barnabas ließen zu, daß Probleme bei ihnen Spaltungen hervorrufen konnten. Und das wird von Zeit zu Zeit auch bei den größten Männern Gottes geschehen. Aber das Netz wird wieder repariert werden und an der Bruchstelle dann noch reißfester sein.

Manche, die von Gott früher mächtig eingesetzt worden sind, werden sich zu starrsinnig auf gewisse lehrmäßige Schwerpunkte versteifen oder sich zu sehr in geistliche »Ismaels« verstricken, als daß sie in dieser Erweckung eine Rolle spielen könnten. Einige von ihnen werden trotzdem versuchen, bei diesem Werk dabeizusein. Doch ihre Beziehungen zu den anderen Teilen des Leibes Christi werden so oberflächlich sein, daß sie beim ersten Fang sofort aus dem Netz gerissen werden. Alle die nur aufgrund übereinstimmender Lehrmeinungen miteinander verbunden sind, oder sich nur um einzelne Personen gesammelt haben, werden schnell fortgerissen werden. Nur diejenigen, die allein von Jesus und durch Jesus miteinander verbunden sind, werden dem Druck standhalten können, den diese Ernte über die Kirche bringen wird (vgl. Kol 1,17). Die Errettung so vieler Menschen wird der Kirche große Freude bereiten. Doch die Neubekehrten werden Probleme hervorrufen, die die Gemeinden und Leiter unter enormen Druck bringen werden. Die Bindungen aufgrund der Einheit müssen sehr fest sein, um diesem Druck standhalten zu können. Wer nicht gelernt hat, das Joch des Herrn auf sich zu nehmen anstatt alle Lasten selbst zu tragen, dem wird es zuviel werden. Eines der wichtigsten Dinge bei der Vorbereitung auf die Ernte wird deshalb darin bestehen, zu lernen, in die Sabbathruhe des Herrn einzutreten. Diesem Wort müssen wir Beachtung schenken!

Viele Menschen, die in unseren Augen Christen sind, wurden nie richtig zum Herrn geführt. Sie wurden zur Kirche, zu einer Persönlichkeit, zu einer Lehre oder einem bestimmten Schwerpunkt geleitet. Manche dieser Menschen denken, sie seien ein wichtiger Knotenpunkt im Netz, doch in Wirklichkeit sind sie ein Teil der Ernte. Sie werden noch einmal von vorn anfangen, aber diesmal mit dem richtigen Fundament – Jesus Christus. Unter diesen befinden sich auch einige bekannte Leiter und Pastoren. Die Demut, die sie hier an den Tag legen, wird sehr viele dazu veranlassen, ihre eigene Beziehung zum Herrn in Frage zu stellen und zu stärken. Das wird viel zur Festigung und Ermutigung des ganzen Leibes Christi beitragen. Denominationen, ortsübergreifende Gemeinden und Gruppen mit besonderen Schwerpunkten werden ihre Verbindungen langsam lösen, und zwar auch die Bindungen, die Gott für eine gewisse Zeit vorgesehen hatte und die seinem Willen entsprachen. Dies geschieht deshalb, damit sie zu einem Teil dieses großen Netzes werden können. Einige werden diese konfessionellen Bande gar nicht mehr beachten oder sie vergessen, und diese werden dann beinahe lautlos in der Versenkung verschwinden. Kaum jemand wird dies überhaupt bemerken, da die Intensität und die Aussage dieses neuen Wirkens des Herrn so viel großartiger ist als alles, was man je zuvor erlebt hat. Bei anderen wird es jedoch nicht so reibungslos verlaufen; für sie wird es ein sehr schmerzhaftes Herausgerissenwerden bedeuten, da sie von denjenigen, die das nicht verstehen, verfolgt und abgelehnt werden. Doch der Schmerz über diese auseinandergegangenen Beziehungen wird bei den Betroffenen nicht lange andauern. Denn ein wahrhaftiges Gemeindeleben, wonach sich Christen schon seit dem ersten Pfingstfest sehnen, wird bald von all jenen realisiert werden, die bereit sind, den Preis dafür zu zahlen.

Einige führende Kräfte werden sogar ihre Gruppen auflösen, wenn sie erkennen, daß sie für das, was Gott jetzt vollbringt, nicht länger von Bedeutung sind. Andere werden ihre Organisationen einfach hinter sich lassen, damit sie sich selbst auflösen können. Am Ende werden sich alle Dienst- und Einflußbereiche mit verschiedenstem Selbstverständnis in einer Einheit zusammenfinden, in der alle ihrem Selbstverständnis nach nichts weiter als einfach Christen sind. So wird es sich auch allen, die ein Teil dieser Ernte sein werden, nach außen darstellen. Die gegenwärtigen Strömungen und Bewegungen im Leib Christi werden schließlich in dem einen Strom des Lebens zusammenfließen. Wenn das passiert, wird es nichts mehr geben, das die Gewalt, mit der dieser Strom fließt, aufhalten oder auch nur hindern könnte. Er wird wie eine große Flutwelle einherstürmen und alles, was ihm im Weg steht, mitreißen. Jede religiöse Festung und Lüge, die sich gegen die Erkenntnis Gottes aufbäumt, wird durch diesen mächtigen Strom fortgerissen werden. Wenn die verschiedenen Ströme des Lichts langsam zusammenkommen, wird ihre Kraft wie in einem riesigen Laserstrahl gebündelt werden, vor dem nichts mehr sicher ist. Der Deckmantel, hinter dem sich alle religiösen Schwindler verbergen, wird weggerissen werden, so daß diese für alle deutlich sichtbar werden. Dieses Licht wird am Ende so hell strahlen, daß sich keinerlei Finsternis mehr innerhalb der Kirche verstecken kann. Über Städten und Ortschaften werden jeweils Ältestenteams eingesetzt werden. Diese Teams werden aus Pastoren und Leitern bestehen, die aus vielen verschiedenen Hintergründen kommen. Die Welt wird über die Einheit staunen, die diese Leiter und auch die verschiedenen Gemeinden bezüglich ihrer Ziele an den Tag legen. Denn die Welt selbst wird im Gegensatz dazu immer tiefer in Chaos und Paranoia versinken.

*Kapitel 2*

# Die Wehen des Geistes

> *»Ich danke Gott jederzeit euretwegen für die Gnade Gottes, die euch in Christus Jesus geschenkt wurde, daß ihr an allem reich geworden seid in ihm, an aller Rede und aller Erkenntnis. Denn das Zeugnis über Christus wurde bei euch gefestigt, so daß euch* ***keine*** *Gnadengabe fehlt, während ihr auf die Offenbarung Jesu Christi, unseres Herrn, wartet« (1 Kor 1,4-7).*

Als der Herr über die Ereignisse sprach, die das Ende der Zeiten ankündigen würden, sagte er, diese seien »erst der Anfang der Wehen« (Mt 24,8). Die Ernte und die Ereignisse, die damit einhergehen, werden sich in gleicher Weise abspielen, wie wenn Wehen über eine schwangere Frau kommen. Das bedeutet folgendes: Die Wehen beginnen plötzlich, sie sind aber anfangs noch recht selten und relativ leicht. Je näher der Zeitpunkt der Geburt rückt, desto heftiger und häufiger treten die Kontraktionen auf. Die ersten Wehen, die das Ende der Zeiten angekündigt haben, kamen schon vor einigen hundert Jahren, als die Reformation begann. Dann verstrichen mehr als zweihundert Jahre, bevor die nächste Wehe kam; dann nur noch hundert. Bis heute sind wir schon soweit, daß der Zeitabstand zwischen diesen geistlichen Wehen nur noch Jahrzehnte beträgt. Bald werden es nur noch Jahre sein, die dazwischen liegen, und jede einzelne Wehe wird bedeutend heftiger werden als die zuvor.

Bei der Geburt wird das Baby durch die Wehen in den Geburtskanal gepreßt; zur gleichen Zeit wird der Muttermund geöffnet, und der Weg nach draußen ist damit frei. Genauso ist es auch bei den geistlichen Wehen. Mit jeder Wehe wurde das, was der Herr »zur Welt bringen« möchte, etwas weiter in den »Geburtskanal« gepreßt. Dadurch wurde der Weg, der am Ende dann zur Vollendung von Gottes Plan führt, immer ein bißchen freier.

Während der Geburt kann es passieren, daß Mutter und Kind sich in Gefahr begeben und alles komplizierter wird als erwartet. *Denn die natürliche Veranlagung der Mutter besteht darin, genau das Gegenteil dessen zu tun, was sie tun sollte, um den Geburtsprozeß zu unterstützen.* Das ist der Grund, warum Mütter mit viel weniger Schmerz gebären können, wenn sie in Kursen über »natürliches« Gebären unterwiesen worden sind. Dort bringt man den Müttern bei, ihren natürlichen Neigungen zu widerstehen und das zu tun, was den Prozeß unterstützt. Wenn die Kirche den Geburtsvorgang unterstützen will, dann müssen auch wir einigen unserer natürlichen Neigungen widerstehen.

Während des »Übergangsstadiums«, wenn das Baby also in den Geburtskanal eintritt, erleidet die Mutter im Normalfall einen enormen Verlust an Klarheit und Orientierung. Ärzte, die auf natürliches Gebären spezialisiert sind, haben herausgefunden, daß es der Mutter enorm viel hilft, wenn sie dann einen »Brennpunkt« hat, auf den sie sich während dieser Zeit konzentrieren kann. Es ist ebenfalls dringend notwendig, daß sie auf die Anweisungen des Geburtshelfers – meist der Ehemann – hört und ihm gehorcht, ungeachtet der Tatsache, wie sie sich fühlt und wie heftig die Schmerzen sind. Der Herr schickt das Bild der »Geburtswehen«, um den Ablauf der kommenden Zeiten zu beschreiben, da dieses Bild sehr klar und einfach übertragbar ist. Da die Kirche leider kaum eine Ahnung von dem Prozeß hat, in dem sie im Moment steht, ist sie oft weiterhin ihren natürlichen Neigungen nachgegangen, anstatt auf die Offenbarungen Gottes zu reagieren. Das hat dazu geführt, daß sie sich durch große Abschnitte des Prozesses hinweg quälen mußte und ihm dabei oft sogar entgegengewirkt hat. Jetzt, da wir in die kritischsten Stadien der Geburt eintreten, ist sie müde und erschöpft. Nie war es so wichtig wie in diesen Tagen, daß sich die

Kirche mit Disziplin und Entschlossenheit auf ihren »Brennpunkt« konzentriert – auf die letztlichen Absichten Gottes, damit sie vielen neuen Söhnen und Töchtern das Licht bringen kann. Sie muß gegenüber ihrem Ehemann, Jesus, völlig gehorsam werden und auf seine Anweisungen hören. Wenn wir das nicht tun, werden wir uns selber schwere Komplikationen bereiten.

## Die Wiederherstellung der Dienste

Jede geistliche Wehe, angefangen bei Luther, hat zur Folge gehabt, daß der Kirche eine wichtige, grundlegende christliche Wahrheit zurückgegeben wurde. Im gleichen Zuge wurde auch immer eine der fünf Aufgaben zur Stärkung der Heiligen wiederhergestellt, die im vierten Kapitel des Epheserbriefes aufgeführt werden. Im Mittelalter gab es nahezu keine Apostel, Propheten, Evangelisten, Pastoren und Lehrer. Diese Dienste waren aus der Kirche verschwunden und wurden nur bei seltenen Gelegenheiten vereinzelt ausgeübt. Die Kirche war über tausend Jahre von einer Priesterschaft beherrscht worden, doch nun mußte mit der Wiederherstellung von Wahrheit auch die Wiederherstellung von wahrhafter Pflichterfüllung einhergehen.

Am Anfang der Reformation wurde der *Pastor* und sein Dienst wiederhergestellt und anerkannt. Zweihundert Jahre später, mit den Gebrüdern Wesley, wurde der Dienst des *Evangelisten* wiederhergestellt, allgemein gebilligt und akzeptiert. Bei den pfingstlichen und den sogenannten »Spätregen«-Erweckungen begann die Wiederherstellung der Gaben des Heiligen Geistes. Doch es dauerte bis zur charismatischen Erneuerung und der Dritte-Welle-Bewegung, bis der Dienst der *Lehre* völlig wiederhergestellt war. Lehre war der hauptsächliche Schwerpunkt bei diesen Bewegungen, und dieser Dienst steht seither unter viel größerer Salbung als zuvor. Bis zu diesem Zeitpunkt waren fast alle Männer mit Lehrgabe in die Universitäten und Seminare verbannt gewesen. Heute ist dieser Dienst wirklich ins Leben der Gemeinde eingebunden, und der ganze Leib wird aufgebaut.

Die nächste geistliche Wehe wird die Wiederherstellung und Anerkennung des Dienstes der *Propheten* bringen. Der prophetische Dienst wird in den nächsten Jahren im Mittelpunkt der Aufmerksamkeit stehen, da mehr Salbung ihn begleiten wird, als man seit den Zeiten der Bibel je gesehen hat. Wie es auch einige Pastoren, Evangelisten und Lehrer im Leib Christi gegeben hat, bevor ihre Dienste ganz wiederhergestellt worden sind, so gab es auch bisher schon einige Propheten. Diese hatten allerdings lange noch nicht so viel Einsicht, Salbung und Anerkennung, wie sie es bald haben werden.

Die Kirche ist auf die Wiederherstellung dieses Dienstes gut vorbereitet. Denn der Leib Christi ist sich jetzt dessen bewußt, daß viel klarere Visionen und Offenbarungen bezüglich Gottes Absichten für die kommenden Tage vonnöten sind. Die Propheten sind das Auge des Leibes (vgl. Jes 29,10), und wenn dieses Auge ungeteilt, d. h. auf einen Brennpunkt fixiert ist, dann wird der ganze Leib voller Licht sein. Diese Einheit der Vision wird uns im Buch Jesaja, im 52. Kapitel, Vers 8 verheißen: »Horch, deine *Wächter* erheben die Stimme, sie beginnen *alle* zu jubeln. Denn sie sehen mit eigenen Augen, wie der Herr nach Zion zurückkehrt.« Diejenigen, die mit einem echten prophetischen Mantel auftreten, werden in solcher Einheit miteinander verbunden sein, wie man es in diesem Aufgabenbereich noch nie zuvor gesehen hat.

Die charismatische Bewegung wurde von wohlmeinenden, aber fehlgeleiteten Männern auf ein totes Nebengleis geleitet und erstickt, da sie Ordnung und Einheit durch menschliche Initiativen, Organisationen und Kontrolle herbeiführen wollten. *Dasselbe wird auch mit dem prophetischen Dienst geschehen.* Fehlgeleitete Verantwortliche werden hier letztlich genausoviel Unklarheit und Verwirrung stiften, wie dies bei den vorhergegangenen Erneuerungsbewegungen geschehen ist. Wir müssen begreifen, daß der Feind jedesmal, wenn der Herr Weizen sät, kommen wird, um Unkraut zu säen. Das wichtigste Mittel, das der Feind einsetzen wird, um jedes neue Wirken Gottes im Keime zu ersticken, ist der »Geist des Kontrollierens«. Viele Gemeindeleiter, die sich wachsender Gesetzlosigkeit gegenübersehen, werden sich zu Überreaktionen hinreißen lassen und versuchen, selbst Ordnung zu schaffen. Doch es wird nicht der Heilige Geist sein, der sie anleitet. Diese Überreaktionen, bei denen menschliche Kontrolle, Stärke und Methoden zum Zuge kommen, werden schließlich noch mehr Chaos und Verwirrung nach sich ziehen. Aber dennoch dürfen wir den Weizen nicht mißachten, nur weil Unkraut dazwischen gesät worden ist. Das Unkraut wird schon bald als bloßes menschliches Machwerk erkennbar werden und in »Bündeln« gesammelt werden. Diese werden dann in die Flammen des Gerichts geworfen, die zur Zeit auf der Welt emporlodern.

Wir müssen verstehen, daß jemand ein falscher Prophet oder Lehrer sein kann *und trotzdem noch ein wiedergeborener Bruder im Herrn ist!* Jesus selbst warnte uns davor, als er sagte: »Viele werden unter meinem Namen auftreten und sagen: Ich bin der Messias!, und sie werden viele irreführen« (Mt 24,5). Manche haben diese Stelle so ausgelegt, als bedeute sie, daß diese Menschen kommen und sagen würden, *sie selbst* seien der Christus, aber das meinte Jesus nicht. Er meinte, daß sie zwar bekennen würden, daß er, Jesus, in der Tat der Messias sei, aber sie trotzdem andere in die Irre führen. Man wird zu einem falschen Prophet oder Lehrer, wenn man versucht, einen Dienst auszuüben, den man nicht von Gott erhalten hat. Das heißt nicht, daß solche Leute keine erlösten Christen sind. Sie leiden einfach unter der Verblendung, und deshalb verblenden sie andere.

Der Herr erklärt dann weiter, daß manch falscher Messias und manch falscher Prophet auftreten wird und große Zeichen und Wunder vollbringt, um nach Möglichkeit auch die Auserwählten – wahrhafte Propheten und Lehrer – irrezuführen (vgl. auch Mt 24,24). Mitten im Weizen wird auch Unkraut wachsen. Aber es würde nichts Gefälschtes geben, wenn nicht auch das Echte existieren würde. Es würde kein Falschgeld geben, wenn nicht auch echtes Geld existieren würde. Der einzige Grund, warum der Feind falsche Zeichen und Wunder tut, ist der, daß es eben auch echte Zeichen und Wunder gibt.

Der Herr hat uns gesagt, wie wir unredliche Menschen von wahrhaften unterscheiden können: *»Wer im eigenen Namen spricht, sucht seine eigene Ehre (wörtlich »Anerkennung«); wer aber die Ehre dessen sucht, der ihn gesandt hat, der ist glaubwürdig, und in ihm ist keine Falschheit«* (Joh 7,18). Bei denen, die sich ihre Positionen selbst verschafft haben, wird immer Eigensucht und Selbstverherrlichung spürbar sein, gleichgültig, wie tränenreich sie den Namen Jesu anrufen. Wer Anerkennung für sich selbst sucht, wird bestenfalls in seinem eigenen Namen sprechen, auch wenn er noch so sehr beteuert, daß alle Ehre Gott gebühre.

Den meisten Schaden werden die falschen Propheten anrichten, denen eine tatsächliche Berufung zum Propheten gegeben war, bei denen sich aber Eigensucht in den Dienst einschlich. Diese Menschen besitzen wahrscheinlich die wahre geistliche Gabe der Prophetie. »Denn unwiderruflich sind die Gnade und die Berufung, die Gott gewährt« (Röm 11,29). Der Herr nimmt seine Gaben nicht einmal dann zurück, wenn wir untreu werden. Er bleibt treu, auch wenn wir es nicht mehr sind. Das ist der Grund, warum bei so vielen wirkungsvollen Aufgabenbereichen die Gaben auch dann noch denjenigen verblieben, nachdem sie in sexuelle Sünde, Trinkerei und andere Formen der Verderbnis sich verstrickt hatten. Deshalb hat auch der Herr angewiesen, wir sollen die Verantwortlichen nicht nach ihren Gaben beurteilen, sondern nach der Frucht, die sie bringen. Gaben werden geschenkt, jedoch die Früchte müssen wachsen. Die achtziger Jahre hätten uns diese wichtige Wahrheit durchaus zu Bewußtsein bringen müssen. Leider werden viele nicht auf diese Warnung hören. Paulus staunte, wie die Korinther führenden Mitarbeitern folgen konnten, die sie ins Gesicht schlugen (vgl. 2 Kor 11,20), und gleichzeitig ihn ablehnten, der sein Leben für sie geben würde. Menschen mit einer sündigen Natur werden immer sehr bereitwillig auf physische Stärke reagieren, denn der natürliche Mensch versteht die Wege des Geistes nicht. Die Kirche wird weiterhin in die Irre geführt und gedemütigt werden, wenn sie nicht endlich lernt, physischer Überlegenheit und Wechsel in den Führungspositionen aufgrund unüberlegter Erwägungen Einhalt zu gebieten.

Trotz all der Probleme wird die geistliche Wehe, die der Kirche den prophetischen Dienst wieder zurückgibt, so heftig sein, daß viele glauben werden, dies sei schon die Ernte. Menschenströme werden sich zum Herrn aufmachen, denn dies wird eine der größten Erweckungen der Geschichte sein. Diese Millionen, die zum Herrn kommen, bedeuten nicht die Ernte. Sie sind diejenigen, die zur Mitarbeit in der tatsächlichen Ernte berufen sind, welche noch aussteht. Diese Massen von einzelnen Menschen dürfen aber nicht einfach in einen »Schafstall« gepfercht werden, sondern sie müssen gründlich für den Dienst in der kommenden Ernte vorbereitet werden. Es wird noch eine weitere Wehe geben, während dieser der vorwärtsstrebenden Kirche wahrhafte *apostolische* Vollmacht zurückgegeben wird, die allgemeine Anerkennung finden wird. Es ist bemerkenswert, daß diese Dienste der Kirche in der umgekehrten Reihenfolge wiedergegeben werden, wie sie verloren gegangen sind. Die Urkirche begann in hellstem Licht und versank dann in der Finsternis. Die Kirche der letzten Tage wird aus der Finsternis heraus in immer helleres Licht kommen. Das Licht wird immer heller werden, bis die Tage erfüllt sind, an denen die volle Offenbarung Jesu hineinbrechen wird. Wie bereits erwähnt, sind all diese »Arbeitsbereiche« schon vor der Wiederherstellung zum Teil in der Kirche dagewesen. Aber mit der Wehe, durch die diese klerikalen Berufe wieder Anerkennung erlangten, kam eine Vollmacht, die ermöglichte, daß diese Gaben mit viel mehr Salbung und Autorität ausgeübt werden konnten. Genauso wie es vor den Wesleys schon Evangelisten und vor der charismatischen Erneuerung und der »Dritten Welle« schon Lehrer gab, so gibt es auch heute schon einige Apostel und Propheten in der Kirche. Aber selbst die bedeutendsten Männer treten noch nicht in der vollen Autorität ihres Amtes auf.

Die Geistesgaben und die Autorität der Propheten, die nun bald Vollmacht erlangen, werden bei weitem alles übertreffen, was heute als prophetischer Dienst anerkannt wird. Am Ende werden sie sogar alles übertreffen, was es je in der Geschichte der Kirche an prophetischem Dienst gegeben hat. Die künftige Herrlichkeit des Hauses wird bedeutender sein als die des früheren Hauses (vgl. Hag 2,9). Das heißt nicht, daß es jetzt größer wäre. Das nachfolgende Haus – der Tempel – war sogar kleiner als das erste, doch die Herrlichkeit, die darin offenbar wurde, war gewaltiger. Daß über das Haus in den letzten Tagen eine außergewöhnliche Herrlichkeit kommen wird, hat nichts damit zu tun, daß die Endzeitgemeinde rechtschaffener oder würdiger wäre als die Urgemeinde. Das ist ausschließlich darin begründet, daß Gott es für die jeweilige Zeit in dieser Weise geplant hat.

In Kürze wird Gott manchen so große Vollmacht und Autorität verleihen, wie er es noch nie zuvor getan hat. Das wird die Verheißung des Herrn erfüllen, daß noch größere Werke als die seinen vollbracht werden. Die Menschen, die dies tun, werden nicht vollkommen sein. Sie werden genauso Fehler begehen, wie auch ihre Vorgänger in der Bibel dies getan haben. Einige von ihnen werden ein noch nie dagewesenes Maß an Offenbarung und Vollmacht an den Tag legen. Aber es wird auch viele andere geben, die eher den Propheten gleichen, die an Samuels und Elijas Seite standen. Diese werden im Vergleich zu den anderen eine scheinbar eher durchschnittliche Arbeit verrichten, aber zu bestimmten Zeiten werden sie einzelne, ganz außerordentliche Taten vollbringen. Manche von ihnen werden sich ihr ganzes Leben darauf vorbereiten, der Kirche oder einem Land ein einziges Wort vom Herrn mitzuteilen. Dieses eine Wort wird dann ebensoviel bewirken wie bei anderen Menschen ein lebenslanger Einsatz.

Die vorwärtsstrebende Kirche ist vom protestantischen Evangelium zum evangelikalen, und von dort über das pfingstliche zum charismatischen Evangelium gekommen. Jede Bewegung glaubte, sie habe das »vollkommene Evangelium«. Aber keine einzige hatte es – *und genausowenig wird es die nächste Bewegung für sich in Anspruch nehmen können, es zu haben.* Unser Verständnis der grundlegendsten christlichen Lehren wird in Kürze ganz besonders zunehmen, aber wird immer noch nicht den apostolischen Glauben erfassen. Dieser wird erst dann ganz wiederhergestellt sein, wenn der apostolische Dienst ganz erneuert ist. Mit der Wiederherstellung des prophetischen Dienstes wird der Kirche eine Vision des apostolischen Glaubens gegeben werden.

## Die Wehen dauern, bis Christus Gestalt angenommen hat

Der Kirche wurden bei jeder bisherigen Erneuerungsbewegung bedeutende Wahrheiten wiedergegeben. Dies geschah trotz all der Probleme, der Seichtheit, ja sogar der Verblendung und der falschen Lehren, die mit diesen Bewegungen einhergingen. Viele dieser anerkannten Tatsachen wurden deshalb zu extremen und irrtümlichen Standpunkten gemacht, da die Kirche zugelassen hat, daß wir unsere Aufmerksamkeit auf die bestehenden Gegebenheiten und nicht mehr auf den Herrn konzentriert haben. Das hat zu Verwirrung geführt und wird dies auch weiterhin tun.

Der Weg ist kein Prinzip oder eine Formel, sondern eine Person. In der Wahrheit zu leben bedeutet nicht, sich gewisse geistliche Tatsachen intellektuell anzueignen und zu akzeptieren. Es bedeutet, einer Person nachzufolgen. In Verblendung zu leben heißt nicht, einfach Doktrinen oder Prinzipien nicht richtig zu verstehen; *in Verblendung lebt man, wenn man nicht dem Willen Gottes folgt.*

Es ist möglich, die ganze Wahrheit genau zu kennen und dennoch ungehorsam zu sein. Wir wollen nicht nur das Buch des Herrn, sondern vielmehr den Herrn des Buches kennenlernen. Es ist möglich, die gesamte Bibel auswendig zu können und trotzdem das Wort selbst – Jesus – nicht zu kennen. Jesus ist die Wahrheit, was soviel heißt, daß er die Summe all der Einzelwahrheiten ist, die der Kirche schon wiedergegeben worden sind oder ihr bei dem kommenden Aufbruch wiedergegeben werden. Wir dürfen uns niemals mehr von der »aufrichtigen und reinen Hingabe an Christus« (2 Kor 11,3) abbringen lassen.

Leider werden viele Menschen Jesus wieder aus den Augen verlieren und ihre ganze Aufmerksamkeit auf neue Begebenheiten und Schwerpunkte richten. Neue »Stömungen« werden mit großartigen neuen Ideen und dynamischem Dienst der Kirche viel neues Leben geben. Aber manche von ihnen werden weitaus mehr Verwirrung stiften, als frühere Erneuerungsbewegungen dies getan haben. Manchen Menschen, die sich bei früherem Wirken des Heiligen Geistes haben täuschen und ablenken lassen, wird dies nicht mehr passieren. Sie werden statt dessen nun eingesetzt, daß Stärke und Stabilität von ihnen ausgehen kann. Dadurch werden sie vielen helfen, auf dem Weg zu bleiben, und manche Menschen von Verwirrung befreien.

Wenn Menschen mit echter apostolischer Autorität bevollmächtigt werden, ist dies ein Zeichen dafür, daß das Übergangsstadium bei unserem Geburtsprozeß beendet ist. Dann beginnt das Endstadium, woraus sich die letzten Aufgaben für uns ergeben. In diesem Stadium findet die Mutter bei einer natürlichen Geburt zu bemerkenswerter Stärke zurück und hat ihr Ziel wieder so klar vor Augen, daß dies selbst bei diesem physischen Ereignis schon beinahe den Anschein erweckt, es gehe auf übernatürliche Weise. Nun ist die Zeit für die Preßwehen gekommen, bis das Kind geboren ist. Der wiederhergestellte apostolische Glaube wird die Kirche zu solcher Entschlossenheit anspornen, daß sie die Schmerzen vergessen wird. Dann werden wir mit unseren eigenen Augen sehen, wozu die jahrhundertelangen Wehen und die sechs Jahrtausende voller Schmerz und Hoffnung gut waren.

Wenn der apostolische Dienst wiederhergestellt ist, wird sich die vielfältige Vision der Kirche allein auf Jesus konzentrieren. Alles wird in ihm zusammenkommen, da er das vollständige und alleinige Ziel Gottes *ist*. Das Ausmaß der Weisheit und der Erkenntnis Gottes, das in ihm verborgen ist, wird offenbar werden, und alle Augen werden auf seine Herrlichkeit schauen. So wie das Licht, das im Laser gebündelt wird, immense Kraft entwickelt, so wird auch in der Kirche enorme Kraft freigesetzt, wenn wir all unsere Aufmerksamkeit ausschließlich auf den Herrn konzentrieren. Das ist die Kraft, mit der die Kirche ihren Auftrag in der Endzeit erfüllen wird. Zu diesem Zeitpunkt werden alle ehrlich Suchenden, die vom Strom des Lebens durch die kleinen Nebenflüsse, die ihn speisen, abgelenkt worden sind, zu jenem großen Wasserlauf zurückkehren, um nie wieder von ihm zu weichen. Endlich wird das Haupt mit dem Leib verbunden sein. Dann werden wir im Geist und in der Wahrheit anbeten können.

Schon seit annähernd zweitausend Jahren sucht der Menschensohn einen Platz, um sein Haupt niederzulegen, eine Stelle, an der er den Leib führen kann. Eine der wichtigsten Aufgaben des apostolischen Dienstes wird darin bestehen, Jesus wieder zum Haupt seiner Kirche zu machen. Wenn dies geschieht, wird die Kirche eine Ordnung und Harmonie erhalten, wie man sie noch zu keiner Zeit unter Menschen erlebt hat. Dienste, Gemeinden und Einzelpersonen, die seinem Namen dienen, werden so unglaublich gut zusammenarbeiten, daß die Welt nur so staunen wird und die größten Denker dieser Tage verblüfft sind. Alles wird so gut funktionieren wie die Muskeln eines durchtrainierten, athletischen Körpers. Ohne daß es von Menschen organisiert worden wäre, wird der gemeinschaftliche Auftrag mit atemberaubender Genauigkeit immer genau da ausgeführt, wo es gerade nötig ist.

Wenn ein Evangelist oder Apostel in einer Gegend sät, werden andere genau zum richtigen Zeitpunkt erscheinen, um diese Samen zu bewässern. Samen, die nicht gegossen werden, werden gar nicht erst gesät; und wo keine Samen gesät sind, wird auch nicht gegossen. Die Verantwortlichen der jeweiligen Aufgabenbereiche werden sich zwar in zunehmendem Maße untereinander austauschen und Gemeinschaft miteinander pflegen, doch die Richtung und Strategie wird uns nicht von Computersystemen oder menschlichem Planen her gewiesen, sondern vom Heiligen Geist. Das prophetische Wort wird mit einer Reinheit und Genauigkeit gesandt, wie es in der Kirchengeschichte noch niemals zuvor geschehen ist. Große Konferenzen der Apostel und Ältesten werden abgehalten, ohne daß Einladungen verschickt oder mündlich geworben worden wäre. Der Heilige Geist wird zu all denen sprechen, die teilnehmen sollen, und er selbst wird die Versammlung leiten. Der Herr selbst wird die Ernte der Welt anleiten, wie auf einem vorbildlich geführten Landsitz.

Der Herr wird dabei auch nicht die geringsten Kleinigkeiten vergessen. Wenn seine Arbeitsgruppen Geld, Essen oder andere Mittel benötigen, werden sie dies alles erhalten, noch bevor sie darum gebeten haben. Wenn ihnen Bibeln oder andere Dinge fehlen, werden sie mit einem Mal verfügbar sein. Wenn eine Gruppe von Gläubigen der Unterweisung bedarf, wird zur rechten Zeit der richtige Lehrer vorbeikommen. Die Menschheit kennt kein Computersystem und keine Organisation, die es mit der Effizienz und der Zeiteinteilung aufnehmen könnte, mit dem der Herr die Ernte leitet. Dies wird noch um so bemerkenswerter sein, da die Welt zur gleichen Zeit in ein immer größeres Chaos versinken wird.

Die Vorbereitung auf das, was der Geist hier tun möchte, besteht darin, die Stimme des Herrn zu kennen. Der Heilige Geist wird außerordentlich streng mit denjenigen sein, die für diese Aufgabe in den letzten Tagen vorbereitet werden. Wenn wir bei unseren Aufgaben dem Geist gegenüber nicht sensibel sind, wird das immer drastischere und unmittelbarere Konsequenzen für uns haben. Christen werden feststellen, daß sie mit der nachlässigen Art wie bisher nicht mehr durchkommen. Anmaßungen, die früher geringe oder gar keine Auswirkungen auf uns zu haben schienen, werden bald unmittelbare und ernüchternde Korrekturen nach sich ziehen.

Nachdem offensichtlich sein wird, daß der Herr selbst seine Mitarbeiter lenkt, werden Missionsgesellschaften und verantwortliche Gruppen ihre eigenen Planungsbüros langsam auflösen, um sich vollständig von der Führung des Heiligen Geistes abhängig zu machen. Manche Organisationen bleiben bestehen. Ihre Aufgabe wird sein, Informationen zugänglich zu machen und den gegenseitigen Austausch innerhalb der Kirche zu regeln und zu fördern. Doch richtungweisend und führend wird in zunehmendem Maße allein der Heilige Geist sein.

Wie bei den Geburtswehen einer schwangeren Frau werden auch in der Kirche den äußerst intensiven Zeiten des Vorankommens ruhige Abschnitte folgen. Auf Zeiten des Umbruchs in der

Welt werden Zeiten verhältnismäßigen Friedens folgen. Gott sieht für die verschiedenen Gemeinden unterschiedliche Zeitpläne vor. In einer Stadt wird vielleicht gerade eine große Erweckung stattfinden, während sich in einer anderen nichts ereignet. Wenn der Geist dann auf diese zweite Stadt herabkommt, wird es vielleicht in der ersteren ruhig zugehen. In einem Teil der Welt wird die Kirche unter großer Verfolgung leiden, während sie woanders Friede und Ansehen genießt. Dies macht es nur noch wichtiger, daß jede Gemeinde und jede Einzelperson die Stimme des Herrn kennt und ihn selbst hören kann.

Es gibt einige allgemeine Muster, gemäß derer die Ereignisse in der Kirche und auf der ganzen Welt vonstatten gehen. Die Richtungen, die sie nehmen, sind allerdings völlig unterschiedlich. Die Kirche wird immer mehr Licht und Vollmacht erlangen; die Welt dagegen wird in eine noch nie dagewesene Finsternis versinken. Bei der wahrhaften Kirche wird es immer mehr Glauben und immer klarere Visionen geben, während eine Paranoiawelle nach der anderen die Erde heimsucht. Dies wird immer schlimmer werden, bis keine Regierung der Welt mehr fähig sein wird, die Bevölkerung unter Kontrolle zu halten. Banden von manchmal Hunderttausenden werden durch die Lande fegen und alles zerstören, was ihnen in die Quere kommt. Plagen, Naturkatastrophen und Kämpfe werden so viele Menschenleben fordern, daß es fast unmöglich sein wird, alle Toten zu beerdigen. Die Menschen werden verzweifelt nach jemandem Ausschau halten, der genügend Autorität aufbringt und für ihre Sicherheit sorgt, aber niemand wird dazu bereit sein. Die verbleibenden Regierungen werden nicht viel mehr sein als Cliquen, die sich zusammengetan haben, um ihre eigenen Interessen durchzusetzen und die Schwachen auszunehmen.

Die Vision endet damit, daß in der Welt Finsternis und Zerstörung herrschen und in der Kirche die Herrlichkeit des Herrn immer sichtbarer und die Ernte immer größer werden wird. Es ist zwecklos, darüber zu spekulieren, was sich danach ereignet, oder darzulegen, was nach meinem Verständnis der Schrift im Anschluß daran passieren wird. Schon bald wird die prophetische Vision der Kirche dramatisch ergänzt werden. Und keiner, der sich gehorsam nach dem Herrn und seinen Absichten ausstreckt, wird von Ereignissen oder Umständen überrascht oder überwältigt werden.

## Die Vorbereitung und Zurüstung der Heiligen

Die gesamte Kirche hat eine große Aufgabe vor sich, wenn sie auf die Ernte vorbereitet sein will. Es wird zwar wunderbar sein, bei der Ernte dabeizusein, doch die Kirche wird enormer Belastung ausgesetzt werden. Jedes derzeitige Mitglied des Leibes Christi muß wissen, wie man Kranke heilt, Dämonen austreibt, Neubekehrte unterweist und wie man Menschen in eine stabile und fruchtbare Beziehung zum Herrn und seiner Kirche führt. Wie eine junge Mutter sich voll und ganz der Pflege und dem Schutz ihres neugeborenen Babys widmet, so möchte der Herr, daß wir jeden Neubekehrten gut versorgen. Ohne die Gnade und die Kraft des Herrn wird dies unmöglich sein. Doch dürfen wir auch nicht vergessen, daß diejenigen, die Gott in verantwortliche Positionen berufen hat, Rechenschaft ablegen müssen. Wir sind dazu angehalten, uns sorgfältig vorzubereiten. Jeder Gläubige ist zur Mitarbeit aufgerufen, und jeden einzelnen wird man brauchen. Es ist unbedingt notwendig, daß wir alle unseren Platz im Leib Christi finden und dort mit dem Einsatz beginnen.

Unser Auftrag lautet: »Darum geht zu *allen Völkern* und macht alle Menschen zu meinen *Jüngern*; tauft sie auf den Namen des Vaters, des Sohnes und des Heiligen Geistes, und lehrt sie, *alles* zu befolgen, was ich euch geboten habe« (Mt 28,19-20). Hier steht ganz deutlich, daß sich die Botschaft weder an Einzelpersonen noch an Bekehrte richtet. Es handelt sich hierbei um unseren Auftrag. Gott sucht nun nach Menschen, die alle Hindernisse und jede Verstrickung in den Dingen des täglichen Lebens hinter sich lassen, um alles für sein Evangelium zu tun. Verantwortliche Mitarbeiter, die nur um ihre eigene Größe und ihr Wohlergehen bemüht sind und die Heiligen nicht richtig für ihren Einsatz vorbereiten, werden bald von Gott diszipliniert oder auch abgesetzt werden. Die Kirche ist nicht verantwortlich dafür, die Aufgaben zu stellen. Vielmehr sind die Mitarbeiter dazu da, die Kirche so vorzubereiten, daß sie ihre Aufgaben erfüllen kann. Folgende Schriftstelle ist eine von denen, die in den letzten Jahrzehnten am häufigsten gepredigt worden sind. »Und er gab den einen das Apostelamt, andere setzte er als Propheten ein, andere als Evangelisten, andere als Lehrer, *um die Heiligen zur Erfüllung ihres Dienstes zu rüsten*« (Eph 4,11-12).

Doch obwohl diese Schriftstelle so häufig gepredigt worden ist, wird sie fast nirgendwo angewandt. Einige Menschen werden auf Teilbereiche ihres Aufgabengebietes vorbereitet. Wo aber finden *alle* die nötige Unterweisung? Paulus erklärte der Gemeinde in Korinth: »Das Zeugnis über Christus wurde bei euch gefestigt, so daß euch *keine* Gnadengabe fehlt« (1 Kor 1,6-7; Hervorhebung durch den Autor).

Gaben sind keine Spielzeuge, sondern Werkzeuge, um das Werk des Geistes zu vollbringen. Wer die Gaben des Geistes ausübt, ist wie ein Sender, über den der Herr den Nöten seines Volkes begegnen kann. Jesus war *der* Apostel, *der* Prophet, *der* Evangelist, *der* Pastor und *der* Lehrer. Er übte alle Gaben des Geistes aus. Als er nach seiner Aufnahme in den Himmel den Menschen die Gaben verlieh, schenkte er beinahe sich selbst. Einen Lehrer erkennt man nicht daran, wie gut er die Schrift auslegen oder wie gewandt er Lehrsätze formulieren kann. Die entscheidende Frage vielmehr ist: Sehen wir unseren Lehrer – nämlich Jesus – in ihm? Einen glaubwürdigen Pastor erkennt man nicht an seinen wissenschaftlichen Abschlüssen und auch nicht daran, wer ihn in den Dienst gehoben hat, ja, nicht einmal daran, wie sehr er sich um Menschen kümmert und sich für die Verzweifelten Zeit nimmt. Auch hier lautet die Frage: Sehen wir unseren Hirten in ihm? Das Zeugnis über Christus ist bei uns gefestigt, wenn uns keine Geistesgaben fehlen (vgl. 1 Kor 1,6-7), denn das bedeutet, daß wir in unserer Mitte für das vollendete Werk Christi Raum geschaffen haben. Wir müssen endlich aufwachen, unsere wahre Lage sehen und für unseren Ungehorsam Buße tun, sonst wird unsere Berufung an diejenigen weitergegeben werden, die Frucht bringen. Zwar wird unaufhörlich über die Vorbereitung und Zurüstung der Heiligen gelehrt und gepredigt, aber es wird nicht wirklich umgesetzt. Wir kennen die Wahrheit, doch leben und handeln wir nicht in ihr. Das zieht keinen Segen nach sich, sondern Gericht.

Wie Paulus gesagt hat, sind die zurüstenden Dienste zur Vorbereitung der Heiligen gegeben worden, damit sie ihre Aufgaben erfüllen können. Sogar der Evangelist ist nicht in erster Linie zu den Verlorenen gesandt, wie wir meist denken. Seine Hauptaufgabe besteht darin, die Heiligen für Evangelisation zuzurüsten, da die ganze Gemeinde zum Evangelisieren berufen ist. Wenn ein Evangelist nicht weitere Evangelisten heranzieht und in der Gemeinde einen Geist der Evangelisation freisetzt, dann hat er seine wichtigste Aufgabe nicht erfüllt. Dasselbe gilt für einen Propheten. Seine wichtigste Aufgabe ist, die Heiligen so für ihre Aufgabe auszustatten, daß sie für Gott sprechen können. Das heißt nicht, daß alle das Amt eines Propheten ausüben werden, sondern daß Gott zu jedem durch Prophezeiungen, Träume und Visionen reden kann. Nicht einmal der Pastor ist allein dazu berufen, die Gemeinde zu leiten. Seine Aufgabe besteht auch darin, in der Gemeinde den Geist des Hirten freizusetzen, damit wir alle zu Hütern unserer Geschwister werden. Kein Dienst trägt wirkliche Frucht, wenn er sich nicht »nach seiner Art« *vervielfältigt*.

An Möglichkeiten zum Dienst wird es uns nicht mangeln, es gibt mehr als genug zu tun. Wir brauchen uns also nicht von anderen bedroht zu fühlen, die anfangen, uns den Dienst abzunehmen, auch dann nicht, wenn sie erfolgreicher sind als wir. Die vollkommene Art geistlichen Dienstes zeigte uns Johannes der Täufer. Sein einziges Ziel war darin begründet, für Jesus den Weg zu bereiten und Zeugnis von ihm abzulegen. Als Jesus dann kam, trat er bereitwillig in den Hintergrund. Das ist der Grund, warum der Sohn Gottes von einem Mann, der keine Wunder gewirkt, keine neuen Wahrheiten verbreitet und keine Institution hinterlassen hat, behauptete, es habe »unter allen Menschen keinen größeren gegeben« als ihn (Mt 11,11). Hier zeigt sich einmal das Wesen derer, die die wirklichen Freunde des Bräutigams sind.

Der ganze Leib Christi ist dazu berufen, Apostel zu sein: der von Gott Gesandte; Prophet zu sein: er leiht Gott seine Stimme; Evangelist zu sein: er trägt das Evangelium hinaus; Hirte zu sein: er behütet seine Geschwister und Lehrer zu sein: er lehrt sie Gottes Wege.

Eines der wichtigsten Werkzeuge, die der Herr zur Zurüstung seines Volkes benutzen wird, sind Hauskreise. Buchstäblich Hunderttausende von Ehepaaren werden anfangen, ihre Häuser für Kleingruppen zu öffnen. Diese Ehepaare werden fähig sein, die Verlorenen zum Herrn zu führen, Dämonen auszutreiben, Kranke zu heilen und im Leben von Neubekehrten eine feste, biblische Grundlage zu legen. Diese Gruppen werden nicht zu isolierten Hauskirchen werden, sondern dazu beitragen, daß unzählig viele Neubekehrte in größere Gemeinden eingebunden werden. Wenn sie einer Gruppe von Neubekehrten dazu verholfen haben, gewisse Stabilität zu erlangen und ihren Platz in der Gemeinde einzunehmen, werden sie die nächste Gruppe übernehmen.

Letztendlich werden diese Hauskreise das Fundament darstellen, auf dem die gesamte Kirche aufgebaut ist. Die Gruppen, welche die Hauskreisarbeiten durchführen, werden praktisch den größten Teil der Zurüstung der Heiligen übernehmen, einschließlich der Vorarbeit für die Lehre und den Hirtendienst. Ohne diese kleinen Teams würde diese immense Ernte die Gemeindeleiter schnell überfordern.

Jetzt ist die Zeit, daß alle Gemeinden sich der Aufgabe widmen, Gruppen und Gruppenleiter für den Dienst vorzubereiten. Wer sich berufen fühlt, in seinem Wohnzimmer Neubekehrte zu unterweisen, sollte jetzt anfangen, sich mit Bibeln, Studienhilfen, Lehrkassetten und anderen Materialien einzudecken, die für diese Aufgabe nötig sind. Gemeindeleiter müssen beginnen, Menschen auszumachen und zum Dienst heranzuziehen, so wie Jesus es getan hat: Sein Kriterium war die Salbung Gottes für einen Menschen und nicht der akademische Grad. Diejenigen, die für den Einsatz ausgewählt sind, müssen so ausgebildet werden, wie auch Jesus dies mit seinen Jüngern getan hat – nämlich nach dem Prinzip »sehen und dann selber machen«.

## Der »Versammlung« nicht fernbleiben

Die biblische Ermahnung, wir sollen der Versammlung nicht fernbleiben (vgl. Hebr 10,25), bezieht sich nicht allein auf die Treffen der Gemeinde, sondern auf das *Zusammenkommen des Leibes Christi* in einer Einheit. Der Herr sieht nur eine Kirche. Er erkennt die vielen Spaltungen, die wir verursacht haben, nicht an. Viele dieser Spaltungen rühren daher, daß schwache Kirchenväter in ihrer Angst heimlich versucht haben, ihre eigenen Herrschaftsbereiche und damit das, woraus sie ihren Selbstwert ableiteten, zu bewahren. Das Volk Gottes wird befreit werden von diesem Geist der Häresie, der unseren Blick immer auf Unterschiede lenkt, anstatt auf unser gemeinsames Ziel. Strenges Gericht wird über all die hereinbrechen, die trennen anstatt zu verbinden, die in der Tat für sich etwas bauen und nicht für den Herrn. Das betrifft einzelne Personen, Gemeinden, Denominationen und auch die verschiedenen Strömungen, die es innerhalb des Leibes Christi gibt. Satan kam, um zu trennen und zu zerstören. Das grundlegende Ziel des

Reiches Gottes dagegen ist Synthese, d. h. das Zusammenfinden von Menschen in einer Einheit. Hierbei müssen wir uns allerdings im klaren sein, daß dieses Zusammenschließen niemals durch menschliche Anstrengung, sondern nur durch den Geist geschehen kann. Im Moment gibt es im Leib Christi eine Anzahl verschiedener »Strömungen«, die jeweils ihre eigenen Leiter und Schwerpunkte haben. Viele Christen gehören keiner Gruppe oder Bewegung an, weil sie entweder orientierungslos oder rebellisch sind. Einige jedoch gehören keiner Strömung an, weil sie die Stelle am Fluß gefunden haben, wo sie von jeder fließenden Bewegung ein bißchen etwas mitbekommen, dabei aber vermeiden, sich allzusehr auf einzelne Wahrheiten oder Schwerpunkte zu konzentrieren. Manche Einzelpersonen suchen nach diesem Fluß, werden aber andauernd durch die einzelnen Wirbel abgelenkt. Sie verwenden einen Großteil ihrer Energie nur darauf, von einem Wirbel zum anderen zu laufen. Stromschnellen bewegen sich schneller als der Fluß, da sie nicht so tief sind. Im Moment decken sich diese verschiedenen Strömungen mit den Plänen Gottes, doch letztlich werden sie alle in einem Strom zusammenfließen. Wenn die Kirche eins wird, wird sie zu einem reißenden und durch nichts aufhaltbaren Strom, dem keine andere Religion, Philosophie oder Lehre standhalten kann.

Der Leib Christi läßt sich im Moment mit dem Bau eines riesigen Flugzeugs vergleichen. An jedem Teilstück arbeiten Trupps von Mechanikern: Die einen bauen das Fahrwerk, andere arbeiten an den Motoren, und wieder andere beispielsweise an den Tragflächen. Die meisten Mechaniker sehen und verstehen nur das Teil, an dem sie arbeiten, aber für eine bestimmte Zeit genügt dies auch. Nur einige wenige kennen die Pläne für das gesamte Flugzeug. Ihre Aufgabe ist, sicherzustellen, daß all die verschiedenen Einheiten und Teilstücke zusammenpassen, wenn die Zeit zum Zusammenbauen gekommen ist. Das Werk derer, die sich dem Zusammenfügen der Teile widmen, wird erst sichtbar werden, wenn das Flugzeug fertiggestellt ist und zur Vorführung herausgefahren wird. Dann wird jeder sehen, daß sein Teil zwar nur klein, für das Ganze aber enorm wichtig war.

Dementsprechend haben die verschiedenen Strömungen und Bewegungen daran gearbeitet, ihre Ziele zu erreichen und ihr »Teilstück« fertigzustellen. Die meisten brauchten dazu den ganzen

Plan gar nicht zu kennen. Doch nun ist die Zeit gekommen, die Teile zusammenzufügen. Dies muß geschehen, sonst wären die Teile letztendlich zu gar nichts nütze. Welchen Nutzen hätten die einzelnen Teile, wenn wir die dazugehörigen anderen Teile nicht hätten? Der Herr beginnt nun, die auszusenden, die den gesamten Plan sehen. Sie arbeiten daran, Beziehungen zwischen den verschiedenen Strömungen aufzubauen, damit die »Tragflächen« beispielsweise zum »Rumpf« passen, wenn die Zeit des Zusammenbauens gekommen ist.

Jetzt ist der Zeitpunkt, mit dem gegenseitigen Austausch zu beginnen. Doch wir müssen darauf achten, daß wir einzelne Partner nicht zum Zusammenkommen zwingen, solange sie dazu noch nicht bereit sind. Der Herr hat die verschiedenen Bauteile dieses Flugzeugs bisher noch nicht zusammenlegen lassen, da es unter den maßgeblichen Bauleuten immer noch einige gibt, die versuchen würden, das Flugzeug selbst zu fliegen. Doch niemand anderer als Jesus selbst wird der Pilot dieses Flugzeugs sein.

Beim Zusammenfügen müssen wir uns im klaren darüber sein, daß nicht jedes Teil direkt mit allen anderen Teilen verbunden sein wird. Der Arm muß mit der Schulter und eben nicht mit der Hüfte verbunden werden. Am Schluß werden alle Teile miteinander verbunden sein, doch viele werden wohl keine direkte Beziehung zueinander haben, sondern nur über andere miteinander in Verbindung stehen. Es könnte sinnlose Zeitverschwendung sein, wenn wir versuchen würden, mit jeder Strömung in der Kirche in Verbindung zu stehen. Wir müssen darauf bedacht sein, uns nur in die Beziehungen hineinzubegeben, die der Herr für uns aufbaut. Die Auflösung von Organisationen und manchen Werken wird für die treuen Diener des Herrn eine positive und fast schon amüsante Erfahrung sein. Denn sie werden nicht einfach nur etwas hinter sich lassen, sondern voranschreiten, um ein noch viel größeres Werk zu vollbringen. Wer sich dazu hat hinreißen lassen, das Werk des Herrn mehr anzubeten als den Herrn des Werkes, wird in Schwierigkeiten geraten. Doch auch die meisten von ihnen werden durch die unermeßliche Segnung, die kommen wird, freigesetzt werden.

## Vorsicht vor Steinen des Anstoßes

Viele, die sich dazu berufen fühlen, das Alte anzugreifen und niederzureißen, sind *nicht* von Gott gesandt. In der Kirche werden Steine des Anstoßes zu finden sein, die von Zeit zu Zeit Verwirrung und Zerstörung anrichten. Sie werden sich selbst für Propheten halten, die gesandt sind, um Recht zu sprechen und Befreiung zu schenken. Doch in Wirklichkeit sind sie vom Bösen gesandt, um Spaltung und Zerstörung zu bringen. Die Führungskräfte müssen sich hier auf ihr geistliches Urteilsvermögen verlassen und die gefährlichen Steine aus dem Weg räumen.

Um den Hindernissen zu entrinnen, wird der Herr eine große Anzahl von Propheten, Lehrern, Pastoren und Aposteln heranziehen, die den Geist des Pinhas haben. Genau wie dieser Sohn Eleasars es nicht ertragen konnte, daß im Lager des Herrn gesündigt wurde, so wird auch dieser »Dienst des Pinhas« Gemeinden und manchmal auch Städte und Nationen vor den Plagen retten, die über die Erde kommen (vgl. Num 25,1-13). Ihre einzige Motivation wird der leidenschaftliche Eifer des Herrn für die Reinheit seines Volkes sein. Sie werden gesandt, um zu retten und zu bewahren, und nicht um niederzureißen wie Steinbrocken.

Ein immer größeres Gewicht wird auf der Heiligung des Lebensstils liegen. Dies wird ein Teil der Vorbereitung sein, die der Herr dem Zusammenwachsen des Leibes Christi vorausgehen läßt. Es wird sich dabei jedoch um etwas völlig anderes handeln als um das gesetzliche Festhalten an Äußerlichkeiten, wie beispielsweise Anordnungen wie »berühre das nicht, iß nicht davon, faß das nicht an«, vor denen der Apostel warnt (Kol 2,21). Wir werden ermahnt: »Strebt voll Eifer nach Frieden mit allen und nach *der Heiligung, ohne die keiner den Herrn sehen wird*« (Hebr 12,14). Sünde trennt uns von Gott und voneinander. Der Herr wird die Begierden der sündigen Natur, das bewußte Übergehen der Seele und die Verschmutzung des Geistes, die sein Volk so lange beherrscht haben, nicht länger tolerieren. Strenges Gericht wird über diese Vergehen kommen, wie der Prophet Maleachi gewarnt hat:

> »Denn seht, der Tag kommt, er brennt wie ein Ofen: Da werden alle Überheblichen Frevler zu Spreu, und der Tag, der kommt, wird sie verbrennen, spricht der Herr

der Heere. Weder Wurzel noch Zweig wird ihnen bleiben. Für euch aber, die ihr meinen Namen fürchtet, wird die Sonne der Gerechtigkeit aufgehen, und ihre Flügel (wörtlich: *Strahlen*) bringen Heilung. Ihr werdet hinausgehen und Freudensprünge machen, wie Kälber, die aus dem Stall kommen. An dem Tag, den ich herbeiführe, werdet ihr die Ruchlosen unter euren Fußsohlen zertreten, so daß sie zu Asche werden, spricht der Herr der Heere« (Mal 3,19-21).

## Falsche Einheitsbewegungen

Es werden Gruppierungen mit dem Ziel der Einheit ins Leben gerufen, die nicht vom Heiligen Geist inspiriert sind. Manche davon werden in der Kirche zunehmend Spaltung und Verwirrung schaffen. Einige gehen von Täuschungen anderer aus, die im Geist des Antichristen kommen und Kontrolle ausüben wollen. Diese Gruppierungen werden von wahrhaftigen Gläubigen gegründet werden, die vorausgesehen haben, was kommen wird, aber versehentlich daraus geschlossen haben, sie seien diejenigen, die erwählt seien, diese Einheit herbeizuführen. Diese verfehlten Bewegungen werden so viel Verwirrung stiften, daß der Leib Christi das Wort »Einheit« eine Zeitlang gar nicht mehr hören will.

Es wird viele relativ kleine Einheitsbewegungen geben, die Zwietracht bewirken, aber auch eine große und bedeutende Bewegung, die sich am Ende zum ärgsten Verfolger der voranschreitenden Kirche entwickelt. Diese Bewegung wird aus Katholiken, Protestanten, Evangelikalen, Pfingstlern, Charismatikern und Christen der »Dritten Welle« bestehen. Erst nach einer Zeit großer Demütigung für die Kirche – wie in weiteren Kapiteln zu lesen ist – wird es so aussehen, als ob diese Bestrebungen das Werkzeug darstellten, durch das der Herr die Glaubwürdigkeit der Kirche wiederherstellen will. In Wirklichkeit aber wird diese Bewegung das wichtigste Werkzeug antichristlicher Kräfte sein, deren Bemühen sein wird, die Ernte zu verhindern.

Tatsächliche Einheit wird sich nicht dadurch einstellen, daß irgendwelche Personen oder Bewegungen den Wunsch verspüren, die Einheit herbeizuführen. Sie wird sich nicht durch ökumenische

Aktionen einstellen, auch nicht durch kirchenpolitische Übereinkünfte oder den Versuch von Menschen, Einheit herbeizuführen, ungeachtet der Tatsache, wie nobel ihre Absichten auch sein mögen. Ein Reformer sagte einmal: »Geistliche Menschen brauchen keine Übereinstimmung, und ungeistliche Menschen können keine halten.« Nicht einmal Verfolgung wird Einheit herbeiführen. Die Geschichte hat gezeigt, daß Christen ihre Differenzen in Zeiten der Verfolgung zwar für eine Weile beilegen, sich aber schnell wieder voneinander trennen, sobald sie nicht mehr verfolgt werden. Die Einheit, die der Geist bewirkt, wird in allen Situationen und Umständen anhalten, da sie nicht von den äußerlichen Faktoren, sondern vom Heiligen Geist abhängt.

Die künftigen Ereignisse werden jenseits dessen liegen, was man durch menschliche Abkommen und diplomatische Übereinkünfte erreichen kann. Der Herr betete: »Und ich habe ihnen *die Herrlichkeit* gegeben, die du mir gegeben hast; denn sie sollen eins sein, wie wir eins sind« (Joh 17,22).

Das einzige, was die wahre Einheit herbeiführen kann, ist die Herrlichkeit des Herrn. Wer sich selbst erhöht hat, wird erniedrigt werden. Wer sich selbst erniedrigt hat, wird von ihm erhöht werden. Wer Erster sein möchte, wird Letzter werden. Wer sich damit begnügt, Letzter zu sein, wird Erster werden.

Die Einheit des Geistes wird dann kommen, wenn wir die Herrlichkeit des Herrn sehen. Jesaja sagte: »Denn siehe, Finsternis bedeckt die Erde und Dunkel die Völker, doch *über dir geht leuchtend der Herr auf, seine Herrlichkeit erscheint über dir*« (Jes 60,2). Der Herr sagte in seinem Gebet für die Einheit seiner Kirche: »Ich habe ihnen die *Herrlichkeit* gegeben, die du mir gegeben hast; *denn sie sollen eins sein, wie wir eins sind*« (Joh 17,22). Wenn die Kirche seine Herrlichkeit vor Augen hat, was bald geschehen wird, dann werden, wie bei den vierundzwanzig Ältesten in der Offenbarung, alle Kronen vor seine Füße geworfen werden (vgl. Offb 4,10-11). Wer könnte sich in seiner Gegenwart Ruhm oder eine Position anmaßen? Wenn wir ihn, das Lamm Gottes, in aller Tiefe erkennen, werden wir ob unserer Anmaßung und Kleinlichkeit auf Knien um Erbarmen flehen und für all das Buße leisten, wodurch wir sein Volk verletzt oder gespalten haben.

Diejenigen, die in die Einheit mit dem Geist eintreten, werden sich dessen nicht einmal bewußt sein. Ihre Aufmerksamkeit ist

die Kirche und dann die Welt bald erleben wird. Alles, was erschüttert werden kann, wird erschüttert werden. Alles, was nicht Gold, Silber oder kostbarer Edelstein ist, wird verbrennen. »Das Werk eines jeden wird offenbar werden; jener Tag wird es sichtbar machen, weil es im Feuer offenbart wird. Das Feuer wird prüfen, was das Werk eines jeden taugt« (1 Kor 3,13). Das kommende Gericht wird in der Kirche den Weizen von der Spreu trennen, und dies auch im Leben der Menschen tun, die dann noch in der Kirche verbleiben. Es wird keinen Christen geben, der durch dieses Feuer nicht gedemütigt worden wäre.

Niemand wird die kommenden Ereignisse anders als mit Gottes Gnade durchstehen. Seine Gnade wird für all die ausreichen, die ihn anrufen. Er wird uns seine Kraft und seine Weisheit geben. Dieses Feuer wird auch alle diejenigen richten, die sich anmaßend auf eine falsche Gnade verlassen. Dies bedeutet, daß sie annehmen, Gott werde weiterhin über ihre Sünde und Unverantwortlichkeit hinwegsehen. Er kommt, um die Sünden zu verurteilen und sie in all ihren Formen zu verdammen. Die Menschen, die seine Worte gehört, sich aber nicht nach ihnen gerichtet haben, werden mit der Sturmflut fortgespült werden. Wir dürfen nicht so töricht sein wie die Jungfrauen, die kein Öl in ihren Lampen hatten, da sie dachten, sie könnten welches besorgen, wenn der Bräutigam kommt. Wer so töricht ist, wird bald feststellen müssen, daß die Türe verschlossen ist und er draußen steht.

Bevor dieses Feuer ganz auf uns herabkommt, wird der Herr seinem Volk eine klare Warnung geben, damit wir uns selbst beurteilen können, bevor er uns richten muß. Es ist besser, auf den Felsen zu fallen und zu zerbrechen, als zu riskieren, daß der Fels auf uns fällt und uns zu Staub mahlt. Diejenigen, die er liebt, züchtigt er, und dieses Gericht kommt, weil er uns liebt. Der Sturm wird über jedes Haus kommen, aber wer die Worte des Herrn hört *und danach handelt*, hat auf den Fels gebaut und sein Haus wird bestehen. Wer in einem solchen Haus wohnt, braucht die Stürme nicht zu fürchten. Wenn uns diese Dinge übermäßige Angst einjagen, dann dürfen wir uns nicht in die Verzweiflung treiben lassen, sondern müssen etwas für unseren geistlichen Zustand *unternehmen*. Der Psalmist warnte uns:

> »Darum soll jeder Fromme in der Not zu dir beten; fluten hohe Wasser heran, ihn werden sie nicht erreichen« (Ps 32,6).

Wir haben die Verheißung erhalten, daß wir den Herrn finden, wenn wir ihn suchen. Doch wenn wir damit warten, bis die Flut über uns hereingebrochen ist, wird es zu spät sein, um unsere »Häuser« zu retten. Heute schon bestimmen wir sowohl das Gericht als auch die Herrlichkeit, die über uns kommen wird.

Jesus wurde zwischen zwei Dieben gekreuzigt, von denen jeweils einer eine bestimmte Zeitreform repräsentierte: der eine »gestern« und der andere »morgen«. Dies hatte prophetische Bedeutung. Einer der Räuber war in seine Vergangenheit und in all das Böse verstrickt, das er getan hatte. Der andere konzentrierte sich auf die Zukunft und sagte: »Jesus, denk an mich, *wenn* du in dein Reich kommst.« Der Herr verbesserte ihn und sagte: »*Heute* noch wirst du mit mir im Paradies sein« (Lk 23,43).

Aus der Schrift wird deutlich, daß der Herr an diesem Tag nicht ins Paradies ging, sondern zunächst einmal in die Tiefe. Was meinte er denn dann, als er dem Dieb sagte, daß er *heute* mit ihm im Paradies sein werde? Genau dasselbe sagt er zu uns! Warte nicht bis morgen, denn *heute* ist der Tag der Errettung. Darin, den Herrn *heute* zu kennen, liegt eine Offenbarung, die die Ewigkeit berührt. Gestern existiert nicht mehr, und morgen existiert auch nicht mehr! Das einzige, was existiert, ist die Gegenwart. Das Paradies muß in der Gegenwart gefunden werden, denn es ist kein futuristischer Traum, sondern eine gegenwärtige Realität. Wir müssen aus unserer Vergangenheit lernen und eine Vision für die Zukunft haben, doch leben dürfen wir darin nicht. Aus diesem Grund werden wir ermahnt: »*Heute*, wenn ihr seine Stimme hört, verhärtet euer Herz nicht« (Hebr 4,7) und »Zur Zeit der Gnade erhöre ich dich, am Tag der Rettung helfe ich dir. *Jetzt* ist sie da, die Zeit der Gnade; *jetzt* ist er da, der Tag der Rettung« (2 Kor 6,2).

Es ist wichtiger, *heute* mit ihm zu leben, als die Zukunft zu kennen. Das ist der Grund, warum Gott, als Mose ihn nach seinem Namen fragte, zur Antwort gab: *»Ich bin«*, nicht *»Ich war«* oder *»Ich werde sein«*.

Wenn wir ihn kennen wollen, müssen wir ihn jetzt kennen. Diese beiden bildlichen Diebe, Vergangenheit und Zukunft, haben der Kirche vielleicht mehr Leben und Vollmacht geraubt als irgend etwas sonst. Wir dürfen nicht zulassen, daß sie noch mehr stehlen. Es kommt nicht darauf an, wie lange wir den Herrn schon kennen, wie oft wir die Bibel schon gelesen haben oder wie viele Menschen wir schon zum Herrn geführt haben. Was zählt ist, ob wir *heute* mit ihm leben. Genausowenig kommt es darauf an, wie wir gestern versagt haben, wie weit wir abgefallen sind oder wie sehr wir ihn vielleicht sogar verleugnet haben. Wenn wir Buße tun, kann *heute* der Tag unserer Rettung sein, dann können wir unser Leben *heute* auf den Fels gründen. Über unseren Verbleib in der Ewigkeit wird *heute* entschieden! Auch wir können *heute* mit ihm im Paradies sein; wir können bei ihm in den himmlischen Sphären leben. Diese Vision soll der Kirche helfen, sich auf kommende Ereignisse vorzubereiten. Doch dieses Wissen wird uns gar nichts nützen, wenn wir nicht *heute* unser Leben ändern.

Das Wort des Herrn nur zu *kennen,* reicht nicht aus, damit wir gerettet werden können; wir müssen diejenigen sein, die das Wort *umsetzen.* Viele haben den *Weg* erkannt. Einige befinden sich ein Stück weiter und erkennen *Wahrheit*, aber nicht sehr viele erkennen Jesus als ihr *Leben*, und genau das wollte er uns ja schenken, als er kam. Der Weg ist kein vorgezeichneter Pfad und keine Formel, sondern eine Person. Die Wahrheit ist keine Anzahl gewisser geistlicher und biblischer Fakten; die Wahrheit ist eine Person. Wenn wir Jesus nicht auch als unser Leben verstehen, dann kennen wir weder den rechten Weg noch die Wahrheit. Christsein bedeutet nicht, gewisse Prinzipien und Fakten gutzuheißen und zu übernehmen; Christsein heißt, »Beziehung zu leben«. Nur diese Beziehung kann uns auf das Kommende vorbereiten, gleichgültig, wie präzise wir vielleicht in die Zukunft schauen können. Unsere *einzige* Chance, dem Gericht zu entrinnen, besteht darin, *in Christus* gefunden zu werden. Auch die eindeutigste Erkenntnis der Wahrheit oder auch der kommenden Ereignisse wird uns nichts nützen, wenn wir nicht in ihm bleiben.

Einer der großen Fehler in der Geschichte der Christenheit drückt sich darin aus, daß Realitäten durch Rituale ersetzt wurden, Inhalte durch äußere Formen und das Leben durch Konzepte und Formeln. Jeder einzelne von uns muß sich dafür entscheiden, eine Beziehung zum Herrn zu pflegen, die tiefgehend und wahr ist, eine

Beziehung, die die vollkommen hingegebene und ungeteilte Aufmerksamkeit unseres Herzens beinhaltet.

Bald wird über die ganze Welt ein Sturm kommen, den nur die Häuser heil überstehen, die auf den Fels gegründet sind.

> *»Jetzt aber hat er verheißen: Noch einmal lasse ich es beben, aber nicht nur die Erde erschüttere ich, sondern auch den Himmel. Dieses Noch einmal weist auf die Umwandlung dessen hin, das, weil es erschaffen ist, erschüttert wird, damit das Unerschütterliche bleibt«* (Hebr 12,26-27).

Dieses Gericht ist dazu bestimmt, alles hinwegzufegen, was nicht in Jesus errichtet ist, aber auch all das zu festigen und zu reinigen, was in ihm begründet ist, damit es bestehen bleiben kann. Er kommt nicht, um die Welt zu verdammen; sie ist nämlich schon verdammt. Er kommt, um sein Reich und seine Herrschaft zu festigen und aufzubauen, und er wird nicht auf dem Fundament der Welt bauen. Das Land muß zuerst von allem befreit werden, was nicht von ihm gebaut wurde. *»Jede Pflanze, die nicht mein himmlischer Vater gepflanzt hat, wird ausgerissen werden«* (Mt 15,13). Dieses Gericht beginnt aus zwei Gründen im Haus Gottes: Erstens, damit wir in der Stärke Christi feststehen und Leben und Heilung weiterhin hinaustragen können, wenn die Welt auseinanderfällt, und zweitens, weil wir es in vieler Hinsicht nötiger haben als die Welt. Die Kirche hatte noch nie große Schwierigkeiten, mit dem Finger auf die Welt und ihre Sünde zu zeigen, während sie selbst genauso der Eigensucht frönte, eben nur hinter einer sauberen Fassade.

Ein Götze ist nicht nur etwas, was wir anbeten, sondern etwas, worauf wir unsere Aufmerksamkeit richten und unser Vertrauen setzen. In dieser Zeit verhältnismäßigen Friedens wiegen sich viele in einer falschen Sicherheit; einer Sicherheit, die nicht in Christus, sondern in der Welt und ihren Systemen konstituiert ist. Der Herr läßt sich nicht von religiösen Übungen beeindrucken; man kann schließlich auch einem Papagei beibringen, die richtigen Dinge zu sagen und zu tun. Er hat uns mit seinem Blut gekauft, damit »die Lebenden nicht mehr für sich selber leben, sondern für ihn« (2 Kor 5,15). Alles, was sich weniger als das erweist, ist Götzendienst.

Als der reiche Jüngling Jesus nachfolgen wollte, wurde von ihm verlangt, alles aufzugeben, was er besaß. Nichts weniger hätte diesen jungen Mann gerettet, und nichts weniger wird uns retten. Der Herr selbst sagte: »Darum kann keiner von euch mein Jünger sein, wenn er nicht auf seinen *ganzen* Besitz verzichtet« (Lk 14,33). Um es den Menschen leicht zu machen, »eine Entscheidung für Christus zu treffen«, haben wir das Evangelium dermaßen reduziert, daß es uns fast oder gar nichts mehr abverlangt. Dadurch haben wir ihm aber seine rettende Kraft geraubt. Eigensucht und Selbsterhöhung waren schon ganz zu Anfang der Grund, warum der Tod überhaupt in die Welt kommen konnte, und sind seither seine treibende Kraft. Evangelien, die eben diese Eigensucht und Selbsterhöhung unterstützen, sind Irrtum, ob man sie nun Evangelium nennt oder ob es sich um irgendeine andere Philosophie handelt.

Bald kommt der Tag des Gerichts, und die Menschen, denen die Entscheidung so leicht gemacht wurde, werden diesen Weg bald unerträglich mühsam finden. Sie werden in den kommenden Tagen nicht nur vom Glauben abfallen, sondern zu einigen der unerbittlichsten Feinden des echten Evangeliums werden. Wir haben niemandem einen Gefallen damit getan, die Kosten wirklicher Jüngerschaft herabzusetzen. Diejenigen, die dachten, sie könnten kommen und trotzdem ihr Leben für sich behalten, werden es sowieso verlieren. Nur jene, die ehrlich ihr Leben hingegeben haben, um ihn zu finden, werden an jenem Tag bestehen können.

## Geistlicher Ehebruch und geistliche Abtreibung

Die Kirche hat fortwährend mit dem Finger auf die Welt gezeigt wegen ihrer Sittenlosigkeit, während sie gleichzeitig in geistlichem Ehebruch mit der Welt lebte. Jakobus sagte: »Ihr Ehebrecher, wißt ihr nicht, daß Freundschaft mit der Welt Feindschaft mit Gott ist? Wer also ein Freund der Welt sein will, der wird zum *Feind Gottes* (Jak 4,4). Wie viele von uns hätten denn ihren Ehepartner geheiratet, wenn dieser am Hochzeitstag gelobt hätte, dreihundertvierundsechzig Tage im Jahr absolut treu und nur einen Tag im Jahr untreu zu sein? Ist es bei unserer Beziehung zum Herrn nicht ähnlich? Wir verabscheuen Abtreibung – was auch richtig ist –, aber wie viele geistliche Samen, die der Herr in der Kirche gepflanzt hat, wurden denn nicht abgetrieben, weil es uns zu beschwerlich war, sie auszutragen? Wie viele denkbar große und tatkräftige Männer und Frauen Gottes sind zu leblosen Kirchbankwärmern geworden, weil wir in ihnen die Vision, die Gott ihnen für ihren Dienst gegeben hat, ausgelöscht haben? Wie viele unserer Nachbarn wären heute wiedergeborene Christen, wenn wir Gottes Anstöße, mit ihnen zu reden, nicht abgetrieben hätten?

Wir sind immer schnell dabei gewesen, mit dem Finger auf die Welt zu zeigen, da sie die Sünde der Abtreibung begeht. Doch gleichzeitig begehen wir geistliche Abtreibungen aus genau den gleichen Gründen wie sie: Wir sind egoistisch, es ist zu unbequem, den geistlichen Samen auszutragen, oder wir denken, es sei für uns nicht erschwinglich. Wie viele von Gottes Plänen für die Mission haben wir abgetrieben, noch bevor sie geboren werden konnten, weil wir es uns finanziell nicht leisten konnten, sie zu realisieren. Und gleichzeitig haben wir uns an unseren neuen, einige Millionen teuren Gebäuden und Familienzentren geweidet. Der Herr haßt Abtreibung in der Tat, und er wird seinen Zorn darüber zum Ausdruck bringen, aber er fängt in seinem eigenen Haus damit an. Wenn die Kirche in dem Licht leben würde, das ihr zur Verfügung steht, würde die Welt nicht in so tiefer Dunkelheit sein. Wir schlagen an die Äste der Welt, doch der Herr wird in Kürze die Axt an die Wurzel unseres eigenen Baumes setzen. Die Kirche soll die Welt mit ihren Sünden konfrontieren, aber erst dann, wenn der Herr das gleiche auch mit uns getan hat. Erst im Anschluß daran werden wir der Welt und ihren Problemen wirksam gegenübertreten können. Wie der Apostel sagte: »Wir sind entschlossen, alle Ungehorsamen zu strafen, *sobald ihr wirklich gehorsam geworden seid*« (2 Kor 10,6).

Die Kirche im Westen gleicht Jona auf dem Schiff. Jonas Rebellion war schuld daran, daß der Sturm über die Heiden auf diesem Schiff hereinbrach; und die Rebellion der Kirche ist zu einem großen Teil schuld daran, daß die Welt in solchem Aufruhr ist. Die Heiden in Jonas Geschichte waren sogar näher an der Wirklichkeit als der Mann Gottes; sie versuchten, Gott zu finden, während der Prophet schlief! Die Heiden mußten den Propheten aufwecken, damit dieser seinen Gott anrufen konnte. In derselben Weise haben viele der Nichtchristen im Westen unaufrichtige Evangelien und

Bestechlichkeit im klerikalen Bereich viel leichter erkannt als die Kirche selber. Der Apostel fragte die Korinther: »Ich will also nicht Außenstehende richten – ihr richtet ja auch nur solche, die zu euch gehören« (1 Kor 5,12). Damit ist Gottes Liebe nicht die »lässige Agape«, wie wir immer gedacht haben. Wenn wir Dinge gutheißen, die Gott nicht gutheißt, dann ist dies kein segensreiches Erbarmen, und das wird über das ganze Haus ein Gericht nach sich ziehen.

Das soll nun nicht heißen, daß die Welt nicht auch für ihre Bosheit verurteilt wird. Sie wird gerichtet werden, aber erst wenn wir unser Urteil erhalten haben. Jemand hat einmal sehr treffend gesagt: »Ein Schiff auf dem Meer ist eine feine Sache, aber wenn das Meer beginnt, den Schiffsrumpf zu füllen, wird es schwierig!« Die Kirche hat lange keinen so erfolgreichen Einfluß auf die Welt ausgeübt wie die Welt auf die Kirche.

Als Jesus auf der Erde lebte, war Israel sicher die sittenstrengste und aufrechteste Nation, die es damals gab. Die Juden waren ein sehr religiöses Volk. Wie wir in den Evangelien lesen können, steinigten sie Menschen, die beim Ehebruch ertappt wurden, da sie solche Sünde in ihrer Mitte nicht duldeten. Dennoch sagte der Herr, daß es Sodom und Gomorra am Tag des Gerichts besser ergehen werde als ihnen! Sodom und Gomorra waren, sogar nach heutigem Maßstab, zwei der gottlosesten Städte, die je existierten, und dennoch wird es den Juden, die doch konservativ und sittenstreng sind, schlechter ergehen als ihnen! Weshalb wird es so geschehen? Weil mit mehr Licht größere Verantwortlichkeit einhergeht. Wir messen uns vielleicht an der Welt und denken, daß wir im Vergleich mit ihr ganz gut abschneiden, doch Gott sieht das nicht so. Sein Kriterium besteht darin, wieviel Licht er uns gegeben hat. Wenn wir uns die Maßstäbe anschauen, mit denen er die Städte Israels gemessen hat, woran wird er uns dann messen?

Bald schon wird eine Feuersbrunst über die Kirche fegen, die jegliches Holz, Stroh und alle Stoppeln vernichten wird. Bei den Werken, die im Namen des Herrn, aber nicht in seinem Auftrag vollführt wurden, und bei denen, die ihrer Berufung nicht treu geblieben sind, wird kein Stein auf dem anderen bleiben. *Alles, was erschüttert werden kann, wird erschüttert werden* (vgl. Hebr 11,26-27). Das, was sein ist, wird gereinigt und ein ruhmreiches Zepter in seiner Hand werden. Es wird keine Gemeinde, keine Beauftragten, Verantwortlichen oder Einzelperson geben, die von diesem

Feuer nicht berührt würden. Wir werden *alle* gedemütigt werden – vor dem Herrn, voreinander und vor der Welt. Stolz und Anmaßung haben den Fall ausgelöst, und deren Beseitigung von der Kirche wird den Fall beenden. Das ist nötig, denn auf dieses Gericht wird die größte Erhöhung der Kirche folgen, die es je gegeben hat.

Der Herr wird uns in seinem Erbarmen ein deutliches Wort der Warnung geben, damit wir uns selbst richten können, bevor er uns richten muß. Er wird ein heiliges Volk haben. Wenn sein Zorn kommt, wird er unerbittlich sein. Wir dürfen nicht glauben, daß wir uns mit Unwissenheit entschuldigen können. Jeder wird Gelegenheit haben, seine Warnung zu hören, aber nicht alle werden sie befolgen. Viele werden so tief in ihre eigenen Angelegenheiten und Zerstreuungen verstrickt sein, daß sie keine Zeit zum Zuhören nehmen. Das Gericht über sie wird gerecht sein. Keiner wird eine Entschuldigung haben. Jetzt ist die Zeit, daß wir für unsere Unentschlossenheit und Eigensucht Buße tun, ungeachtet der Tatsache, wie es dazu gekommen ist, daß wir so geworden sind. Wir sollten aufhören, mit dem Finger auf die Finsternis zu zeigen, in der die Welt lebt, wenn gleichzeitig unser Licht nicht für sie scheint. Wir wollen jetzt zu unserer ersten Liebe und zu unserem ersten Versprechen der völligen Hingabe an Jesus Christus zurückkehren und uns dies nie wieder nehmen lassen.

## Laodizea

Die sieben Gemeinden im Buch der Offenbarung entsprechen prophetisch dem gesamten Zeitalter der Kirche. Angefangen bei Ephesus, der Gemeinde, die die Urkirche darstellt, wird uns anhand der einzelnen Gemeinden ein bemerkenswerter Überblick über die Kirchengeschichte verschafft. Laodizea, die letzte der sieben Gemeinden, steht für die Kirche in der Endzeit. Bei Laodizea assoziieren wir im Normalfall eine lasche Lebensweise, und dies ist in der Tat unser größtes Problem. Wir denken, wir seien reich, und sind es auch, was materielle wie geistliche Segnungen anbelangt. Was jedoch Leben und Vollmacht betrifft, sind wir arm, blind und nackt. Obschon die Gemeinde in Laodizea ein so niederschmetterndes Urteil über ihre Lage hinnehmen mußte, *wurden ihr größere Ver-*

*heißungen gegeben als allen anderen Gemeinden, wenn sie nur überwinden würde.* Wir haben große Hochachtung vor denen, die in Zeiten von Verfolgung, Finsternis und Verderbtheit überwunden haben, und das ist auch richtig so. Doch die größten Überwinder sind vielleicht sogar diejenigen, die die laue Atmosphäre überwunden haben, die durch Wohlstand und Bequemlichkeit verursacht wurde.

Im dritten Kapitel der Offenbarung, Vers 20 sehen wir, wie der Herr an die Tür der Gemeinde von Laodizea klopft und persönlich hereinkommen möchte, um mit ihnen Mahl zu halten. Der Herr wartet darauf, dieser Gemeinde ganz persönlich mehr Offenbarung und Wahrheit anzuvertrauen, als er es je sonst in der Geschichte getan hat. Uns ist die Bibel in ihrer jetzigen Form nicht nur zugänglich, sondern wir haben im Moment mehr Exemplare zur Verfügung, als bisher in den gesamten Zeiten der Kirche zusammen. Wir haben Bücher, Kassetten, Videos und Fernsehen und sind mit einigen der hervorragendsten Lehrer der Kirchengeschichte gesegnet. Ein Mann Gottes kann sein ganzes Leben damit zubringen, Fakten zu sammeln und sie in einem Buch darzulegen, das wir uns in einigen Stunden aneignen können. Alle anderen Menschen der Geschichte, die den Herrn suchten, hätten viel dafür gegeben, das zu haben, was der Herr uns zur Verfügung gestellt hat. Wir jedoch haben mit Unentschlossenheit darauf reagiert und es weder hoch geschätzt noch genutzt. Jetzt ist es Zeit, daß wir uns aus unserer Erstarrung lösen, die Tür öffnen und ihn hereinlassen.

Was heißt es, »mit Jesus« Mahl zu halten? Nach seiner Auferstehung hatten sogar seine vertrautesten Jünger Schwierigkeiten, ihn zu erkennen. Das lag daran, daß sie sich eher darauf verlassen hatten, seine äußere Erscheinung zu erkennen als sein Herz. Sie kannten ihn dem »Körper« nach, aber nicht dem Geist nach. Als er sich zwei von seinen Jüngern auf der Straße nach Emmaus angeschlossen hatte, erkannten sie ihn nicht einmal, als er ihnen die Schrift erläuterte. Erst als sie sahen, *wie der Herr das Brot brach*, wurden ihre Augen geöffnet. Bei uns ist dies genau gleich. Erst wenn wir sehen, wie Jesus das Brot bricht, um uns zu speisen – nicht unser Pastor, unser Lieblingsautor, Lehrer oder Fernsehevangelist, sondern der *Herr* –, werden unsere Augen geöffnet werden.

Es geht nicht nur darum, die Worte des Herrn zu hören, sondern das Wort selbst; und das ist Jesus.

Folgendes ist die Verheißung für Laodizea und damit für die Kirche in der Endzeit: Wenn wir *ihn* klopfen hören und die Türe öffnen, werden wir *mit ihm* Mahl halten. Ist es denn nicht von Anfang an die Sehnsucht unseres Herzens gewesen, nicht nur Dinge über ihn zu wissen, sondern ihn zu kennen? Er ist unsere erste Liebe, und wir werden zu ihm zurückkehren. Wenn wir unsere Augen wieder ausschließlich auf ihn richten, wird der ganze Leib Christi voller Licht sein. Mit diesem Licht, dieser Herrlichkeit und Vollmacht wird die Kirche den Dienst in der Endzeit vollbringen können.

Das Leben der Söhne Jakobs, die die zwölf Stämme Israels werden sollten, und die Prophezeiungen, die Jakob und Mose zu ihnen gesprochen haben, tragen Bedeutungen in sich, die prophetisch der Geschichte der Kirche entsprechen. Die Kirche gleicht Israel; und die Geschichte des Volkes Israel war ein prophetischer Abriß der Ereignisse in der Kirche; zuerst im weltlichen, dann im geistlichen Bereich. In Ruben, Jakobs Erstgeborenem, sehen wir eine genaue Darstellung der frühen Kirche. Die Geburten der folgenden Söhne und die Geschichten der Stämme, die aus ihnen hervorgingen, geben uns einen bemerkenswerten Überblick über die Kirchengeschichte. Dies geht von Ruben bis hin zu Benjamin, dem letzten Sohn, der für die Kirche in der Endzeit steht. Benjamin ist einer der drei Männer in der Schrift, die in Bethlehem zur Welt kamen. Die anderen zwei sind David und Jesus. Bethlehem heißt »Haus des Brotes« oder »Ort der Nahrung«, was abermals die Tatsache widerspiegelt, daß die Endzeitkirche an einem Ort »geboren« wird, an dem es geistliche Nahrung im Überfluß gibt. Als Benjamin und seine Brüder in Ägypten eingeladen worden waren, um mit Josef, der seine wahre Identität noch nicht preisgegeben hatte, zu essen, heißt es in der Schrift: »Er [Joseph] ließ ihnen Gerichte vorsetzen, die vor ihm standen, *was man aber Benjamin vorsetzte, übertraf das aller anderen um das Fünffache*« (Gen 43,34). Dies war ein weiteres Ereignis, das prophetisch darauf hinwies, daß der Kirche in der Endzeit geistliche Nahrung im Überfluß zur Verfügung stehen wird.

Dieses Übermaß an geistlicher Nahrung zu diesem Zeitpunkt übersteigt alles, was die anderen Zeitalter der Kirche zur Verfügung hatten, und wir müssen diese großartigen Möglichkeiten nützen. Der Herr gibt uns all die Erkenntnis, Einsicht und all das Mitteilen direkter Offenbarung aus gutem Grund. Wir werden jeden »Bissen« brauchen, um unseren Auftrag in dieser Zeit erfüllen zu können. Es ist Zeit, das Gold von ihm zu kaufen, das im Feuer geläutert wurde, diese Schätze der Weisheit und Erkenntnis, die erprobt sind und Bestand haben. Auch sollten wir jetzt die Gewänder der Reinheit von ihm kaufen, die unsere Sünde und Blöße bedecken werden. Und es wird Zeit, die Augensalbe von ihm zu erstehen, durch die unsere Augen geöffnet werden, damit wir aus seiner Perspektive sehen können. Im siebten Kapitel der Offenbarung, im Vers neun sehen wir eine große Schar Menschen, die mit weißen Gewändern bekleidet sind und vor dem Thron stehen. Den Überwindern der Gemeinde von Laodizea hat er verheißen, daß sie mit ihm *auf* seinem Thron sitzen werden. Er hat dieser Gemeinde eine Position von Vollmacht und Autorität in Aussicht gestellt, wie es das so noch nie zuvor gegeben hat. Dies tut er nicht, weil wir etwa rechtschaffen wären, sondern einfach weil es seinen Plänen für diese Zeit entspricht. Das Maß an Autorität, das er uns geben wird, war noch nie zuvor derart nötig gewesen wie heute. Diejenigen, die den Geist der Lauheit überwinden, werden bald Taten vollbringen, die im Alten und im Neuen Testament ihresgleichen suchen. Der Herr hat seinen besten Wein bis zum Schluß aufgehoben, und diejenigen, deren Herz für den Herrn brennt, beginnen bereits, davon zu kosten. Die Herrlichkeit des künftigen Hauses wird größer sein als die des früheren (vgl. Hag 2,9). Das bedeutet nicht, daß das künftige Haus großartiger ist, sondern daß die Herrlichkeit darin größer sein wird.

Diese Verheißung für die Überwinder der Gemeinde von Laodizea spiegelt sich abermals im Leben des Benjamin wider. Als Benjamin zur Welt kam, starb seine Mutter. Bevor sie verschied, nannte sie ihn Ben-Oni, was mit *Sohn meiner Trauer* übersetzt werden könnte. Jakob änderte diesen Namen und nannte seinen Sohn Benjamin, und das heißt *Sohn meiner rechten Hand.* Aus dem Sohn der Trauer seiner Mutter wurde der Sohn der rechten Hand seines Vaters. Er wurde »erhöht«. Die rechte Hand steht für den Einfluß von Autorität, den Jesus hat, da er zur Rechten seines Vaters sitzt. Die Tatsache, daß der letzte Sohn Benjamin genannt wurde, ist ein Zeugnis der Autorität, mit welcher der Dienst in der Endzeit vorangehen wird.

Benjamin war der einzige der zwölf Brüder, der seinen Namen

von seinem Vater und nicht von seiner Mutter erhalten hatte. Das erklärt die Autorität, die diesem Dienst der Endzeit zu eigen sein wird. Die Menschen werden ihren Namen und ihren Auftrag nicht von ihrer Mutter, der Kirche, erhalten, sondern vom Vater. Sie werden Ämter und Dienste nicht aufgrund ihrer theologischen Ausbildung bekommen, und sie werden sich auch nicht von den drückenden Nöten der Kirche und der Menschen bestimmen lassen. Sie werden ihre Berufung vom Himmel empfangen. In diesen Tagen gibt es einige Männer und Frauen, die sich geweigert haben, ihre Bevollmächtigung zum großen Einsatz von der Kirche entgegenzunehmen und die geduldig warten, bis sie die Stimme des Vaters hören, der sagt: »Das ist mein geliebter Sohn, er wird der Lehrer in dir sein« (der Prophet oder Apostel etc).

Die Tatsache, daß wir es nicht geschafft haben, auf die Bevollmächtigung durch den Vater zu warten, war die Ursache für einen großen Teil der Verwirrung und des geistlichen Ausgebranntseins, das die Kirche in ihren heutigen Zustand der Unentschlossenheit versetzt hat. Es hat fähige große Evangelisten veranlaßt, ihr Leben mit dem vergeblichen Versuch zu verschwenden, ein Pastor sein zu wollen. Sie mühten sich nur ab, Lehrer oder Evangelist zu werden. Andere haben in ihrem Dienst versagt, obwohl sie ihren richtigen Ruf kannten, doch sie verwechselten die *Berufung* mit der *Bevollmächtigung*. Paulus war schon viele Jahre vor seiner Bevollmächtigung durch den Heiligen Geist zum Apostel berufen worden. Die Zeit zwischen der Berufung und der Bevollmächtigung ist ungeheuer wichtig für eine angemessene Vorbereitung. Paulus erklärte: »Als aber Gott, der mich *schon im Mutterleib* auserwählt und durch seine Gnade berufen hat, mir in seiner Güte seinen Sohn offenbarte, damit ich ihn unter den Heiden verkündige ...« (Gal 1,15-16). Hier sehen wir, daß Gott tatsächlich bereits *von innen* beruft. Vorbereitung bedeutet nicht nur, mehr über ihn oder auch seine Wege zu lernen; es bedeutet, ihn in uns groß werden zu lassen.

Der Herr wirkte Wunder, um seinem Wort Nachdruck zu verleihen, aber auch, um durch die Wunder zu sprechen. Das erste seiner Wunder ist eines derer, die wir auf jeden Fall verstehen sollten. Durch sein erstes Wunder zeigte er den Jüngern, die er gerade eben erst berufen hatte, was er zunächst in ihnen vollbringen würde. Er hatte die Krüge, die die Jünger versinnbildlichten, zur

Seite genommen und sie bis zum Rand mit Wasser gefüllt. Das Wasser steht für das Wort Gottes (vgl Eph 5,26), mit dem er sie bereichern wollte. Dann verwandelte er das Wasser zu Wein, um damit zu symbolisieren, daß er sein Wort in ihnen in Leben und Geist umwandeln würde. Es genügt nicht, sein Wort einfach nur auf intellektuelle Weise richtig zu verstehen; sein Wort muß unser Leben werden.

Jeder kann etwas über die Liebe Gottes lehren, aber nur diejenigen, die ihr Leben vor ihm niedergelegt haben, können diese Liebe weitergeben. Jeder kann Wahrheit vermitteln, aber nur diejenigen, die ihr Leben hingegeben haben, um die Wahrheit zu finden, können eine Liebe zur Wahrheit mitteilen, die den Kern echten Lehrdienstes darstellt. Das Wissen und die Fähigkeit, Fakten weiterzugeben, läßt sich leicht durch ein Studium und Übung aneignen; die apostolische Fähigkeit, *Leben* weiterzugeben, kann nur erlangt werden, wenn man täglich sein Kreuz auf sich nimmt, ihm nachfolgt und wie er alles tut um des Evangeliums willen. Der Herr hat für diese Aufgaben in der Endzeit eine Reihe von »Gefäßen« auf die Seite genommen, die geduldig darauf warten, daß ihr Wasser in Wein verwandelt wird. Diese werden bald berufen werden, und ihre Botschaft wird so mit Leben und Kraft erfüllt sein, daß die Kirche genauso überwältigt sein wird, wie es der Speisemeister auf der Hochzeit zu Kana war. Wieder hat der Herr seinen besten Wein bis zum Schluß aufgehoben. Wenn wir davon gekostet haben, werden wir nie wieder mit dem leblosen Wasser bloßer Formeln und Prinzipien zufrieden sein, die in den Köpfen derer ersonnen wurden, die die Wege des Geistes durch Hirngymnastik ersetzen.

Die Gemeinde von Laodizea wurde angehalten: »*Mach also Ernst*, und kehr um!« (Offb 3,19), denn der Mangel an Ernsthaftigkeit und Eifer war die Wurzel ihres Problems. Wir müssen die Gründe für unsere laue Einstellung kennen, wenn wir davon befreit werden wollen. Wie bereits erwähnt, stellt das gegenwärtige religiöse System eine der schwerwiegendsten Ursachen für unseren herrschenden Zustand dar. Es hat denen, die dem Herrn dienen wollten, sein eigenes Joch aufgebürdet. Es hat sie in Anstellungen hineingezwungen, die von den Bedürfnissen der Kirche und nicht von der Berufung zu einem bestimmten Dienst ausgingen. Das gegenwärtige System hat sich mehr am Joch der Menschen ausgerichtet als an der Aufgabe des Herrn. Aber die Last des Herrn ist das einzige, das wir berufen sind zu tragen. Wenn wir den Mut aufbringen, dem Druck anderer zu widerstehen und nur das zu tun, wozu der Herr uns berufen hat, werden wir den Mitmenschen weit mehr wahrhaftes Leben weitergeben können, als wir das im Moment schaffen. Unsere Neigung, das Joch anderer zu tragen, anstatt das Joch des Herrn, ist mit Sicherheit die Hauptursache dafür, daß sich so viele von ihrem Dienst ausgebrannt fühlen.

Einen anderen Grund für die Lauheit in Laodizea finden wir im Buch Jeremia:

> »Eine verlorene Herde war mein Volk, ihre Hirten führten sie in die Irre, trieben sie ziellos in die Berge. Von Berg zu Hügel zogen sie weiter und vergaßen ihren Lagerplatz« (Jer 50,6).

Von »Berg zu Hügel« zu gehen, bedeutet von einer Sache, die uns Spaß macht, zur nächsten zu gehen oder einfach ein spannendes Erlebnis nach dem anderen zu suchen. Es heißt, daß man den Leuten ständig etwas Aufregendes und Kurzweiliges bietet, sie aber nie zu ihrem Ruheplatz führt, nämlich zum Herrn der Sabbathruhe. Dieser Zwang, Menschen immer anzustacheln und sie nie zur Ruhe kommen zu lassen, wurzelt in der Unsicherheit der Saul'schen Menschennatur: Es ist die Angst davor, daß die Menschen davonlaufen, sobald die Aktivitäten weniger werden. Aber die Kirche ist der Projekte und der Aufregung müde geworden und sehnt sich jetzt nach dem Herrn, wie die folgenden Verse im Buch Jeremia deutlich machen:

> »In jenen Tagen und zu jener Zeit – Spruch des Herrn – kommen die Söhne Israels gemeinsam mit den Söhnen Judas. Weinend gehen sie ihren Weg und *suchen den Herrn, ihren Gott*. Nach Zion fragen sie, dorthin ist ihr Blick gerichtet. *Sie kommen und verbünden sich mit dem Herrn* zu einem ewigen, unvergeßlichen Bund« (Jer 50, 4-5).

Riesige Dienstprojekte, Programme und Organisationen werden lange nicht mehr so viel Unterstützung erfahren wie in der Vergangenheit. Der größte Teil der Kirche wird endlich die Taktiken der Verdammnis und des emotionalen Anheizens durchschauen, die angewandt werden, um Geld für den Unterhalt einzufordern. Die Kirche wird sich in Zukunft nicht mehr von den »Städten«, die Menschen bauen, ablenken lassen. Sie beginnt, nach der Stadt Ausschau zu halten, die Gott gebaut hat. Die Mitarbeiter, die der Herr in Kürze senden wird, werden nicht nur Projekte und Dienstbereiche aufbauen – sie werden etwas mit Hilfe von Menschen aufbauen; sie werden aus »lebendigen Steinen« eine Wohnstätte für Gott bauen, so daß er unter uns wohnen kann.

Die Bedeutung des Namens Laodizea zeigt noch einen anderen Grund für die laue Stimmung auf, mit der ein Großteil der Kirche befallen ist. Laodizea bedeutet »die Menschen richten«. Damit ist zuerst der kritisierende, richtende Geist gemeint, der bewirkt, daß wir von Gott und voneinander getrennt werden. Im Buch Jesaja heißt es:

> »Wenn du dann rufst, wird der Herr dir Antwort geben, und wenn du um Hilfe schreist, wird er sagen: Hier bin ich. *Wenn du der Unterdrückung bei dir ein Ende machst, auf keinen mit dem Finger zeigst und niemand verleumdest*« (Jes 58,9).

Wenn wir fortwährend das Volk Gottes kritisieren, dann kritisieren wir damit den Herrn selbst. Wir drücken damit aus, daß das Werk, das der Herr mit dieser oder jener Person bewerkstelligt, unseren Ansprüchen nicht genügt. Das ist ein schmerzlicher Irrtum, der zu schrecklicher Finsternis der Seele führt. Und meistens verhält es sich so, daß die Dinge, die wir an anderen am meisten kritisieren, auch unsere schwächsten Stellen sind. Wenn wir in dieser Art und Weise richten, werden auch wir in Zwängen gefangen bleiben. Ein großer Anteil dieser Dinge wurzelt in der Macht der »zwei Diebe«, von denen wir bereits gehört haben. Wir neigen dazu, uns und andere an das »Gestern« zu binden. Der Herr wirkt in jedem, der ihn sucht, und verändert ihn. Wenn wir unseren Umgang miteinander weiterhin daran messen, wie wir gestern gewesen sind, anstatt uns gegenseitig die Gnade und Chance zu geben, jeden Tag neu geschaffen zu werden, machen wir es uns allen schwieriger, in der Gnade Gottes und unserer wahren Berufung zu leben. Dies ist ein

Joch, das große Müdigkeit und damit Lauheit in diesem Zeitalter der Kirche nach sich gezogen hat.

Ein anderer Aspekt von diesem »Menschen richten« ist der demokratische Geist, der in der Kirche weit verbreitet ist. Da gefallene Menschen die Neigung haben, sich von Macht verderben zu lassen, hat sich Demokratie als sicherste Regierungsform für weltliche Angelegenheiten bewährt. Übernimmt man sie allerdings in die Kirche, kann sie verheerende Auswirkungen haben und in die Irre führen. Das Reich Gottes ist ein *Reich.* Unser König muß der Herr über alles sein, oder er wird überhaupt nicht unser Herr sein. Herrschaft, die von Ausschüssen oder durch Abstimmung ausgeübt wurde, hat einen großen Teil der bekennenden Christenheit die tödliche Straße des Humanismus hinuntergeschickt.

Jemand hat einmal scharf beobachtet: »Nun, wenn der Herr sich heute abend bei uns nicht zeigt, dann können wir trotzdem ein ziemlich gutes Programm bieten!« Das ist doch genau das, was bei uns geschehen ist. Da wir nicht fähig waren, geduldig auf den Herrn zu warten – was immer er von uns verlangt –, haben wir beschlossen, selbst etwas zu bieten, damit die Leute bei der Stange bleiben. Das war doch auch der Grund, warum Aaron das Goldenen Kalb gefertigt hat. Die Leute hielten es nicht länger aus, darauf zu warten, daß Mose wieder vom Berg herunterkommt, und brauchten deshalb etwas, um sich wieder in Schwung zu bringen. Denn wie viele schwache Leiter haben wie Aaron diesem Druck nicht nachgegeben? Wie viele goldene Kälber, Symbole sündhafter Stärke, wurden denn in unseren Versammlungsräumen aufgestellt? Götzen sind nicht nur geschnitzte Bilder; mit Götzen ist all das gemeint, worauf Menschen ihr Vertrauen setzen, anstatt in den einen wahren Gott. Die Zeit ist gekommen, wo der Herr alle Dinge, die wir an seine Stelle gesetzt haben, zu Staub mahlen wird, wie er es schon beim goldenen Kalb getan hat.

*Kapitel 4*

# Autorität im Reich Gottes

Als die Menschen kamen und Jesus zum König erklären wollten, floh er in die Berge. Wir mögen dies für einen sehr noblen Zug bei diesen Menschen halten, doch in Wirklichkeit war es einer der anmaßendsten Akte, die in der Schrift festgehalten sind. Menschen dachten, sie könnten Gott zum König machen! Wenn Menschen jemanden zum König machen, wer wird dann herrschen? Die Menschen. Jesus konnte nicht zum König erwählt werden: Er war als König *geboren.*

Dasselbe gilt für geistliche Autorität im Dienst. Wenn unsere Autorität von Menschen stammt, dann werden dieselben herrschen, nicht Gott. Dies ist ein anderer schwerwiegender Grund, warum die Kirche so wenig Vollmacht und Autorität hat. Wir haben das Joch der Menschen auf uns genommen, und nicht das des Herrn. Ein Mensch hat nur in dem Maß echte geistliche Autorität, wie der Herr in ihm regiert.

Bevor die Kirche wahrhaftige prophetische Autorität tragen kann, muß sie sich die Haltung aneignen, die Elija hatte. Als er zum ersten Mal bei König Ahab auftauchte, sagte er: »So wahr der Herr, der Gott Israels, lebt, in dessen Dienst ich stehe ...« (1 Kön 17,1). Elija drückte mit seiner Aussage, er stehe vor Gott und nicht vor Ahab, aus, daß ihm klar war, daß Ahab nur ein Mensch war. Elija stand vor dem lebendigen Gott. Es war Gott, vor dem er sein Leben führte, nicht vor den Menschen. Bevor wir diese Lektion nicht auch gelernt haben, kann der Herr uns nicht allzuviel geistliche Vollmacht und Autorität anvertrauen. Da Elija seine Aufmerksamkeit voll und ganz auf den »lebendigen Gott« richtete, konnte Gott ihm so ehrfurchtgebietende Vollmacht anvertrauen, daß er sogar den Regen zurückhalten und Feuer herbeirufen konnte.

In dem Maß, wie wir unser Leben vor den Thronen der Menschen leben, wird unser Dienst nicht stimmen. Der Apostel erklärte:

> »Geht es mir denn um die Zustimmung der Menschen, oder geht es mir um Gott? Suche ich etwa, Menschen zu gefallen? *Wollte ich noch den Menschen gefallen, dann wäre ich kein Knecht Christi*« (Gal 1,10; Hervorhebung durch den Autor).

Elija war klug genug, die Anerkennung von Gott nicht mit der Anerkennung von Menschen zu verwechseln. Die Kirche hat schon immer dazu geneigt, die Notwendigkeit, Menschen zu lieben und ihnen Vorbild zu sein, damit zu verwechseln, zwanghaft nach ihrer Anerkennung zu streben. Dies ist eine der schlimmsten Verblendungen, die auf der Kirche lasten.

Als Paulus sein Apostelamt verteidigte, lenkte er die Aufmerksamkeit zuerst auf folgendes Argument: »Bin ich nicht frei?« (1 Kor 9,1). Wovon soll ein Apostel denn frei sein? An einer anderen Stelle sagt Paulus, er sei ein Knecht Christi. Eben diese Knechtschaft bewirkt, daß wir frei werden, um von ihm ausgesandt zu werden. Jesaja sagte: »Den Herrn der Heere sollt ihr heilig halten; vor ihm sollt ihr euch fürchten, vor ihm sollt ihr erschrecken. Er wird das Heiligtum sein« (Jes 8,13-14). Wenn wir von der wahren und heiligen Furcht vor dem Herrn ergriffen sind, werden wir nichts anderes mehr fürchten. Dann wird er unser Heiligtum sein! Dann wird unsere Arbeit nicht durch menschliche Motive und Ehrgeiz beeinträchtigt werden.

Der apostolische Auftrag von Paulus sollte nicht nur den Zorn und Widerstand des religiösen Systems, sondern den des gesamten römischen Reiches erregen. Dieses zerbrechliche »irdische Gefäß« griff unerbittlich die mächtigsten Fürsten und Gewalten seiner Zeit an. Dies tat er kompromißlos und ohne sich um sein eigenes Leben zu kümmern. Als die römischen Beamten ausriefen, daß Paulus die Welt auf den Kopf stelle, war dies eine völlig richtige Einschätzung der Kraft apostolischen Predigens. Solches Predigen erschüttert die Mächte des Himmels und der Erde und wird deren heftigsten Zorn auf sich ziehen. Um wirklich für den Herrn im

Dienst sein zu können, müssen wir von der Furcht vor Menschen und Dämonen befreit werden.

Jesus erklärte: »*Ihr redet den Leuten ein, daß ihr gerecht seid; aber Gott kennt euer Herz. Denn was die Menschen für großartig halten, das ist in den Augen Gottes ein Greuel*« (Lk 16,15). Wir müssen uns entscheiden. Wenn wir von den Menschen geachtet werden wollen, werden wir Dinge tun, die Gott ein Greuel sind. In dem Maß, wie wir danach trachten, Menschen zu gefallen und von ihnen anerkannt zu werden, wird unsere Botschaft verwässert und in den Augen Gottes ein Greuel sein, gleichgültig, wie fromm wir seinen Namen anrufen. Jesus ermahnte uns: »*Weh euch, wenn euch alle Menschen loben; denn ebenso haben es ihre Väter mit den falschen Propheten gemacht*« (Lk 6,26).

Wenn wir eine apostolische Botschaft verkünden möchten, dann muß in unserem Herzen Klarheit darüber herrschen, wessen Anerkennung wir wollen: Die von Gott oder die der Menschen. Jesus fragte seine Jünger: »*Wie könnt ihr zum Glauben kommen, wenn ihr eure Ehre voneinander empfangt, nicht aber die Ehre sucht, die von dem einen Gott kommt?*« (Lk 5,44). Unser krankhaftes Verlangen, von Menschen anerkannt zu werden, zerfrißt unseren Glauben und unsere Botschaft. Aus diesem Grunde mußte Paulus auch Petrus, den ersten Apostel, zurechtweisen, er solle die Auferstehung Jesu predigen, denn er hatte »sich ins Unrecht gesetzt« (Gal 2,11-14). Petrus war von der Wahrheit des Evangeliums abgewichen, da er die jüdischen Gläubigen fürchtete. Dieselbe Neigung hatte früher schon einmal dazu geführt, daß Petrus von Jesus »Satan« genannt wurde, denn er hatte seinen Sinn auf das gerichtet, was die Menschen wollen, und nicht auf das, was Gott will (vgl. Mt 16,21-23).

Geistliche Autorität erfordert Freiheit von der Furcht vor den Menschen, jedoch sollte diese durch Weisheit ersetzt werden, so daß wir vermeiden, unnötigerweise Anstoß zu erregen. Das meinte Paulus, als er sagte: »Da ich also von niemand abhängig war, habe ich mich für alle zum Sklaven gemacht, *um möglichst viele zu gewinnen.* Den Juden bin ich ein Jude geworden, um Juden zu gewinnen ...« (1 Kor 9,19-20). Paulus glich seinen Lebensstil immer ein bißchen den Sitten derer an, die er erreichen wollte. Dies tat er nicht, weil er sie fürchtete oder ihre Anerkennung wollte, sondern weil er sie liebte und sie retten wollte.

## Der Berg der Verklärung

Das zweite Argument, mit dem Paulus seine Autorität begründete, war: »Habe ich nicht Jesus, unseren Herrn, *gesehen*?« (1 Kor 9,1). Das ist eine weitere, sehr wichtige Voraussetzung für geistliche Autorität. Wir müssen uns die gleiche Frage stellen. Wen sehen wir, Ahab oder den lebendigen Gott?

Der Berg der Verklärung ist ein gutes Beispiel dafür, warum unser Blick nicht auf Menschen, sondern auf Jesus gerichtet sein muß. Jesus nahm Petrus, Jakobus und Johannes mit auf einen hohen Berg (vgl. Mt 17,1-8). Jesus wurde verklärt, und Mose und Elija erschienen und sprachen mit ihm. Dies sollte bezeugen, daß der Dienst von Mose – das Gesetz – und von Elija – die Propheten – von ihm sprechen sollten. Nach dieser wundervollen Offenbarung heißt es im Matthäusevangelium: »Und Petrus sagte zu ihm.« Keiner hatte mit Petrus geredet! Genau das gleiche stürzt auch uns oft in dieselben Schwierigkeiten, die Petrus hatte. Wir glauben, so viel zu wissen, daß wir anfangen zu reden und Pläne zu machen, noch bevor wir überhaupt verstehen, was die Offenbarung bedeutet. Die Reaktion von Petrus war eine denkbar menschliche Antwort auf eine große geistliche Offenbarung: »Herr, es ist gut, daß wir hier sind. Wenn du willst, *werde ich* ...« (Vers vier). Petrus' wohlmeinende Absicht war in Wirklichkeit ein Echo Satans, das im Buch Jesaja, im vierzehnten Kapitel personifiziert in Erscheinung tritt: »*Ich* ersteige den Himmel, dort oben stelle *ich* meinen Thron auf. *Ich* steige weit über die Wolken hinauf« (Jes 14,13-14).

Das Gute des Baumes der Erkenntnis bringt genauso sicher den Tod wie das Böse, denn beides entspringt derselben Wurzel. In diesem Zusammenhang erklärte Paulus den Athenern: »Er läßt sich auch nicht von Menschen bedienen ...« (Apg 17,25). In der Geschichte gibt es viele Beispiele dafür, daß große geistliche Offenbarungen nicht angenommen werden. Sie werden dann, anstatt die Reiche dieser Welt zu erschüttern und herauszufordern, von eben diesen verschlungen, so daß letztendlich die Herrschaft Babylons gestärkt wird und nicht das Reich Gottes.

Es war gut für Petrus, auf diesem Berg zu sein, aber nicht aus den Gründen, die sich in seinem Herzen regten. Es war gut für ihn, die Zurechtweisung des Vaters zu hören: »Dies ist mein geliebter

Sohn ... *auf ihn sollt ihr hören«* (Mt 17,5). Es war gut für Petrus, daß die Furcht des Herrn nach dieser ungeheuren Anmaßung über ihn kam. Das Ergebnis dieser Zurechtweisung war das, was sich der Herr für uns alle wünscht: »Und als sie aufblickten, sahen sie nur noch Jesus« (Vers 8) Jesus *allein* muß die Vision für diejenigen sein, die vorhaben, apostolisch zu sein.

Die Herrlichkeit des Herrn wird zuerst seinem Volk *offenbart* werden, und dann wird sie direkt *über* das Volk kommen. Manchmal wird dies in einer tatsächlichen, sichtbaren Manifestation geschehen. Wir erleben dann seine Gegenwart, bis seine Nähe das verzehrende Verlangen unserer Herzen ist. Wenn er sich uns nähert, werden wir den Kirchen, die wir gebaut haben, kaum mehr Interesse und Beachtung schenken. Genauso wird es mit den Werken, den Projekten, den Kampagnen und den Täuschungsmanövern ergehen, die allesamt die Kirche so ermüdet und belastet haben und, wie bereits erwähnt, ein Hauptgrund für die herrschende laue Lebensführung sind.

Nach der Auferstehung Jesu beschlossen Petrus und einige der Jünger, fischen zu gehen. Sie mühten sich die ganze Nacht ab und fingen nichts. Am nächsten Morgen erschien ihnen der Herr am Strand und wies sie an, ihre Netze auf der anderen Seite auszuwerfen. Unverzüglich waren ihre Netze voller Fische. Petrus, der den Herrn erkannte, sprang ins Wasser und schwamm an Land. Nachdem er nur einige Minuten in der Gegenwart Jesu verbracht hatte, ging er hinunter und holte ganz allein das Netz ein, mit dem sich all die anderen Jünger verbissen abgequält hatten. Ein paar Minuten in seiner Gegenwart werden uns die Kraft verleihen, weit mehr zu vollbringen, als durch vielfache menschliche Anstrengung möglich wäre.

Das Gute ist der schlimmste Feind des Besten. Es gibt ein Evangelium, eine Kirche, einen Dienst und eine Religion, die sich selbst als christlich bezeichnen, uns aber dazu bringt, daß wir uns in einem geistlichen Zustand der Verlorenheit sicher fühlen. Wenn unsere Motivation, dem Herrn nachzufolgen, sich hauptsächlich im Streben nach Glück und Wohlergehen erschöpft, werden wir ein Leben lang betrogen werden. Wenn wir unserer Berufung folgen und in der Wahrheit leben möchten, wird dies von uns eine Hingabe an die Realität dessen fordern, was im zwölften Kapitel des Römerbriefs im ersten Vers beschrieben ist: Wir müssen uns selbst als lebendiges und heiliges Opfer darbringen. Wir sind vor die Wahl gestellt; wir können jetzt zahlen oder später. In der Wahrheit des Evangeliums zu leben, wird uns jetzt alles kosten, doch wenn wir es nicht tun, wird es uns später alles kosten.

## Babylon

Ein weiser Mann beobachtete einmal: »Wer die Geschichte vergißt, ist prädestiniert, sie zu wiederholen.« Bis heute hat sich jeder neue Aufbruch, den Gott geschenkt hat, schließlich in denselben Fehlern verstrickt, die die vorhergegangenen Aufbrüche auch schon gemacht hatten. In der Schrift wird sehr deutlich darauf hingewiesen, daß wir aus der Geschichte des Volkes Gottes lernen sollen. Deshalb ist es schwer nachzuvollziehen, warum die Kirche die Lektionen aus ihrer eigenen Geschichte so wenig gelernt hat. Dieser Mangel an historischer Perspektive hat dazu geführt, daß der Leib Christi immer wieder dieselben Fehler gemacht hat. Wenn sich daran nichts grundlegend ändert, wird der nächste Neubeginn, den Gott schenkt, in signifikanter Weise geistlich vorangetrieben, nur um dann in der gleichen Verwirrung und Verzweiflung zu enden wie die vorigen Aufbrüche. Bevor das Ende kommt, wird der Herr diesen Kreislauf durchbrechen, doch wenn wir daraus befreit werden wollen, müssen wir diesen Kreislauf verstehen.

Im siebzehnten und achtzehnten Kapitel des Buches der Offenbarung wird das »Geheimnis Babylon« erhellt. Babylon ist das Ergebnis davon, daß derselbe Irrtum von Generation zu Generation im Leib Christi weitergegeben worden ist. Um dieses Geheimnis richtig verstehen zu können, müssen wir an seine Wurzel gehen – den Turm von Babel.

Babylon bedeutet »*Wirrsal*«, denn hier hat der Herr die Sprachen der Menschen verwirrt. Jakobus erklärte: »Wo nämlich Eifersucht und Ehrgeiz herrschen, da gibt es *Unordnung* und *böse Taten jeder Art*« (Jak 3,16). Die Unordnung entspricht der Verwirrung. Der Turmbau zu Babel ist eine klare Offenbarung der Verblendung religiösen und selbstsüchtigen Ehrgeizes. Er ist eine der größten Manifestationen derselben Lüge, die schon im Garten Eden anfing – der Lüge, wir könnten ohne Gott wie Gott sein. Die Leute in Schinar dachten, sie könnten den Himmel durch ihre eigene

Macht und Stärke erlangen, nämlich dadurch, daß sie einen Turm bauten. Wir lachen vielleicht über die unglaubliche Verblendung dieser Männer, aber die Kirche hat fortwährend versucht, genau dasselbe zu tun – aus eigener Kraft in den Himmel zu kommen.

Sie wollten den Turm »bis zum Himmel« bauen, aber das war in Wirklichkeit ein Vorwand für andere Motive, die sie noch zum Ausdruck brachten:

> »Auf, *bauen wir uns* eine Stadt und einen Turm mit einer Spitze bis zum Himmel, und *machen wir uns damit einen Namen*, dann werden wir uns nicht über die ganze Erde zerstreuen« (Gen 11,4).

Als das Christentum im dritten Jahrhundert Staatsreligion wurde, nahm machtorientierte Berechnung den Platz von Anbetung und Opfer im Dienst ein. Diese Veränderung führte dazu, daß »für uns selbst zu bauen« und »uns selbst einen Namen zu machen« Motive darstellten, die in die Kirche eindrangen und allmählich von ihr als wahre Vision übernommen wurden. Die Menschen dachten, sie könnten das Reich Gottes mit Schwert, Kreuzzügen, Inquisitionen und Folter auf der Erde errichten. Historiker schätzen, daß über fünfzig Millionen »Häretiker«, die in Wahrheit echte Gläubige waren und sich nur diesem Irrglauben nicht beugen wollten, von diesem Untier getötet wurden. Es war betrunken vom Blut der Heiligen und der wahren Zeugen Jesu (Offb 17,6). Über 1200 Jahre hatte die Kirche, die die Menschen gebaut hatten, über die Könige der Erde geherrscht. Sie ergriff zwar selbst keine weltliche Autorität, ließ es aber auch niemand anderen ohne ihre Zustimmung tun. Der Herr schaute auf dieses Greuel und verordnete das gleiche Heilmittel wie beim ersten Turm – er zerstreute ihre Sprache. Heute haben wir über zwanzigtausend verschiedene Sprachen oder Denominationen.

Das soll nicht heißen, daß alle Denominationen oder Organisationen ein Teil von diesem »Geheimnis Babylon« sind. Alles, was wir eigentlich nur für uns oder um uns einen Namen zu machen gebaut haben, ist ein Teil dieses Greuels, das in Kürze zerstört werden wird. Dies gilt unabhängig davon, wie fromm wir den Stempel mit dem Namen des Herrn unseren vielfältigen Aktivitäten aufdrücken. Es war nicht Gott, der das Projekt »Turmbau zu Babel«

initiiert hat; Selbstsucht bringt uns dazu, dort zu bauen, wo Gott im Augenblick überhaupt nichts verändern will. Es gibt noch einen anderen Feind, der das angreift, was der Herr gerade unternimmt, und es unter dieselbe Herrschaft der Selbstsucht und des Ehrgeizes zwingen möchte – den »Geist des Kontrollierens«. Dieser Geist versucht die Werke, die Gott begonnen hat, unter seinen Herrschaftsbereich zu bringen, um dann zu bewirken, daß sich aufgrund von Stolz oder Angst unter den Verantwortlichen diese Werke vom Leib Christi sich abspalten. Der »Geist des Kontollierens« ist einer der tödlichsten Feinde des wahren Wirkens Gottes und wird dies bis zum Schluß auch bleiben. Der Aufruf im 18. Kapitel des Buches der Offenbarung lautet: »Verlaß die Stadt, mein Volk, damit du nicht mitschuldig wirst an ihren Sünden und von ihren Plagen nicht mitgetroffen wirst« (Offb 18,4). Dieser Aufruf wird bald mit Klarheit und Kraft erschallen, aber der Herr ruft uns nicht aus etwas heraus, ohne uns gleichzeitig zu etwas Größerem zu führen. Wenn also eine deutliche Offenbarung über das »Geheimnis Babylon«, über den Leib Christi, kommt, wird damit gleichzeitig eine anschauliche Offenbarung über die Stadt Gottes einhergehen.

In den kommenden Tagen werden viele umhergehen und alles, was irgendwie organisiert ist, als »Babylon« bezeichnen. Dies wird dazu führen, daß sie an dem, was wirklich von Gott ist, vorbeigehen und vielleicht sogar zu Steinen des Anstoßes werden. Nur eine einwandfreie Lehre zu haben, reicht nicht aus, um den Geist Babylons abzuschütteln und ein Teil der Stadt Gottes zu werden. Wir müssen von unseren schlechten Herzenshaltungen befreit werden und ein neues Herz empfangen. Thomas von Kempen überlegte: »Es ist mir ungleich lieber, ein lebendiges Gefühl der Reue und Buße im Herzen zu haben, als eine schulgerechte Erklärung geben zu können, was Reue und Buße sei. Was nützt es dir, über die Dreieinigkeit wissenschaftlich streiten zu können, wenn du die Demut nicht hast, ohne die du der Dreieinigkeit mißfällst?« Wir sind vielleicht versucht, mit dem Finger auf gewisse Denominationen zu zeigen und sie wegen der Greueltaten anzuklagen, die im Laufe der Geschichte begangen wurden. Aber wenn wir uns dazu hinreißen lassen, dann haben auch wir nicht begriffen, worum es geht. Es gibt viele »überkonfessionelle« Gemeinden, die genauso intolerant auf der ausschließlichen Berechtigung ihrer Gruppe bestehen wie irgendwelche denominationsgebundenen Gemeinden. Genauso gibt es auch viele solcher miteinander verbundenen Gemeinden, bei denen dies kaum oder überhaupt nicht der Fall ist. Woran findet Gott mehr Gefallen?

Wir werden durch das verändert, was wir vor Augen haben (vgl. 2 Kor 3,18). Wenn all unsere Aufmerksamkeit auf Babylon gerichtet ist, werden wir mit der Zeit selber zu einem Abbild Babylons. Wenn wir die Herrlichkeit des Herrn vor Augen haben, werden wir in dasselbe Licht dieser Herrlichkeit verwandelt werden, und dieses Licht wird von selbst alle Finsternis aufdecken. Babylon und ihre Herrscher werden »ohne Zutun eines Menschen« (Dan 8,25) vernichtet werden. Wenn wir in die Stadt Gottes eintreten und in ihr leben, wird das Gericht über Babylon von selbst kommen. Babylon zu verlassen bedeutet, unsere Selbstsucht und den »Geist des Kontrollierens« abzulegen, der uns vom Herrn und voneinander trennt. Eine korrekte Lehrmeinung zu vertreten, bedeutet noch lange nicht, daß wir danach leben. Aus diesem Grund erklärte Paulus: »Also schätzen wir von jetzt an niemand mehr nur nach menschlichen Maßstäben ein« (2 Kor 5,16). Nach diesem Wort soll auch das Volk Gottes sich nicht mehr nach Äußerlichkeiten richten. Das soll nicht heißen, daß ein Werk unwillkürlich von Gott stammt, nur weil wir gute Absichten hatten, als wir versuchten, etwas für ihn zu schaffen. Wie schon erwähnt, bringt das »Gute« vom Baum der Erkenntnis genauso sicher den Tod wie das Böse, da sie derselben Wurzel entspringen. Wenn wir einen Dienst vollbringen, weil wir erhoffen, dadurch von Gott angenommen zu werden, trifft ihn das wie eine Beleidigung. Denn Jesus hat den Preis für unsere Annahme schon gezahlt. Alles, was wir darüber hinaus anbieten, um von ihm als Sohn oder Tochter angenommen zu werden, sagt aus, daß wir nicht glauben, daß sein Opfer gut genug war, unsere Annahme zu bewirken. Ein wahrhaftiger Dienst kann nur erwachsen, wenn wir wissen, daß wir von Gott angenommen *sind* und nicht, wenn wir versuchen, die Annahme zu verdienen. Als Jesus sagte, »es ist vollbracht«, drückte er damit aus, daß es nichts mehr hinzuzufügen gab. Jesus ist das Alpha und Omega, der Anfang und das Ende des Werkes Gottes. Wir können nichts von dem, was er vollbracht hat, wegnehmen, und wir können auch nichts dazutun.

Das heißt nicht, daß wir gar nichts bauen sollen, nur weil das

Werk schon vollendet ist. Worauf es ankommt, ist, *wie* wir bauen. Wir bauen nämlich *auf* dem auf, was bereits vollendet ist, und wir tun dies *anhand* dessen, was schon vollbracht ist. Der Apostel Paulus erklärte:

> »Denn einen anderen Grund kann niemand legen als den, der gelegt ist: *Jesus Christus*. Ob aber jemand auf dem Grund mit Gold, Silber, kostbaren Steinen, mit Holz, Heu oder Stroh weiterbaut: das Werk eines jeden wird offenbar werden; *jener Tag wird es sichtbar machen*, weil es im Feuer offenbart wird. Das Feuer wird prüfen, was das Werk eines jeden taugt« (1 Kor 3,11-13).

Jesus ist das Fundament, und in gewissem Sinne ist er auch das ganze Gebäude. Denn alles wird in Christus vereint werden (vgl. Eph 1,10). Er ist das Alpha, der Grund, und er ist auch das Omega, der Schlußstein. Das war die apostolische Botschaft. Vieles von dem, was heute als »apostolisch« bezeichnet wird, ist auf eine reine Betonung von äußeren Formen reduziert worden. In der ursprünglichen apostolischen Botschaft wurde aber kaum oder gar kein Schwerpunkt auf die äußere Form gelegt. Die Apostel unternahmen zwar einiges, was dazu beitrug, Ordnung zu schaffen und diese aufrechtzuerhalten, wie beispielsweise das Ernennen von Ältesten und Diakonen, doch sie konzentrierten sich nicht auf die Form, sondern auf die Gestaltung. Sie bemühten sich, daß Christus *in* der Kirche *Gestalt annehmen* sollte, und nicht, daß die Kirche in eine bestimmte Form gebracht würde. Diese Konzentration auf die Form anstatt auf den Geist war der Ruin und das letztliche Verhängnis von jedem Aufbruch, den Gott seit dem Zeitalter der Apostel geschenkt hat. Dies wird auch weiterhin so bleiben, bis wieder errichtet ist, was wirklich apostolisch ist.

Es werden außerdem Dienste entstehen, von denen manche dazu beitragen werden, daß sich große Neuanfänge entwickeln können. Sie werden dann aber auch in die Haltung verfallen, anzunehmen, daß die richtige Form der Kirche das entscheidende Kriterium ist bei der Fragestellung, ob die Ausgießung des Geistes in ihr freigesetzt werden kann. Diese Fehlannahme wird weiterhin dazu führen, daß viele Bewegungen ein enttäuschendes Ende nehmen. Eine dieser Täuschungen motivierte auch die Menschen von

Schinar, die glaubten, ihre neue Formel oder ihr Projekt könne bewirken, daß sie nicht über die ganze Erde zerstreut würden. *Nur* »in ihm hat alles Bestand« (Kol 1,17). Wenn dies nicht verstanden wird, werden einige, die in den kommenden Bewegungen in mächtiger Weise von Gott eingesetzt werden, am gleichen Felsen zerschellen wie die vorherigen Unternehmungen. Dennoch werden aus diesem nächsten Aufbruch auch Menschen hervorgehen, die eine Vision für das haben, was wirklich apostolisch ist. Sie werden nicht nur von den Formen Babylons, sondern auch vom Geist Babylons befreit sein. Sie werden berufen, um das hervorzubringen, was der wahrhafte Glaube der Väter ist – daß Jesus in uns Gestalt annimmt. Denn Christus in uns »ist die Hoffnung auf Herrlichkeit« (Kol 1,27).

Bis heute wurde jeder Aufbruch, der die Wiederherstellung zum Ziel hatte, letztlich doch wieder auf die bloße Betonung von Form und Doktrinen reduziert. Der ehrliche apostolische Glaube jedoch wird das Leben selbst, Jesus, zum Schwerpunkt haben. Bisher haben wir uns damit zufriedengegeben, daß der Herr uns offenbart wurde, aber der Tag wird kommen, an dem er *in* uns offenbart werden wird. Wir brauchen nur neue Weinschläuche für den neuen Wein. Wir sind verblendet, wenn wir glauben, daß allein das Vorhandensein eines neuen Weinschlauches neuen Wein bescheren kann.

Im Buch der Offenbarung heißt es, daß Babylon vom Tal aus sichtbar ist. Doch um das neue Jerusalem zu sehen, müssen wir »auf einen großen, hohen Berg« geführt werden (Offb 21,10). Um sich über den Geist Babylons Klarheit zu verschaffen, reicht es nicht aus, davon befreit zu werden. Die Geschichte zeigt, daß viele, die dieses »Tier« klar erkennen und sein Wirken verstehen, von demselben Geist ergriffen werden, da sie keine Vision des neuen Jerusalems haben. Viele derer, die entschieden gegen Babylon predigen, tun dies aus dem gleichen trennenden Geist heraus. Ihr Predigen hat unvermeidbar zur Folge, daß die gleiche babylonische Verwirrung immer weitergegeben wird: immer mehr Abspaltungen, die sich für die einzig wahre halten.

Als die ersten beiden Jünger anfingen, Jesus nachzufolgen, forderte er sie mit einer Frage heraus, die wir früher oder später alle beantworten müssen: »Was wollt ihr?« Sie antworteten mit einer Gegenfrage, doch es war die beste Antwort, die sie hätten geben können: »Herr, wo wohnst du?« (Joh 1,38). Sie fragten nicht danach, welche Gruppierung die schriftgemäßeste sei oder die stimmigste Lehre habe. Die Frage ist, wo ist der Ort, an dem der Herr selbst wohnen kann? Dies ist das einzige Kriterium, anhand dessen wir unterscheiden können, welche Werke von Gott gewünscht werden und welche nicht.

Wir müssen unterscheiden zwischen den Dingen, die Gott segnet, und denen, in denen er wohnt. Ismael war ein Werk des »Fleisches«. Er war von einer Sklavin geboren worden und blieb ein Sklave (vgl. Gal 4,21-31). Ismael war nicht der verheißene Nachkomme, doch er verfolgte den wahren Erben und tut dies bis zum heutigen Tag. Trotzdem segnete Gott ihn und machte ihn zu einem großen Volk! Er segnete ihn wegen des Bundes, den er mit Abraham geschlossen hatte. Wegen des Bundes, den er mit uns geschlossen hat, segnet er oft auch unsere Werke des Fleisches bis zu einem gewissen Grad – *aber er wird nicht in ihnen wohnen.* Die Zeit wird kommen, wenn das Kind des Fleisches vertrieben werden muß. Wir müssen jetzt über das hinausschauen, worauf einfach nur Segen liegt, und unsere Aufmerksamkeit auf die Dinge richten, in denen er wohnt.

Ismael durfte im Hause Abrahams bleiben, bis er begann, Isaak zu verspotten und zu drangsalieren. Dies ist der Punkt, an dem sich die Werke, die ihren Ursprung im Fleisch haben, von denen scheiden, die der Verheißung entspringen. Werke, die dem Fleisch entsprungen sind, werden früher oder später nicht widerstehen können, die Werke anzuklagen und anzugreifen, die ihrer Meinung nach unbefugt in ihren Wirkungsbereich eingedrungen sind. Isaak hatte es nicht nötig, Ismael anzugreifen, denn er wußte wer er war und fühlte sich von Ismael nicht bedroht. Die Werke des Fleisches haben diese Sicherheit nicht. Deshalb greifen sie andere oft im Namen der Wahrheit an, die sie als selbsternannte Wächter über der Kirche angeblich zu schützen suchen. Doch ihre wahre Motivation ist immer das Bestreben, andere aus ihrem Wirkungsbereich fernzuhalten.

## Starke Verblendung

Fast zweitausend Jahre lang hat der Herr daran gearbeitet, seine Kirche für diese Stunde vorzubereiten. Doch Satan hat ebenso ernsthaft daran gearbeitet, jeden Plan, den der Herr für seine Kirche hat, zu verdrehen und abzuwenden. Eine seiner erfolgreichsten Strategien war, die Kirche dazu zu bringen, nicht den Herrn, sondern die Dinge des Herrn anzubeten. Er hat es geschafft, daß die Kirche sich selbst anbetet, die Bibel anbetet, ja sogar die *Anbetung* anbetet anstatt den Herrn. Eine seiner wirksamsten Täuschungen war es, unsere Aufmerksamkeit darauf zu lenken, wer wir in Christus sind, anstatt darauf, wer er in uns ist. Das führt zu der Haltung, daß wir uns selbst, das Geschöpf, anbeten und nicht den Schöpfer, dem alle Ehre gebührt.

Wie schon gesagt, kommen all die Dinge, von denen wir uns haben ablenken lassen, von Gott. Wir haben nur den Fehler gemacht, die Gaben anzubeten anstatt den Geber. Die Kirche ist berufen, die Braut des Lammes zu sein, und Gott liebt sie von ganzem Herzen. Aber welcher Bräutigam würde sich an einer Braut freuen, die mehr von sich selbst und ihrer eigenen Schönheit eingenommen ist als von ihm? Solche Eigensucht ist abstoßend. Die Bibel ist eine Gabe von unschätzbarem Wert, aber unser Ziel sollte nicht sein, das Buch des Herrn zu kennen, sondern vielmehr den Herrn des Buches. Wir sind zu Gottes Freude geschaffen, und echte Anbetung ist wahrscheinlich die höchste Erfüllung, die wir Menschen erleben können. Doch es ist uns nicht schwergefallen, von der Erfüllung, die wir erfahren, mehr eingenommen zu werden als von dem Einen, den wir anbeten.

Wir beten das an, worauf unsere Aufmerksamkeit gerichtet ist, egal, was wir vortäuschen mögen. Satan weiß, daß wir nie zu dem werden, »wer wir in Christus sind«, solange Christus nicht unser Ziel ist. Wir werden erst dann in die Fülle unserer Berufung eintreten, wenn Jesus und seine Herrlichkeit das ist, worauf sich unsere Aufmerksamkeit konzentriert. Wir werden nur verändert, wenn wir *seine* Herrlichkeit sehen, nicht unsere – wie wenn wir überhaupt irgendwelche Herrlichkeit aus uns selbst hätten. Wir sind auf ein Nebengleis geleitet worden und konzentrieren uns darauf, wer *wir* sind, anstatt wer *er* ist. Durch diese Täuschung sind viele der Wahrheiten, die uns für die Vorbereitung auf diese Stunde wiedergegeben worden sind, verdreht und in Extreme geführt worden. Doch diese Verblendung wird sich nicht halten können. Sie wird in Kürze von der Herrlichkeit des Herrn weggefegt werden wie ein Rauchfetzen im starkem Wind.

Wie schon erwähnt, wird die künftige Herrlichkeit des Hauses Gottes größer sein als die frühere (vgl Hag 2,9), doch das heißt nicht, daß das Haus großartiger sein wird. Die Herrlichkeit, die das Haus erfüllt, die Gegenwart des Herrn, wird großartiger sein. Wenn die Herrlichkeit des Herrn den Tempel füllt, dann ist nicht der Tempel das, worauf sich alle Augen richten. Der Herr sagte nachdrücklich, daß diejenigen, die in der Fülle ihrer Berufung stehen, dies gar nicht bewußt realisieren werden. Sie werden ihren Errungenschaften keine Beachtung schenken, sondern allein darauf aus sein, dem Freude zu bereiten, der sie gesandt hat. Die Christen, die in der Fülle dessen leben, was kommen wird, werden nicht dem Tempel des Herrn dienen wollen, sondern dem Herrn des Tempels. Die Kirche, der Dienst, geistliche Wahrheiten oder sogar die Bibel können zu Götzen werden, wenn sie in den *Mittelpunkt* unserer Aufmerksamkeit rücken. Diejenigen, die überwinden und ihre Berufung erfüllen, tun dies, indem sie dem Lamm folgen, egal, wo es hingeht.

Die Ichbezogenheit und Selbstanbetung, die im Moment im Leib Christi und einem Großteil der Lehre vorherrscht und uns verblendet, wird gebrochen werden. Der Herr selbst wird in seinen Tempel einziehen, und alle Kronen werden vor seine Füße geworfen werden. Es wird sichtbar werden, wer sich Leiterschaftspositionen angemaßt hat, ohne vom Herrn dafür eingesetzt worden zu sein. Jeder, der sich selbst erhöht hat, wird erniedrigt werden. Wer sich selbst erniedrigt hat, wird gesalbt und bevollmächtigt werden. Die Armee, die im Moment aufgestellt wird, wird großartiger sein als alles, was je ein Mensch gesehen oder geträumt hat. Aber diese Armee wird nicht sich selbst verherrlichen, sondern den König, der sie anführt.

Diejenigen, die die größten Werke tun, werden von ihren eigenen Taten kaum Notiz nehmen. Sie werden keine allzu hohe Meinung von sich selbst haben, nicht weil sie unsicher wären, sondern weil sie erkannt haben, daß *er* es ist, der durch sie wirkt und alles vollbracht hat. Sie werden sich nicht an anderen messen, sondern an ihm. Die Königin von Saba war sprachlos, als sie Salomos Weisheit und die Herrlichkeit seines Reiches sah, und genauso wird es denen ergehen, die Jesus gesehen haben, nur in noch viel größerem Ausmaß. Diejenigen, die den Herrn gesehen haben, werden wie er in die Berge fliehen, wenn Menschen versuchen, sie zu Königen zu machen oder in irgendeiner Weise zu erhöhen. Ihre Autorität wird nicht von Menschen verliehen worden sein; sie wird von oben kommen.

Während dieser Ernte werden menschliche Autoritäten und Institutionen dahinschmelzen wie Wachs. Dies ist eine Warnung, da die Menge in diesen Zeiten nach Leuten suchen wird, die Autorität ergreifen, ungeachtet der Person. Doktrinen werden verbreitet werden, die die Gläubigen ermutigen, sich über Politik und Institutionen Autoritätspositionen zu verschaffen. Das Reich des Herrn ist nicht von dieser Welt, und sein Reich wird nicht mittels der Systeme der gegenwärtigen Welt kommen. Der Feind wird diese Lehren gebrauchen, um die anzuziehen, die eigensüchtig sind und sich selbst erhöhen. Menschen mit solchen Motiven werden in dieser Ernte keine Leitungspositionen innehaben. Die Autorität, die der Herr aufrichten wird, unterscheidet sich sogar von dem, was sein eigenes Volk im Moment darunter versteht. Wir sollen nicht versuchen zu herrschen, sondern wir sollen dienen. Wenn wir das tun, wird seine Autorität fließen und mit der Zeit Ordnung und dadurch Frieden bringen.

Die Christenheit des zwanzigsten Jahrhunderts hat recht gut gelernt, wie man Menschen dazu bringt, sich von der »bösen« Seite des Baumes der Erkenntnis loszusagen; die »gute« Seite desselben Baumes wurde aber meist völlig außer acht gelassen. Diese gute Seite bringt nämlich genauso sicher den Tod und ist bei weitem trügerischer. In Israel haben die bösesten Menschen und sogar die Besessenen ihre Knie vor Jesus gebeugt. Gekreuzigt haben ihn die tüchtigsten Bürger des Landes. Das Gute im Menschen wird dem Herrn als Ausgleich für die Kreuzesgerechtigkeit dargeboten und ist deshalb ein Affront gegen das Kreuz. Wir sagen damit aus, daß wir glauben, die Sühnetat Jesu nicht nötig zu haben. Das Gute im Menschen ist in den Augen Gottes wie »ein schmutziges Kleid« (Jes 64,5) und ein schlimmerer Feind des Evangeliums als die »böse« Seite des Baumes der Erkenntnis. Diejenigen, die vom »Guten« des Baumes der Erkenntnis essen, werden die schlimmste Verfolgung über die voranschreitende Kirche bringen. Die »gute« Frucht des Baumes der Erkenntnis wird mehr Menschen in die Irre führen und zu Fall bringen als das Böse, das sich in diesen Tagen manifestieren wird.

Einige der Dienste, die in der Vergangenheit schlimme Fehler gemacht haben, werden in den kommenden Tagen der Kirche ungeheuer viel Leben bringen. Es ist biblische und geschichtliche Realität, daß Gott viele erst dann benutzt, wenn sie so fundamental versagt haben, daß sie ans Ende jeglicher menschlicher Kraft und Stärke gekommen sind. Erniedrigung kommt vor Erhöhung.

Dieses Muster können wir auch im Leben der Patriarchen erkennen. Abraham brachte vor Isaak einen Ismael zur Welt. Josef sah, wie sich Sonne, Mond und Sterne vor ihm verneigten, doch zuerst mußte er zum Sklaven und dann zum Gefangenen werden. Mose versuchte, seine Brüder aus eigener Kraft zu befreien. Doch bevor Gott ihn benutzen konnte, mußte er vierzig Jahre in der Wüste verbringen und als Schafhirte arbeiten, dem niedrigsten Beruf der damaligen Zeit. Nachdem David zum König gesalbt worden war, verbrachte er Jahre damit, vor den Leuten zu fliehen, über die er später herrschen sollte. Petrus mußte den Herrn dreimal verleugnen, bevor dieser ihn zu einem seiner größten Zeugen machen konnte. Paulus mußte zum schlimmsten aller Sünder werden und die Kirche bis auf den Tod verfolgen, bis er zum »Apostel der Gnade« werden konnte. Dies mag nicht für uns alle gelten, doch es scheint zumindest auf die zuzutreffen, die Gott für die größten geistlichen Taten benutzt. Viele der Ältesten und Väter der Kirche würden wenig Vertrauen in jemanden setzen, der nicht durch so ein Versagen oder die Disziplin des Herrn zerbrochen worden wäre.

Das soll nun nicht dazu führen, daß wir einzelne beschuldigen, wenn wir uns einige der Fehler anschauen, die in der letzten Zeit im Leib Christi gemacht wurden. Manche, die darin verwickelt waren, wird der Herr aufgrund ihres Versagens später sogar noch besser gebrauchen können. Wenn wir dafür nicht offen sind, werden wir die Verlierer sein. Aber dennoch müssen wir die Fehler verstehen, sonst sind wir vorprogrammiert, sie zu wiederholen. Wir müssen aber auch begreifen, daß es nicht ausreicht, die Probleme der Vergangenheit nur zu verstehen, wenn wir eine Wiederholung vermeiden wollen. Herzen müssen sich durch Buße und dadurch verändern, daß wir die Herrlichkeit des Herrn klarer sehen. Wir müssen *aufhören*, vom Baum der Erkenntnis zu essen, und *anfangen*, vom Baum des Lebens zu essen. Wir müssen beides tun. Wir werden keine Befreiung finden, wenn wir nur eins tun und das andere nicht.

In den sechziger und siebziger Jahren wurden dem Leib Christi viele große Wahrheiten zurückgegeben. Einige davon kamen gerade zur rechten Zeit und waren auch dringend nötig, wurden aber dennoch in Extreme geführt und dazu benutzt, Erneuerung unmöglich zu machen. Dadurch wurde ein Großteil der Kirche verwirrt und zum Stillstand gebracht. Die Fehler lagen dabei im Normalfall nicht in diesen Wahrheiten begründet, sondern in ihrer Anwendung. Auch korrekte Lehre wird ins Extrem geführt werden, sobald sie kein Mittel zum Zweck mehr ist, sondern ein Endziel. Dies führt dann zu Überreaktionen, die genausoviel Schaden anrichten wie die Extreme.

Die Urgemeinde begegnete Gott und schrieb dann anschließend darüber. Wir sind seither immer allzu bereit gewesen, die Begegnung mit Gott durch ein korrektes Konzept der Wahrheit zu ersetzen. Die Folge davon ist eine Form der Frömmigkeit ohne Gott. Viele haben zum Beispiel die Gepflogenheiten der Urgemeinde studiert und dann alles nachgemacht, was diese getan hatten, da sie den gleichen Geist und die gleiche Hingabe an das Gemeindeleben bewirken wollten. Doch wie viele haben dann nicht feststellen müssen, daß alles nur wieder in einer toten Form endet? Die Urgemeinde hatte Gemeinschaft nicht deshalb, weil Dinge auf eine bestimmte Art und Weise getan wurden, sondern weil Gott in ihrer Mitte wirkte. Wenn Gott wirkt, dann will sein Volk zusammenkommen. Materieller Besitz wird dann scheinbar kaum mehr eine Rolle spielen, und wir werden die Freiheit haben, anderen zu geben, als gäben wir dem Herrn. Wenn der Herr wirkt, dann wird Wahrheit zu Leben. Wenn er nicht wirkt, werden all unsere Formeln und Prinzipien nur Tod bringen.

Christentum ist nicht einfach eine Reihe von Wahrheiten und Prinzipien, sondern eine Beziehung mit einem lebendigen Gott. Wahrheiten und Prinzipien, die eingesetzt werden, bevor die Beziehung steht, wurzeln immer noch im Baum der Erkenntnis. Egal, wie richtig diese Wahrheiten auch sein mögen, ihre letzte Frucht wird Tod sein. Erst wenn die Beziehung in Christus gegründet ist, können wir gefahrlos Wahrheiten und Prinzipien dazunehmen.

Schauen wir uns die Doktrin der Unterordnung unter Autorität an. Das war eine Wahrheit, die dem Leib Christi zur rechten Zeit zukam. Denn zu dieser Zeit brach über die Welt und die Kirche gerade eine Welle von Gesetzlosigkeit und Orientierungslosigkeit herein. Doch die Art und Weise der Anwendung dieser Wahrheit brachte oftmals Früchte, die in völligem Widerspruch zu der Lehre selbst standen. Viele der demütigsten und in wirklicher Unterordnung lebenden Männer und Frauen Gottes wurden aus ihrem Dienst entfernt, da sie der Lehre über Unterordnung, die irgendwelche Leute formuliert hatten, nicht entsprachen. Zur selben Zeit wurden einige der arrogantesten und rebellischsten Leute in den Dienst gestellt und gefördert, nur weil sie die Lehre über Unterordnung befolgten bzw. an sie glaubten. Was ist besser, eine korrekte Lehre über Unterordnung zu haben, oder sich unterordnen zu können? Die Wahrheit, die Gott verlangt, findet sich nicht im Verstand, sondern im Herz. Der Herr hat nie gesagt, wir würden die Seinen daran erkennen, daß sie ihre Doktrinen richtig aufzeichnen können. Es gibt nur eines, woran wir die echten Diener erkennen können: *Ihre Frucht*.

Es hat schon immer »einsame Streiter« gegeben, die im Leib Christi Verwirrung angerichtet haben. Doch nicht einmal alle einsamen Streiter zusammen haben soviel Streit und Verwirrung bewirkt wie die wenigen, die Unterordnung zu sehr betont haben. Nirgendwo warnt uns die Schrift, wir sollen uns vor denen in acht nehmen, die sich dem Leib nicht unterordnen; dagegen werden wir jedoch vor denen gewarnt, die nicht mit dem Haupt verbunden sind. Nach vielen weitverbreiteten Lehren über Unterordnung ist es möglich, »in rechter Weise« mit dem Leib verbunden zu sein, auch wenn man überhaupt nicht mit dem Haupt, also Jesus, verbunden ist. Und bei vielen ist dies der Fall. Wenn wir aber wirklich mit dem Haupt verbunden sind, werden wir auch in rechter Weise mit dem Leib verbunden sein. Es kann allerdings sein, daß sich dies nicht in einer Art und Weise äußert, die sich mit unseren Lehren deckt bzw. unseren Beifall findet.

Die Frage ist nicht, *ob* wir richtig mit dem Leib verbunden sein sollen oder nicht, sondern *wie* das erreicht werden soll. Die Kirche ist ein Mittel, kein Endziel. Das Ende aller Dinge wird in Christus zusammengefaßt werden (vgl. Eph 1,10). Der gesamte Plan Gottes besteht darin, daß sich sein Volk in das Bild seines Sohnes verwandeln möge. Wir sind nicht der Leib Christi, damit wir das tun können; wir sind der Leib Christi, *wenn* wir das getan haben. Die Kirche ist nicht die Mustervorlage für die Kirche; *Jesus ist die Mustervorlage für die Kirche*. Immer wenn wir von der »aufrichtigen und reinen Hingabe an Christus (nicht an die Kirche, auch nicht an eine Doktrin, nicht einmal an seine Diener, sondern an den Herrn allein) abkommen«, kommen wir vom Weg ab (2 Kor 11,3; Klammersetzung des Autors). Nicht der Kirche sollen wir uns hingeben, auch nicht irgendwelchen Doktrinen, und nicht einmal seinen Dienern, sondern allein dem Herrn.

Als ein bekannter Fernsehevangelist öffentlich seine Sünden bekannte, machte er die Aussage, daß er eigentlich keinen einzigen Freund hatte, mit dem er offen reden und dem er von seinen Schwierigkeiten erzählen konnte. Diese Aussage wurde von vielen als *der* Grund für seine Schwierigkeiten angesehen. Obwohl er so viele Menschen um sich hatte und scheinbar alle Regeln der Unterordnung in den Leib Christi eingehalten hatte, lebte er offensichtlich nicht wirklich in Unterordnung. Doch auch seine mangelnde Unterordnung war nicht das Problem, sondern nur das Symptom eines noch viel tieferliegenden Problems, mit dem sich alle konfrontiert sehen, die auch in den Kleinigkeiten des Alltags siegreich sein wollen.

In einigen Ältesten- und Leiterkreisen, die allerhöchsten Wert auf gegenseitige Unterordnung und Rechenschaftspflicht gelegt haben, ist Unzucht und Homosexualität ans Licht gekommen, die schon seit einigen Jahren angedauert hatte. Dies sollte genügen, aufzuwachen und der Tatsache ins Auge zu sehen, daß mit unseren Konzepten über Unterordnung etwas ganz Grundlegendes nicht in Ordnung ist. Die Kirche hat ihre moralischen und ethischen Probleme und ihre Probleme mit Häresie nicht deshalb, weil es dem Leib Christi an Unterordnung fehlt, sondern weil es keine Unterordnung unter das Haupt gibt. Wir können unsere engsten Vertrauten, unsere Familie und sogar die Presse täuschen, aber Gott können wir nicht täuschen. Der Grund für die Probleme, die nun in der Kirche an die Oberfläche kommen, ist ein Mangel an echter und heiliger Furcht vor dem Herrn. Die Antwort darauf ist nun nicht, unsere gegenseitige Unterordnung über Bord zu werfen, sondern uns noch mehr auf das zu konzentrieren, was das Wichtigere ist – unsere Unterordnung unter den Herrn. Erst dann wird unsere Unterordnung untereinander echt sein.

Die Tatsache, daß wir Wahrheit von einer Person auf eine bloße Lehre reduziert haben, hat dazu geführt, daß jede Wahrheit, die in den letzten paar hundert Jahren wiederhergestellt wurde, verzerrt worden ist. Als Marta nach dem Tod ihres Bruders zu Jesus kam, sagte er ihr, daß Lazarus wieder auferstehen werde. Sie entgegnete darauf, sie wisse, daß er am jüngsten Tag auferstehen werde. Ihr Glaube war auf die Lehre der Auferstehung gerichtet, nicht auf ihn. Jesus gab ihrem Glauben eine neue Richtung, indem er sagte: »Ich bin die Auferstehung« (Joh 11,25). Und Jesus ist nicht nur die Auferstehung, er ist alle Wahrheit.

Es ist möglich, all unsere Lehren in prächtiger Ordnung zu halten, aber kein Leben zu haben. Es ist genauso möglich, Leben in Jesus zu haben, auch wenn unsere Lehren noch nicht alle hundertprozentig stimmen. Marta und Maria sind ein gutes Beispiel dafür. Als Marta erklärte, daß ihr Bruder nicht gestorben wäre, wenn Jesus dagewesen wäre, zeigte sie, daß sie die Lehre über die Auferstehung wirklich gut verstanden hatte. Als ihre Schwester Maria herauskam und genau die gleiche Frage stellte, da weinte Jesus und war *»im Innersten erregt und erschüttert«* (Joh 11,33), und dann erweckte er Lazarus von den Toten. Marta kannte eine gute Lehre über Auferstehung, bei Maria passierte die Auferstehung! Der Grund dafür war, daß Maria eine Beziehung zu Jesus hatte, die ihn »im Innersten erregen und erschüttern« konnte. Obwohl Maria genausowenig von der Auferstehung verstand wie Marta, konnte sie Gott tief bewegen; sie konnte Gott zum Weinen bringen. Maria hatte in der Tat das Bessere gewählt.

Jesus ist Wahrheit, und alle, die ihn lieben, lieben die Wahrheit. Natürlich möchten wir, daß unser Verständnis der Dinge richtig ist, doch alles stimmig zu haben, ist nicht so wichtig wie unsere Beziehung zu ihm. Wenn unsere Beziehung zu ihm nicht in Ordnung ist, essen wir auch dann weiter vom Baum der Erkenntnis, wenn all unsere Doktrinen korrekt sind. Und dies wird weiterhin Tod bringen.

Trotz des beträchtlichen Schwerpunktes, der in den letzten zwei Jahrzehnten auf Glaube gelegt wurde, findet man in den meisten Teilen der Kirche weiterhin kaum wirkliche Glaubenssubstanz. Diese Betonung kam zu einer Zeit, als die Kirche dringend mehr Glauben brauchte, um die Absichten Gottes für diese Zeit zu erfüllen. Glaube ist jedoch mehr als nur Formeln und Prinzipien. Oftmals haben wir den Glauben an Gott ersetzt durch die Übernahme von Überzeugungen und Glaubensmeinungen anderer. Wahrer Glaube bedeutet einfach, den zu erkennen, an den wir glauben.

Jesus ist nicht nur die Auferstehung, er ist Glaube und er ist jede Wahrheit. Er ist der »Ich bin«. Deshalb erklärte Paulus: »*Er ist* das Ja zu allem, was Gott verheißen hat« (2 Kor 1,20). Den Galatern erklärte er weiter: »Abraham und seinem Nachkommen wurden die Verheißungen zugesprochen.« Es heißt nicht: »und den Nachkommen«, als wären viele gemeint, *sondern es wird nur von einem gesprochen*: und deinem Nachkommen; *das aber ist Christus*« (Gal 3,16). Gottes Verheißungen sind uns nicht unabhängig von ihm gegeben, sondern *in* ihm. Die Verheißungen sind nicht gegeben, damit wir unsere selbstsüchtigen Wünsche befriedigen können, sondern zu seiner Verherrlichung. Eine der wirksamsten Versuchungen Satans ist es, uns dazu zu bringen, Gottes Verheißungen aus selbstsüchtigen Gründen in Anspruch zu nehmen. Diese Taktik war so erfolgreich, daß er sie sogar bei Jesus ausprobierte.

Manche haben diese Lehre in ein noch gefährlicheres Extrem geführt; sie maßen sich an, die Autorität Gottes *auf Gott selbst* anzuwenden! Das hat Mose sein Erbe im Verheißenen Land gekostet. Er war angewiesen worden, den Felsen einmal zu schlagen (vgl. Ex 17,6). Der Fels stand für Christus, der auch *einmal* geschlagen werden würde (vgl. 1 Kor 10,4). Als er das nächste Mal Wasser aus dem Felsen fließen lassen sollte, wurde er angewiesen, zum Felsen zu sprechen (vgl. auch Ex 20,8). Dies sollte symbolisieren, daß wir, seit Christus geschlagen worden ist, nur noch zu ihm sprechen müssen, damit die lebendigen Wasser fließen. Aber Mose ließ sich in seiner Frustration über das Volk dazu hinreißen, den Fels wieder zu schlagen, und er tat es mit dem Stab, den Gott ihm gegeben hatte. Der Stab ist ein Sinnbild für die Autorität, die Gott uns gibt. Diese dürfen wir aber nicht dazu gebrauchen, um ihn damit zu schlagen. Solche Anmaßung wird auch uns unser Erbe kosten.

Jede Wahrheit wird von einigen ins Extrem geführt werden. Andere werden die Wahrheit aufgrund der Extreme ganz ablehnen. Beide Parteien werden an Gott vorbeigehen. Diejenigen, die die Wahrheit ins Extrem führen, können im Normalfall korrigiert werden und lernen aus ihren Fehlern wertvolle Lektionen. Diejenigen, die richten und sich so sehr vor Irrtum fürchten, enden oft wie die Zwerge in C.S. Lewis' Buch *Kampf um Narnia*. Die Schlacht war zu Ende, und Aslan, die Christusfigur, kam und wollte sie aus ihrem düsteren Versteck befreien. Aber sie weigerten sich, herauszukommen! Sie waren überzeugt davon, daß er sie auch nur wieder täuschen würde, und deshalb konnten sie aus ihrer Dunkelheit nicht befreit werden. Diejenigen, die die größte Furcht vor Irrtum haben, lassen sich am schwersten ins Licht führen, und ihr Leben ist meist sehr düster. Die Furcht vor Irreführung wird uns nicht vor Irreführung bewahren, sondern dazu führen, daß wir in die Irre gehen. Nur wenn wir die Wahrheit selbst, Jesus, lieben, werden wir vor Irreführung sicher sein.

Keiner will Fehler machen. Wäre es nicht schrecklich, wenn wir z.B. schuld daran wären, daß sich ein Nachbarskind verletzen konnte? Wieviel schmerzlicher ist es dann, eines der Kinder des Herrn zu Fall zu bringen! Zu lehren ist eine ernsthafte Angelegenheit, wie Jakobus uns warnte: »Nicht so viele von euch sollen Lehrer werden, meine Brüder. Ihr wißt, daß wir im Gericht strenger beurteilt werden« (Jak 3,1). Das Schlimmste, zu was wir nach den Aussagen der Bibel werden können, ist ein Stolperstein, ein Stein des Anstoßes. Das Gericht, das bald über das Haus Gottes kommen wird, wird die Lehrer noch härter treffen. Wenn wir weise Lehrer sind, dann werden wir dafür beten. Denn sein Gericht kommt, um uns zu retten, nicht um uns zu verdammen. Es ist besser, vom Herrn diszipliniert zu werden, als eines seiner Kleinen in die Irre zu führen.

Nach dem Gericht über seinem Haus wird es nicht mehr so viele Lehrer geben. In seinem Namen zu lehren wird wieder zu der heiligen und ernsthaften Angelegenheit werden, die es in Wirklichkeit ist. Die verbleibenden Lehrer werden nicht nur Ausarbeitungen von Fakten und Prinzipien darlegen, sondern die Liebe zur Wahrheit – Jesus – weitergeben wollen. So wie auch ein altes Sprichwort erklärt: »Gib einem Menschen einen Fisch, und er hat ein Mahl. Lehre ihn zu fischen, und er wird sich sein Leben lang selbst versorgen können.« Wenn man Menschen *über* Gott belehrt, werden sie nie erfüllt werden. Wenn man Menschen lehrt, Gott zu lieben, wird ein Strom lebendigen Wassers aus ihrem Innersten fließen.

## Vor David kommt Saul

Bei fast jedem neuen Wirken des Herrn gibt es einen »Saul«, bevor »David« kommt. Das heißt, zuerst werden Menschen bestimmen, was jetzt gut und richtig für sie ist, und dann wird Gott eingreifen und seinen Willen vollbringen. Das betrifft auch Dienste, Bewegungen und wiederhergestellte Wahrheiten. Angesichts dessen, was mit Wahrheiten wie Unterordnung, Jüngerschaft, Glaube und anderen gemacht wird, müssen wir verstehen, daß dies geschieht, weil Gott in Kürze über diese Bereiche sprechen möchte. Denn in den kommenden Tagen wird der Herr ein Maß an Unterordnung von uns verlangen, das weit über das hinausgeht, was der Großteil der Kirche im Moment verstehen kann. In diesen Zeiten werden wir so wie nie zuvor wahre Jüngerschaft brauchen. Ein Glaube wird in den kommenden Tagen von uns verlangt werden, der bei weitem alles übersteigt, was wir bisher kennen. Wir dürfen uns nicht zu Überreaktionen hinreißen lassen, nur weil manche diese Wahrheiten ins Extrem geführt haben.

Wir müssen verstehen, daß Saul von Gott gesalbt war und einige von Gottes Plänen erfüllte. Viele von Sauls Gefolgsleuten erkannten David rechtzeitig und schlugen sich auf seine Seite, um dann am Ende zu ruhmreichen Leitern zu werden. Viele, die vielleicht dem gedient haben, was man »Saul« nennen könnte, waren Männer von Glaube und Mut, die die gegenwärtigen Grenzen des Glaubens durchbrochen haben. Ihr Tun mag vielleicht zuzeiten auf Abwege geraten sein, doch es hat dazu beigetragen, den Weg für das zu bereiten, was wir »David« nennen wollen.

Die Menschen in Israel begannen zu spüren, daß sie einen König brauchten, weil Gott dieses Bedürfnis in ihre Herzen gelegt hatte. Er war dabei, sie auf den König vorzubereiten, den er ihnen verheißen hatte. Dieser König würde aus dem Stamme Juda hervorgehen und herrschen, bis Schilo – Jesus – kommen würde (vgl. Gen 49,10). Samuel wurde zum Propheten, um Israel auf diesen König vorzubereiten und ihn zu salben (damit steht er als Sinnbild für Johannes den Täufer). Aber Israel konnte nicht auf den König warten, den Gott erwählt hatte, so wie auch Abraham nicht auf Isaak hatte warten können. Saul war der König, der von Menschen erwählt wurde, nicht von Gott. Der König, den Gott erwählt hatte, war noch nicht reif genug, um seinen Platz einzunehmen. In der gleichen Weise können wir mit gegenwärtigen Verheißungen auf Abwege geraten. Wir sehen die Verheißung kommen, und wir wissen, daß sie gebraucht wird, und so erzwingen wir die Erfüllung der Verheißung, bevor die Zeit dafür reif ist.

Israels Ungeduld kam sie teuer zu stehen. Nach Saul brauchten sie lange, um Gottes wahren König zu akzeptieren. Genauso geht es mit fast jeder Verheißung, an die der Herr seine Kirche erinnert. Die Menschen haben es selten geschafft zu warten, bis Gott ihnen Verständnis der Dinge schenkt, und haben vieles meist schon fertig ausformuliert, bevor Gott ihnen Einsicht gibt. Doch dies ist nichts weiter als menschliches Mühen. Was Menschen eingebracht haben, muß immer sterben, bevor das, was Gott erwählt hat, seinen Platz einnehmen kann. Doch auch wenn das, was Gott erwählt hat, nach Hebron zieht und dort von einigen akzeptiert wird (vgl 2 Sam 2,2), dauert es meist ziemlich lange, bis der Rest der Kirche das von Gott Erwählte annimmt. Dieser Kreislauf ist in der gesamten Geschichte der Kirche deutlich sichtbar.

Sogar zu Zeiten der Herrschaft Sauls erkannten einige, daß David der König war, den Gott erwählt hatte. Diese schlossen sich ihm an und harrten in der Höhle der Demut und Verborgenheit mit ihm aus. Wie David durch Ablehnung, Demütigung und Leiden auf seine Berufung und Autorität vorbereitet wurde, so werden die Wahrheiten Gottes in denen geläutert, die sie annehmen und daran festhalten, obwohl sie im Feuer geprüft werden.

Diejenigen, die sich David in der Höhle angeschlossen haben, waren in Israel unangepaßte Eigenbrötler, wie es ja oft der Fall ist bei denen, die Gottes Wahrheiten zuerst erfassen. Doch in der Höhle wurden sie und auch David umgewandelt. Sie wurden zu einigen der mächtigsten Krieger und treuesten Leiter der Geschichte Israels. Die großen Wahrheiten, die die Kirche und den Lauf der Geschichte verändert haben, kamen selten aus den Elfenbeintürmen hochgelehrter theologischer Abhandlungen. Die Gefäße prophetischer Wahrheit waren fast immer die unbedeutenden geistlichen Eigenbrötler, die in geistlichen Höhlen und Erdlöchern leben. Genauso wird es auch in den kommenden Tagen sein.

Wir brauchen uns von den Doktrinen, die den Leib Christi scheinbar in Verwirrung stürzen, nicht entmutigen zu lassen. Wenn die Doktrinen von Menschen so bedeutend werden, daß sie solche Verheerung anrichten können, dann können wir guten Mutes sein, daß Gottes Wahrheit in der jeweiligen Sache schon geboren ist und reift, bis der rechte Zeitpunkt ihrer Offenbarung gekommen ist. Die verschiedenen »Sauls« werden einfach dazu beitragen, daß wir die »Davids« um so mehr schätzen. Bald wird Gott wahre Offenbarung schenken über Glaube, Jüngerschaft, geistliche Autorität, das Reich Gottes, Einheit und viele andere Lehren, die den Leib Christi im Moment vielleicht verwirren. Lassen Sie sich nicht von irgendwelchen neuen Lehren irreführen, die den Anschein haben, alles Bisherige auszustechen. Wenn so eine Lehre sich ausbreitet, müssen wir nach den jungen Hirten Ausschau halten, die treu ihre Herde hüten, und nach der kleinen Schar von Eigenbrötlern, die sich in den Höhlen verstecken. Bis Saul tot ist, werden wir im Normalfall dort die Wahrheit finden.

Saul war vom Herrn zum König gesalbt worden. Es ist richtig, daß Gott aufgrund seines Bundes mit uns unsere Taten segnen wird, auch wenn es sich um Werke des »Fleisches« handelt. Wegen seines Bundes mit Abraham segnete er Ismael, den Sohn, der aus dem »Fleisch« geboren war, und machte aus ihm ein großes Volk. Der Herr ist treu, auch wenn wir untreu sind. Doch wenn wir ein Teil des verheißenen Samens, der verheißenen Wahrheit oder des verheißenen Dienstes sein wollen, dann müssen wir unterscheiden zwischen dem, was Gott segnet, und dem, was er *erwählt* hat. »Denn viele sind berufen, aber nur wenige auserwählt« (Mt 22,14). Es gibt zur Zeit viele Dienste, die zwar gesalbt und gesegnet, aber trotzdem Werke des Fleisches sind. Sie entstammen dem Verstand und den Bemühungen der Menschen und kommen nicht aus dem Herzen Gottes. Wie Saul werden diese Werke die Kirche vielleicht eine Zeitlang führen, aber dann bald in Vergessenheit geraten. Während Saul den Segen und die treue Gefolgschaft des Volkes genoß, schien auf David ein Fluch zu liegen. Dies blieb so, bis der Zeitpunkt, den Gott erwählt hatte, gekommen war.

Eine der größten Prüfungen von Davids Herz war seine Bereitschaft, im Hause Sauls zu dienen. Er erschlug den Riesen Goliath und kämpfte in Sauls Schlachten auch nachdem er vertrieben worden war und Saul schon versuchte, ihn umzubringen. David vergalt nicht Böses mit Bösem, sondern Böses mit Gutem, genau so, wie es auch der kommende Messias tun würde, der eines Tages auf dem Thron sitzen würde, den David durch viel Charakterschulung auch besteigen konnte. David war das Wohlergehen Israels und die Pläne Gottes offensichtlich wichtiger als sein eigenes Wohlergehen und seine Anerkennung. Dies ist in gewisser Weise eine Prüfung, der sich alle unterziehen müssen, die dem ewigen Thron Davids dienen wollen, auf dem nun Christus sitzt.

Saul konnte den Erben des Thrones, den Gott erwählt hatte, nicht lange ertragen, so wie auch Ismael Isaak nicht ertragen konnte und ihn verspottete. Es herrscht Feindschaft zwischen dem, was aus dem »Fleisch«, und dem, was aus dem Geist geboren ist. Saul versuchte fortwährend, David zu töten, doch David erhob seine Hand nicht gegen Saul. Er hat seine Autorität nicht selbst ergriffen, sondern hat auch während heftiger Verfolgung und Ungerechtigkeit geduldig darauf gewartet, daß Gott ihn zur rechten Zeit in sein Amt einsetzen würde. In dem, was wirklich aus Gott geboren ist, findet sich kein Vergeltungsdrang und keine Selbstsucht. Wer sich von »Saul« zu Vergeltung und Selbstsucht hinreißen läßt, wird feststellen müssen, daß er sich damit für eine leitende Stellung in Gottes erwähltem Dienst disqualifiziert hat.

Der wohl allergrößte Unterschied zwischen David und Saul wird darin deutlich, herauszufinden, wen sie am meisten fürchteten. Als Saul sah, daß die Leute davonliefen und der Feind sich näherte, brachte er das Opfer dar, obwohl man ihn angewiesen hatte, zu warten. Er fürchtete die Menschen und äußeren Umstände mehr, als er Gott fürchtete. David stand unter dem Druck einer der größten Prüfungen, die ein Mensch noch aushalten kann. Seine Familie und die Familien all seiner treuen Gefolgsleute waren entführt worden. Doch David unternahm nichts, ohne nicht vorher den Herrn gefragt zu haben, nicht einmal, als seine eigenen Leute drohten, ihn zu steinigen. David fürchtete den Herrn mehr als Menschen oder Umstände. Das ist das Wesen tatsächlicher geistlicher Autorität. Das ist das Wesen derer, die erwählt sind, beim mächtigsten Wirken Gottes aller Zeiten als Verantwortlicher zu dienen.

David war nicht nur der jüngste Sohn des unbedeutenden Hauses Jesse, er war noch dazu Hirte, arbeitete also im schlecht angesehensten Beruf der damaligen Zeit. In seinem äußeren Leben gab es nichts, was auf seine hohe Berufung hingewiesen hätte. Und so mußte es sein. Damit das Reich auf Gerechtigkeit aufgebaut werden konnte, durfte es nicht die anziehen, die auf Äußerlichkeiten Wert legten oder die in sündigen oder zeitgemäßen Dingen den Segen sahen. Um David erkennen zu können, mußte man Größe und Reichtum in dem sehen können, was im Herzen ist. Und man mußte die Wahrheit mehr lieben als alles, was die Welt einem geben kann. Aus genau demselben Grund ist Jesus auch in einem Stall zur Welt gekommen.

In biblischen Zeiten war ein Stall ein widerwärtiger Ort. Die Böden bestanden aus zusammengepreßtem Dung und anderem Dreck, der sich jahrzehntelang angesammelt hatte. Der Gestank war so furchtbar, daß die Ställe so weit wie möglich von anderen Wohnstätten entfernt lagen. Heute würde man diese Ställe nicht einmal mehr für Tiere verwenden. Daß der Herr der Herrlichkeit genau diesen Ort wählte, um in diese Welt einzutreten, ist eine der tiefer gehenden Offenbarungen seiner Botschaft an die Menschen. Es wäre gut für uns, zu begreifen, was er damit sagen will. Denn er hat nicht aufgehört, solche Plätze auszusuchen, um sich zu zeigen.

Menschliche Überlegungen würden uns auf unserer Suche nach Gott nie zu einem Stall führen. Gott konnte nur durch Offenbarung gefunden werden; nur die kamen, die vom Geist geführt wurden. Das hat sich nicht geändert. Auf das, was aus Gott geboren ist, reagiert der Stolz und Dünkel sündiger Menschen gewöhnlich mit Abscheu.

Nach seiner Geburt wuchs Jesus in der verachtetsten Stadt des Landes auf. Auch durch sein Aussehen fühlte sich niemand zu ihm hingezogen (vgl. Jes 53,2). Er verließ die Welt nach der erniedrigendsten Folter und Hinrichtung, die je von der Beschränktheit und dem Wahnsinn der gefallenen Menschennatur ersonnen worden ist. Dieses Evangelium ist für den natürlichen Menschen Torheit und wird es auch immer bleiben. Es wird nie diejenigen anziehen, die ihr Leben an menschlicher Weisheit orientieren. Nur diejenigen, die die Wahrheit mehr lieben als alles andere in der Welt, werden mit ihm in der Schande leben, die das echte Evangelium mit sich bringt.

Die Geburt, das Leben und der Tod Jesu setzten die Axt an die Wurzel des Baumes menschlicher Weisheit und menschlichen Stolzes, der eine Frucht des Baumes der Erkenntnis von Gut und Böse ist. Es ist die mächtigste Botschaft, die die Schöpfung je gehört hat; es ist das tiefschürfendste Zeugnis des Charakters und Wesens Gottes. Wenn wir dieses Evangelium verschönern, um es sündigen Menschen schmackhafter zu machen, zerstören wir die Kraft, mit der es diese Menschen freisetzen kann, und kommen selbst langsam vom Weg des Lebens ab. Aus diesem Grund predigte Paulus nichts anderes als Christus, und ihn als den Gekreuzigten (vgl. 1 Kor 1,23). Wenn jemand sich aufgrund einer anderen Botschaft als dieser für den Glauben entscheiden würde, käme es keiner ursprünglichen Bekehrung gleich, und das war Paulus klar.

Dies ist ein Grund dafür, warum die Kirche heute so wenig Vollmacht hat; wir haben Menschen zur Kirche, zu unseren Lehren, unseren Projekten und Organisationen bekehrt, wir haben sie zu fast allem bekehrt, nur nicht zu Christus. Wir tun das, da das unleugbare Evangelium zuviel Anstoß erregt. Wir denken, daß die reine Wahrheit des Evangeliums sowieso dazu verurteilt ist, als Torheit abgelehnt zu werden. Doch genau in dieser Torheit liegt die Kraft der Botschaft des Evangeliums. Es *soll* von denen abgelehnt werden, die die Wahrheit nicht mehr lieben als ihren Stolz. Das Evangelium *soll* von denen abgelehnt werden, die dazu neigen, es dafür zu verwenden, um selbst groß rauszukommen und sich den Beifall der Menschen zu sichern.

Dieses Ringen um Anerkennung von Menschen ist meist recht offensichtlich in Diensten, die auf Erweiterung und Wachstum aus sind, um »die Welt mit dem Evangelium zu erreichen«. Wie viele von ihnen haben sich wohl die Zeit genommen, ihre eigenen Nachbarn zu erreichen? Es kann sein, daß Menschen weltberühmt sind, viele Wunder tun und viele Dämonen austreiben, nur um dann vor den Herrn zu kommen und zu hören, daß er sie nie gekannt hat. Wenn wir nur das unverwässerte Evangelium predigten, würden wir die Kirche vor den schrecklichen Täuschungen und Demütigungen bewahren, die sie nun schon seit fast zweitausend Jahren ertragen muß. Wir würden auch diejenigen mit Irrlehren vor einem Leben der Verblendung bewahren, das sie im Glauben wiegt, sie würden in der Tat Gott dienen. Dann bräuchten sie an jenem Tag nicht diese schrecklichen Worte des Herrn hören: »Ich kenne euch nicht. Weg von mir« (Mt 7,23). Wie viele dieser verwirrten Gläubigen hätten eine echte Errettung erfahren können, wenn wir treu geblieben wären und mit der Botschaft des Evangeliums und keine Kompromisse geschlossen hätten?

Wenn wir echte Mitarbeiter Gottes sein wollen, müssen wir auf die Worte des Apostels hören:

> »Seid untereinander so gesinnt, wie es dem Leben in Christus Jesus entspricht: Er war Gott gleich, hielt aber nicht daran fest, wie Gott zu sein, sondern er entäußerte sich und wurde wie ein Sklave ... er erniedrigte sich und war gehorsam bis zum Tod, bis zum Tod am Kreuz« (Phil 2,5-8).

Als Jesus seinen Dienst begann, entäußerte er sich und legte sein Ansehen ab. Wenn wir in den Dienst eintreten, um selbst erfüllt zu werden und uns Ansehen und Ehre zu verschaffen, sind wir ganz grundlegend von dem abgekommen, was ernstzunehmender Dienst bedeutet. Um eine höchst wichtige Ermahnung an uns alle zu wiederholen:

> »Wer im eigenen Namen spricht, sucht seine eigene Ehre; wer aber die Ehre dessen sucht, der ihn gesandt hat, der ist glaubwürdig, und in ihm ist keine Falschheit« (Joh 7,18).

Die jüngsten Offenbarungen und Erschütterungen in einigen der großen, im Rampenlicht der Öffentlichkeit stehenden Dienste sollen noch mehr bezwecken als nur, daß wir unsere Augen nicht mehr auf Menschen, sondern auf Gott richten – obschon das sehr wichtig ist. Wir haben ein falsches Evangelium gepredigt. Es ist völlig gleichgültig, wie tränenreich jemand über das Kreuz redet; wenn wir es nicht leben, ist es nicht unsere Botschaft. Die allererste Versuchung des Menschen war die, sich selbst großzumachen. Dies ist immer noch eines der erfolgreichsten Mittel, um der Kirche und ihrem Evangelium die Kraft zu rauben, glaubwürdige Bekehrungen und wirkliche »Wiedergeburten« zu bewirken. Das falsche Evangelium wird die Mitgliedslisten unserer Gemeinden immer länger werden lassen und unsere Spendengelder zunehmen lassen, doch Gott wird ausgestoßen sein. Er warnte uns: *»Ihr redet den Leuten ein, daß ihr gerecht seid; aber Gott kennt euer Herz. Denn was die Menschen für großartig halten, das ist in den Augen Gottes ein Greuel«* (Lk 16,15).

Daß die Welt die sichtbare Kirche in unseren Tagen verlacht und verspottet, ist einfach eine logische Konsequenz; wir müssen ernten, was wir gesät haben. Wir suchten nach der Anerkennung der Welt, und sie hat uns zu Recht gerichtet. Aber es gibt eine unsichtbare Kirche, die nicht die Anerkennung oder den Beifall der Welt sucht. Wie prophezeit wurde, hat Gott diese Kirche in der Verborgenheit der Wüste geschützt und genährt (vgl. Offb 12,1-6). Sie hat keinen Namen und keine irdische Organisation. Die meisten ihrer Mitglieder verstehen nicht einmal, was es damit auf sich hat; sie sind in geistlichen Höhlen und Erdlöchern umhergeirrt. Sie sind Wandernde, die nicht mit den Städten zufriedengestellt werden konnten, die von Menschen gebaut wurden. Sie hielten weiterhin Ausschau nach der Stadt, die Gott gebaut hat. Manche sind ursprünglich Hirten, manche wirkliche Sterndeuter (vgl. Mt 2; Lk 2,8-18), die durch Offenbarung zu den Ställen geführt werden, wo der eine wahre Herr wieder hervorgehen wird. Der Herr der Herrlichkeit hat einige der bescheidensten Werke und Dienste auserwählt, um aus ihnen mächtige Männer und Frauen des Glaubens hervorzubringen. Einigen der sanftmütigsten und demütigsten Diener hat er ein Schwert gegeben, das den vernichtenden Werken nicht gedemütigter und religiöser Schwindler bald ein Ende bereiten wird. Dann werden sie die ganze Welt mit dem wahren Evangelium des Reiches Gottes erschüttern. In Kürze wird die ganze Welt verstehen, daß Gott in der Tat den Stolzen widersteht, den Demütigen aber seine Gnade schenkt. Wenn wir diese Hoffnung teilen, brauchen wir nicht verzweifeln; unser Gott ist dabei, aufzustehen. Aber um ihn sehen zu können, müssen wir uns zu Plätzen aufmachen, an denen unser »Fleisch« getötet wird und manchmal auch unser Ansehen verlorengeht. Dafür benötigen wir das Herz von Simeon und Hanna, die in einem kleinen Säugling die Rettung der Welt erkennen konnten. Lassen Sie sich nicht entmutigen, wenn Sie die Frucht noch nicht sehen; schauen Sie nach dem Samen, der zur Frucht werden wird. Das heißt nicht, daß man Gott *nur* bei den Armen, Elenden und Verachteten findet, doch da findet man ihn für gewöhnlich.

> »Das Törichte in der Welt hat Gott erwählt, um die Weisen zuschanden zu machen, und das Schwache in der Welt hat Gott erwählt, um das Starke zuschanden zu machen« (1 Kor 1,27).

Wieder ist einer unter uns, den sehr wenige wirklich kennen. Er wächst in einzelnen Menschen und bestimmten Werken zum Leben heran, von denen wir ohne Offenbarung nie etwas erwarten würden. Diejenigen, die ihn finden, wird es nicht mehr kümmern, ob Menschen sie kennen und akzeptieren – sie werden nur wollen, daß er sie kennt. In ihm liegen alle Schätze der Weisheit und Erkenntnis. Ihn zu kennen, ist weit mehr wert als alle Reichtümer der Erde. Wenn wir ihn kennen, erscheint aller Reichtum und Prunk der Menschen erbärmlich. Wenn wir ihn erst einmal gesehen haben, beginnen wir zu verstehen, warum man im Himmel nicht predigt – sondern nur anbetet! Erst wenn wir von dieser Anbetung so ergriffen sind, daß wir in den himmlischen Gefilden wandeln, können wir auf der Erde das tatsächliche Evangelium predigen.

Das wahre Evangelium wird der sündigen Natur des Menschen nie gefallen: Es wird sich dieser weltlich gesinnten Natur entgegenstellen und die Axt an ihre Wurzel setzen. Wie Paulus erklärte: »*Wollte ich noch den Menschen gefallen, dann wäre ich kein Knecht Christi*« (Gal 1,10). Wir müssen uns entscheiden, wem wir dienen wollen, Christus oder dem Mammon. Beiden werden wir nie dienen können.

## An ihren Früchten werden wir sie erkennen

Jesus kam als einfacher Schreiner aus der unbedeutendsten Stadt des am meisten verachteten Landes der ganzen Erde. Fast alle diejenigen, die berufen waren, sein Evangelium zu predigen, waren »ungelehrte und einfache Leute« (Apg 4,13). Das hat sich nie geändert und wird sich auch bis zum Ende nicht ändern. Die Kirche neigt dazu, Menschen nicht nach ihrer »Frucht« zu beurteilen, sondern nach dem, was sie alles vorweisen können, wie beispielsweise, welches theologische Seminar oder welche Bibelschule sie besucht haben, oder gar, wer ihnen die Hände aufgelegt hat. Der Herr wird diese Haltung in Kürze richten. Diese Täuschung hat zu großem Irrtum und undurchdringlicher Finsternis geführt, von der die Kirche immer noch beherrscht wird. Der Herr hat uns vor solcher Torheit gewarnt, und an seinen Wegen konnte man von Anfang an ablesen, daß diese Haltung nicht die richtige ist.

Wer weiterhin in diesem falschen Denken verharrt, wird in die Irre geführt und selbst zum »Lehrer für Verfehlungen«. Wer hierfür keine Buße tut, wird die ablehnen, die der Herr gesandt hat, und die akzeptieren, die er nicht gesandt hat. Von jetzt an dürfen wir niemanden mehr mit weltlichen, also äußeren Maßstäben beurteilen, sondern nur dem Geiste nach. In den kommenden Tagen wird das einzige, woran wir die aufrichtigen Botschafter erkennen können, das sein, was in der Apostelgeschichte im vierten Kapitel, Vers dreizehn aufgezeigt wird:

»Als sie den Freimut des Petrus und des Johannes sahen und merkten, daß es ungelehrte und einfache Leute waren, wunderten sie sich. Sie erkannten sie als Jünger Jesu ...«

Nichts, was wir sonst vorweisen könnten, würde vom Herrn als Empfehlungsschreiben akzeptiert werden, und nichts sollten wir ebenfalls von anderen akzeptieren. Weder die Universitätsabschlüsse der Leute, noch die Schulen, die sie besucht haben, noch ihre Erfahrung, ja nicht einmal ihre Fähigkeit, die Schrift richtig und verständlich darzulegen sind eine Grundlage, auf der wir jemanden anerkennen oder gutheißen sollten. Worauf es ankommt, ist folgendes: Ist der Mensch mit Jesus verbunden? Geht es in seinem Dienst um Jesus oder um das, was vielleicht wahr, aber in Wirklichkeit eine Frucht des Baumes der Erkenntnis ist?

Der Herr ist entschlossen, die zu senden, die nach den Maßstäben der Welt indiskutabel sind. Dies ist ein Schiedsspruch gegen den Stolz und die Rebellion der Welt. Dies ist der gleiche Stolz und die Rebellion, wegen derer das Gericht über die ganze Erde kommen wird. Wenn wir diesbezüglich keine Buße tun, wird in diesem Punkt das Gericht über die Welt auch uns treffen. Sogar der große Apostel Paulus, der gelehrt und ausgebildet war, zeigte sich »in Schwäche und in Furcht, zitternd und bebend« (1 Kor 2,3). Auch an die Galater schrieb er, seine Schwachheit sei zwar eine Versuchung für sie gewesen, doch sie hätten ihn trotzdem wie einen Engel (Botschafter) Gottes aufgenommen (vgl. Gal 4,14). Wenn wir die Wahrheit und die, die Wahrheit in sich tragen, aufnehmen wollen, müssen wir unseren Horizont erweitern und über Äußerlichkeiten hinwegschauen. Es gilt, die Wahrheit mehr zu lieben als unseren Stolz, und die Demütigen zu lieben und ganz offen anzunehmen, denn »Gott tritt den Stolzen entgegen, den Demütigen aber schenkt er seine Gnade« (Jak 4,6).

»Das Törichte in der Welt hat Gott erwählt, um die Weisen zuschanden zu machen, und das Schwache in der Welt hat Gott erwählt, um das Starke zuschanden zu machen. Und das Niedrige in der Welt und das Verachtete hat Gott erwählt: das, was nichts ist, um das, was etwas ist, zu vernichten, damit kein Mensch sich rühmen kann vor Gott« (1 Kor 1,27-29).

Der Tag ist nun gekommen, da der der Herr über Stolz und menschliche Anmaßung nicht mehr gnädig hinwegsehen wird. Dieses Gericht wird, wie jedes Gericht, in seinem eigenen Haus beginnen. Ein zweites Mal weint er über sein Volk: »Jerusalem, Jerusalem, du tötest die Propheten und steinigst die Boten, die zu dir gesandt sind. Wie oft wollte ich deine Kinder um mich sammeln, so wie eine Henne ihre Küken unter ihre Flügel nimmt; aber ihr habt nicht gewollt. Darum wird euer Haus von Gott verlassen. Und ich sage euch: *Von jetzt an werdet ihr mich nicht mehr sehen, bis ihr ruft: Gesegnet sei der, der kommt im Namen des Herrn!«* (Mt 23,37-39).

Wir werden ihn nicht mehr sehen, bis wir ihn in denen erkennen, die er gesandt hat. Die Kirche ist heute genauso schuldig, wie Jerusalem es damals war. Immer wieder versuchte er, uns zu sammeln, und wir haben die gesteinigt, die er sandte, um uns zu helfen. Doch bald schon wird es ein Volk geben, das nicht danach urteilt, was die Augen sehen. Diese Menschen werden niemanden nach Äußerlichkeiten oder Lehrsätzen beurteilen, sondern dem Geiste nach. Sie werden den Herrn in jedem erkennen und aufnehmen, in dem er wohnt. Das Ergebnis davon wird sein, daß er sie unter seinen Flügeln sammelt und vor dem kommenden Ansturm schützt.

Der einzige biblische Schutz gegen irreführende Einflüsse besteht darin, die Wahrheit zu lieben. Nur wer seine erste Liebe aufrechterhalten kann, wird sich in diesen Zeiten vor Irreführung retten können. Wenn wir irgendwelche anderen Beweggründe haben, ihm nachzufolgen, befinden wir uns in Gefahr. Ehrgeiz, Angst vor der Hölle, das Bedürfnis, mit einer starken gesellschaftlichen Gruppe identifiziert zu werden, Idealismus, das Bedürfnis, anderen Freude zu bereiten, der Spaß an Spannung und Wundern, die Erwartung, von Gott versorgt zu werden – dies alles und auch alle anderen Beweggründe werden sich als unzulängliche Grundlage für unseren Glauben erweisen.

Fast jede Täuschung wurzelt in der ursprünglichen Lüge, mit der die Schlange Eva täuschte – es ist die Unwahrheit, die vorgibt, daß wir ohne Gott wie Gott werden könnten. Täuschungen werden unsere Aufmerksamkeit auf uns selbst lenken. Dies geschah auch damals, als unsere Ureltern von der tödlichen Frucht aßen und dann zum ersten Mal auf sich selber schauten. Diese Dinge haben sich seit dem Anfang nicht geändert.

Die meisten Verblendungen bauen auf einem Körnchen Wahrheit auf. Satan kommt immer noch als »Engel des Lichts« oder »Botschafter der Wahrheit«. Nur weil etwas wahr ist, heißt dies noch lange nicht, daß es auch Leben bedeutet. Die »gute« Seite des Baumes der Erkenntnis sieht gut aus, weil sie gut *ist*, aber menschliches Gutsein gründet in Selbstgerechtigkeit und Selbstsucht. Aus diesem Grund hat Paulus, ein »Hebräer von Hebräern«, der »untadelig« war »... in der Gerechtigkeit, wie sie das Gesetz vorschreibt ...« (Phil 3,5-6), den neuen »Weg bis auf den Tod verfolgt« (Apg 22,4). Die »Sünder« verfolgen die Kirche fast nie, und, wie der Herr selbst gesagt hat, Zöllner und Dirnen kommen eher ins Reich Gottes als die tüchtigen Bürger, die selbstgerecht sind.

Da Verblendungen auf Wahrheit gründen können, werden wir sie kaum allein dadurch entdecken, daß wir schauen, ob sie mit der Schrift vereinbar sind. Satan zitiert die Schrift, um zu täuschen, er hat es ja auch bei Jesus so gemacht. Wir können nur anhand der Früchte urteilen. Wohin lenkt eine Lehre unsere Aufmerksamkeit? Verherrlicht sie den Herrn oder Menschen? Einerlei, wie oft und wie gefühlvoll wir seinen Namen nennen, Ichbezogenheit bleibt Ichbezogenheit, und sie wird unwillkürlich zur Verblendung und Täuschung führen.

In den kommenden Tagen werden Menschen Wunder vollbringen und große Vollmacht demonstrieren, um von ihren eigenen Diensten Zeugnis abzulegen und zu beweisen, daß ihre Dienste in der Wahrheit geführt werden, so wie das auch schon viele Jahre zuvor gemacht wurde. Aber es wird auch eine andere Art von Mitarbeitern Gottes geben, die sogar noch größere Werke erringen werden, denen es aber völlig unwichtig sein wird, ob Leute wissen, wer sie sind. Für diese Mitarbeiter Gottes wird Bekanntheit eine Last bedeuten und kein Nervenkitzel. Sie wollen keine Aufmerksamkeit für sich oder ihre Dienste, sondern für den, der sie gesandt hat. Sie sind wahre Botschafter. Sie werden es nicht darauf absehen, große Organisationen, sondern großartige Leute aufzubauen, und das ist es, wonach sich das Herz Gottes von Anfang an gesehnt hat. Diejenigen, die wie Abraham die Stadt vor Augen haben, die Gott aus lebendigen Steinen baut, werden sich nicht von den Projekten ablenken lassen, die ehrgeizige Menschen ersonnen haben.

Wenn das Feuer der Drangsal kommt, werden wir weder aufgrund unserer Disziplin, noch unserer Unterwerfung oder gar unserer Erkenntnis der Wahrheit treu bleiben können. Das einzige, was uns dabeibleiben läßt, ist unsere Liebe zur Wahrheit, zu Jesus. Dies kann man nicht genug betonen. Am Ende werden alle aussteigen, nur die nicht, die lieben. Wenn unsere Liebe abkühlt, werden wir vom Weg abkommen. Wenn wir uns in diesen Tagen nach irgend etwas ausstrecken wollen, dann sollte es die Liebe sein, die der Vater für den Sohn und der Sohn für den Vater hat. Dies muß der ausschließliche Brennpunkt unserer Aufmerksamkeit sein. Wir müssen Gottes Hauptanliegen, nämlich alles *in* seinem Sohn zu vereinen (vgl. Eph 1,10), sehen und uns als Vision vor Augen halten. Wenn wir das nicht tun, stehen wir immer in der Gefahr, von den weniger wichtigen Absichten Gottes, oder schlimmer noch, von Ablenkungen eingenommen zu werden.

Der Apostel erklärte in einer der vielleicht großartigsten Zusammenfassung echter apostolischer Vision:

> »*Eines* aber tue ich: Ich vergesse, was hinter mir liegt, und strecke mich nach dem aus, was vor mir ist. Das Ziel vor Augen, jage ich nach dem Siegespreis: der himmlischen Berufung, die Gott uns in Christus Jesus schenkt« (Phil 3,13-14).

Jesus *ist* die himmlische Berufung, die Gott schenkt. In ihm gefunden zu werden, ist unser Ziel. Diese Aussage beinhaltet den grundlegendsten Kernpunkt, an dem sich der wahrhaftige Apostel von demjenigen unterscheidet, der nur vorgibt, einer zu sein. Ein tatsächlicher Apostel hält seinen Blick auf dieses *eine* gerichtet: auf die Liebe des Vaters für seinen Sohn, und alle Menschen in Jesus vollendet vereint zu sehen.

Wenn wir uns auf Gottes wesentliche Absicht konzentrieren, dann werden auch alle an zweiter Stelle stehenden Absichten Gottes dieser einen dienen. Wenn unser Auge unbewegt auf ihm ruht, wird der ganze Leib mit Licht erfüllt sein. Wenn unser Auge nicht unverwandt auf ihn, sondern auf die vielen beiläufigen Pläne Gottes blickt, wird es finster werden anstatt hell. Auch wenn es sich um Wahrheiten und Pläne Gottes handelt – sie werden verzerrt und extrem, wenn unser Augenmerk nicht auf den Herrn selbst gerichtet ist. Täuschung heißt nicht nur, die Wahrheit nicht richtig zu verstehen. Täuschung bedeutet, nicht in seinem Willen zu sein, nicht das zu tun, wozu er uns berufen hat. Nur wenn wir die Wahrheit, Jesus, lieben, glauben wir mit unserem Herzen und nicht nur mit unserem Verstand. Diejenigen, die mit ihrem Herzen glauben, werden gerettet werden.

Ein zukünftiger Schwerpunkt der Kirche wird Demut sein. Aber Demut, wie auch Unterordnung, ist nicht immer das, was es zu sein scheint. Saul hielt sich selbst für gering (vgl. 1 Sam 15,17). Aber ist ein Mensch wirklich demütig, wenn er in der Lage ist, eine Entscheidung zu treffen, die tausende Kinder des Herrn betrifft, und dabei den Herrn nicht einmal zu fragen? Was wie Demut aussah, war in Wirklichkeit Unsicherheit. Unsicherheit kann dann umgehend zu Anmaßung führen, was oft geschieht, wenn man sich aufgrund von Ängsten oder äußeren Umständen in eine Überreaktion hineinsteigert.

Unsicherheit kombiniert mit Autorität hat zu einigen der anmaßendsten Akte in der ganzen Geschichte geführt. Tyrannen haben aus einem pervertierten Selbsterhaltungstrieb Millionen von Menschen getötet. Aus Unsicherheit hat Saul die Priester des Herrn erschlagen und versucht, David zu töten. Tatsächliche Demut hat nichts mit Unsicherheit zu tun, Demut heißt einfach, zu verstehen, wer Gott ist. Unsicherheit bleibt weiterhin die Frucht des Baumes der Erkenntnis, denn unser Augenmerk ist dabei auf uns selbst gerichtet. Bei tiefer Demut ist das Augenmerk auf Gott gerichtet.

Stolz führt zum Fall, und der Herr widersteht den Stolzen. Doch wenn wir anfangen, mit Hilfe einer Doktrin zu beurteilen, wer stolz und wer demütig ist, werden wir mit höchster Wahrscheinlichkeit das richten, was der Herr erwählt hat, und das annehmen, was aus der Sünde geboren ist. Sogar der große Prophet Samuel hatte den Hang, diesem Irrtum zu verfallen. Man würde meinen, daß er nach dem Debakel mit Saul nicht wieder aufgrund von Äußerlichkeiten urteilen würde. Aber als er am Haus von Jesse angelangt war, um Gottes Erwählten zu salben, dachte er sofort, daß der Sohn mit dem eindrucksvollsten Äußeren der Gemeinte war. Er lag falsch, und auch wir liegen aufgrund derselben Neigung immer wieder falsch.

Lassen Sie sich von den gebildeten, klar verständlichen und dynamischen Moderatoren und Rednern, die große Menschenmengen anziehen, nicht begeistern und keine Ehrfurcht einflößen; beten Sie lieber für sie. Auch wenn wir Menschenmassen anziehen und großen Erfolg in unserem Dienst haben, da wir die Absichten Gottes erfüllen – jeder Mann Gottes ist dann am ehesten angreifbar, wenn er Erfolg und die Anerkennung der Menschen genießt. Dann braucht er unsere Gebete am dringendsten. »Wer also zu stehen meint, der gebe acht, daß er nicht fällt« (1 Kor 10,12).

Es ist einfacher, die Wahrheit von jemandem zu verlangen als das Leben. Es ist nicht schwer, alles über den Herrn zu wissen und ihn trotzdem nicht zu kennen. Es kann sein, daß wir alles über ihn wissen, aber immer noch einen »unbekannten Gott« anbeten (Apg 17,23). Unsere stimmigen Lehren werden uns nicht vor dem Feuer retten, das kommen wird, sondern wir müssen ihn als unser Leben kennen.

*Kapitel 5*

# Die Verfolgung

Vor dem Einholen der Ernte wird die Christenheit eine große Erniedrigung erleben. Die Taktik des Feindes besteht darin, die Kirche so tiefgreifend zu erniedrigen, daß sie sich in dem Moment zurückzuziehen beginnt, wo sie kurz davorsteht, in eine Zeit des größten geistlichen Vorankommens einzutreten. Der »Ankläger der Brüder« wird mit noch nie dagewesenem Zorn gegen den Leib Christi vorgehen. »Offenbarungen« über unsittliches und unmoralisches Verhalten von Hunderten von im Rampenlicht der Öffentlichkeit stehenden Diensten werden auf der ganzen Welt *für eine gewisse Zeit* Abscheu vor Christen hervorrufen. Diese »Offenbarungen« werden unter anderem sexuelle Vergehen an Kindern, Vergewaltigung und die scheußlichsten Arten von Perversion beinhalten. Einiges davon wird wahr sein, *das meiste aber wird nicht wahr sein.*

Noch nie zuvor ist es für die Kirche von entscheidenderer Bedeutung gewesen, die Gabe der Unterscheidung der Geister einzusetzen und auf sie zu vertrauen. In vielen Fällen, auch wenn alle Beweise unwiderlegbar erscheinen, wird es eine Falle sein, die gestellt wurde, und der Beschuldigte ist unschuldig. Einige, die als Vorkämpfer der Gerechtigkeit erscheinen, weil sie andere bloßstellen, um »den Tempel zu reinigen«, werden selbst Betrüger sein. Sie werden in Wirklichkeit mitgeholfen haben, die Fallen zu stellen oder Lügengeschichten über verantwortliche Christen zu verbreiten. Wir müssen uns gegenseitig im Geist erkennen, nicht aufgrund von Gerüchten und auch nicht aufgrund von Beweisen, die noch so hieb- und stichfest zu sein scheinen.

Auf Satans Abschußliste stehen unter anderem Hunderte von christlichen Leitern. Es wird bei denen beginnen, die unlängst Fehler gemacht haben, welche öffentlich aufgedeckt wurden. Doch die neuen Anschuldigungen über noch schlimmere Verfehlungen und Perversionen werden erdacht sein. Nachdem sich die allgemeine Stimmung langsam gegen die Christen gerichtet hat, wird der Feind sogar gegen die angesehensten Personen evangelikaler, pfingstlicher oder charismatischer Richtung angehen und sie der niedrigsten Formen der Perversion sowie moralischer Vergehen beschuldigen.

In Zusammenhang damit werden viele Mitglieder von Kultgemeinschaften und Satansanbetern anfangen, Versammlungen und Treffen anzugreifen. Sie werden in Scharen in Gottesdienste eindringen, die Leute bespucken, urinieren und unzüchtige Handlungen vollziehen, um die Kirche zu demütigen. Diese Praxis wird so lange öffentlich betrieben werden, bis sie zum Lieblingsspiel der Kultgemeinschaften geworden ist. Was mit wenigen, vereinzelt auftretenden Vorkommnissen beginnt, wird bald auf der ganzen Welt üblich sein. Noch einmal, die Taktik des Feindes besteht darin, die Kirche so sehr zu erniedrigen, daß sie sich zurückzieht und versteckt, damit er das kommende Wirken Gottes vereiteln kann.

Es ist eine uralte Taktik des Feindes, das, was Gott zur Welt bringt, zu verschlingen, solange es noch in den Kinderschuhen steckt. Dies wird auch im Buch der Offenbarung im zwölften Kapitel deutlich, wo der Drache darauf wartet, daß die Frau ihr Kind zur Welt bringt, damit er es verschlingen kann. Dieses Prinzip können wir auch bei der Geburt von Mose erkennen, als der Feind versucht, den Befreier zu vernichten, indem er alle kleinen Jungens in Israel tötet. Dies entsprach prophetisch dem Plan des Feindes, das Kleinkind Jesus auf die gleiche Weise in den Tod zu schicken. Diese Taktik können wir auch in dem Versuch des Feindes erkennen, diejenigen, die in der Endzeit mithelfen sollen, durch Abtreibung, Drogen, Pornographie oder ähnliches zu vernichten.

Der Herr läßt diesen Ansturm zu, da es seinen Absichten dienen wird. Er wird eine reine und heilige Kirche haben. Im ersten Jahrhundert war es sehr erstrebenswert, eine verantwortliche Position in der Gemeinde zu erlangen. Wer dies tat, gefährdete damit sein Leben und seine Familie. Das ist in vielen Teilen der Welt heute immer noch so. Aber im Westen gleicht ein Gemeindeleiter im Moment eher einem Verwaltungsbeamten als seinem biblischen

Vorbild. Anstatt die gleiche Gesinnung zu haben wie Jesus Christus, der »sich entäußerte« und »wie ein Sklave« wurde (Phil 2,7), dient die Leiterschaft in der Gemeinde oftmals dazu, sich in abscheulichster Art selbst in den Vordergrund zu drängen. Dieser Mißbrauch des Dienstes wird ein Ende haben.

Es gibt ernsthafte und hingegebene Männer Gottes in leitenden Stellungen, aber es gibt auch viele, die solche Positionen durch berechnende Manipulation und eigenes Vordrängeln erlangt haben. Für diese ist Gemeindeführung nichts weiter als ein Beruf, keine Berufung. Sie werden die Erniedrigung, die kommen wird, nicht ertragen können. Sie werden fliehen und damit zeigen, daß sie in der Tat »Mietlinge« waren, die nicht aus Hingabe an den Herrn gedient haben, sondern um ihrer eigenen persönlichen Interessen wegen.

Einige derer, die von Gott bestimmt und berufen waren, werden in Zeiten des Angriffs und Ansturms erniedrigt werden und ohne Vollmacht sein. Sie werden jedoch nicht fortlaufen. Ihr Versagen wird dazu führen, daß sie noch entschlossener sind, herauszufinden, was es mit der von Gott verliehenen Autorität über das Böse auf sich hat. Dadurch werden sie von Verblendungen befreit, die sie bisher behinderten, und werden beginnen, in noch nie zuvor erlebter Vollmacht und Autorität zu wirken. Die Taktik des Feindes, die Heiligen durch Demütigung zum Rückzug zu bewegen, wird letzten Endes dazu verhelfen, daß in den eigenen Reihen eine Säuberung stattfinden wird und den Treuen zu größerer Entschlossenheit verholfen wird.

Diese Erniedrigung wird die Kirche am Ende – um mit einem Bild zu sprechen – auf Gideons Dreihundert reduzieren. Wie Gideons kleine Schar, die nicht mehr ertragen konnte, in welcher Weise Israel von den Midianitern gedemütigt wurde, so werden auch diese bis an die Grenze dessen getrieben werden, was sie ertragen können. Dann werden sie ihre kleinen Lichter und ihre Trompeten (Botschaften) nehmen (vgl. Ri 7,16), das gesamte Lager des Feindes angreifen und ihn vertreiben. Danach werden viele von denen, die aus Angst und Verwirrung abgesprungen sind, zurückkommen. Sie werden mithelfen, den Sieg zu vollenden und eine große Ernte einzuholen. Sämtliches Gebiet, das während dieses Angriffes verlorenging, wird zurückerobert werden, und noch vieles mehr.

Angesichts dieser kommenden Verleumdung muß die Kirche entschlossen sein, sich wirklich unter die mächtige Hand Gottes zu beugen und nicht unter die der Menschen oder die Satans. Der Herr widersteht den Stolzen, den Demütigen aber schenkt er seine Gnade (vgl. Jak 4,6). Die Offenbarungen von Sünde dürfen uns nicht dazu veranlassen, daß wir uns verstecken; sie sollen uns energisch zum Thron der Gnade führen. Wirkliches Versagen brauchen wir nicht zu verstecken oder zu verleugnen, sondern wir müssen es bekennen und von unseren bösen Wegen umkehren. Der letztliche Sieg des Herrn über den Ankläger wird so groß sein, daß die Kirche kurz nach dem Höhepunkt ihrer Demütigung von der ganzen Welt geachtet und bestaunt werden wird. Aber diese Erhöhung der Kirche wird nicht kommen, weil wir vor den Menschen plötzlich besser dastehen, sondern weil wir das Kreuz umarmt und uns durch die Demütigung zum Thron der Gnade haben führen lassen. Daraufhin wird Gott uns erheben. Was die Welt über die Kirche denkt, wird keinerlei Einfluß auf ihre Erhöhung oder Erniedrigung haben; der Herr allein wird ihr Schicksal bestimmen. Der Herr läßt diesen Angriff zu, um sein Volk von der Furcht vor Menschen zu befreien.

Wenn die Kirche diese Zeit überstanden hat, wird sie sowohl über Demut als auch Erhöhung anders denken als zuvor. Wir werden nie wieder die Meinung der Welt als Barometer für unseren Zustand benutzen. Die Erhöhung der Kirche wird nicht durch die öffentliche Meinung bewirkt, sondern von oben: das neue Jerusalem kommt vom Himmel; es wird nicht von unten hinaufgehoben. Wenn wir aufhören, uns darum zu kümmern, was die Welt von uns denkt und uns nur noch damit beschäftigen, was Gott von uns denkt, wird er eine Gnade über uns ausschütten, gegen die nicht einmal unsere schlimmsten Feinde ankommen und die keine Macht der Finsternis überwältigen kann.

Es ist wichtig, daß wir diese Gelegenheit der Korrektur und Berichtigung durch den Herrn annehmen und nicht auslassen. Ungeachet dessen hat er uns diese Offenbarung gegeben, »... damit wir nicht vom Satan überlistet werden; *wir kennen seine Absichten nur zu gut*« (2 Kor 2,11). So sensationell sich das im Moment anhören mag – der Herr hat eine unheilige Allianz offenbart und enthüllt, in welcher große Denominationen, kriminelle Splittergruppen und sogar einige staatliche Behörden und Offizielle involviert sind. Im folgenden ist das Szenarium beschrieben, das sich abspielen wird.

Hunderte von Dollars werden aus verleumderischen Artikeln und dem Transfer von Vermögen – was aus dem Zusammenbrechen großer Dienste übrig bleibt – fließen. Wenn es um derart viel Geld geht, werden böse Menschen mit einbezogen. Bekannte Verleger aus der Pornographiebranche werden sich an bestimmten klerikalen Verantwortlichen und an Christen allgemein rächen wollen, da sie Geld verloren haben, weil ihre Produkte von einigen ihrer besten Verkaufsstellen entfernt worden sind. Sie haben zutreffende Informationen über einige Dienste gesammelt und sich falsche Aussagen mit Hilfe von bestochenen Zeugen verschafft. Der Plan, wie sie diese Geschichten an die Öffentlichkeit bringen, ist strategisch und systematisch so aufgebaut, daß sie den größtmöglichen Gewinn aus dem Öffentlichkeitsinteresse und den Bewegungen von Vermögen ziehen können.

Einige Denominationen werden mit einsteigen, da sie es als Chance ansehen, das auszuschalten, was sie für das »Randelement« des Christentums halten. Sie glauben, daß die bekannten evangelikalen und charismatischen Persönlichkeiten und die Fernsehevangelisten sie um ihre Mittel und ihre Spendengelder gebracht haben. Einige dieser offiziellen Verantwortlichen der Denominationen haben keine Furcht vor Gott und wissen ganz genau, was sie tun. Andere glauben ganz ehrlich, daß sie Gott damit einen Gefallen tun.

Einige staatliche Behörden und offizielle Stellen werden diese Erniedrigung der Kirche als Möglichkeit ansehen, mit öffentlicher Zustimmung Verbänden, die im Dienst des Herrn stehen und vielleicht sogar der ganzen Kirche, den Status der Steuerfreiheit zu nehmen. Dies allein könnte das Defizit ohne Steuererhöhungen decken. Gegen große Gemeinden und Dienste wird ermittelt werden, und man wird ihre Geschäftsbücher prüfen. Viele dieser Beamten verfolgen die ernstgemeinte Absicht, Betrüger auszurotten, die die Öffentlichkeit und den Staat um nahmhafte Summen prellen. Andere, von denen einige eine zunehmend fromme Fassade zeigen, wollen die konservativ christliche Politik zugrunde richten. Wieder andere gehören ganz offen dem Antichristen an.

Mehreren prophetisch begabten Menschen und Leitern, denen der Herr diese Information offenbart hat und die treu begonnen haben, die Kirche zu warnen, wurde schon mit dem Tod oder dem

Zugrunderichten ihres Dienstes gedroht, oder mit beidem. Wir brauchen uns von solchen Dingen aber nicht beunruhigen zu lassen. Wir treten nun in eine der ernsthaftesten und schwierigsten Zeiten in der Geschichte der Menschheit ein. Der Prophet Daniel sagte voraus:

> »Er stellt Streitkräfte auf, die das Heiligtum auf der Burg entweihen, das tägliche Opfer abschaffen und den unheilvollen Greuel aufstellen. Er verführt mit seinen glatten Worten die Menschen dazu, vom Bund abzufallen; doch die Schar derer, die ihrem Gott treu sind, bleibt fest und handelt entsprechend. Die Verständigen im Volk bringen viele zur Einsicht; aber eine Zeitlang zwingt man sie nieder mit Feuer und Schwert, mit Haft und Plünderung« (Dan 11,31-33).

Wir befinden uns auf feindlichem Boden, denn »... die ganze Welt steht unter der Macht des Bösen« (1 Joh 5,19). Wir müssen aufhören, einander nach Informationen zu beurteilen, die aus den Medien des Feindes stammen. Bei vielen wird die Liebe erkalten. Es ist Zeit, daß die Treuen anfangen, im Geist zu leben und einander nur dem Geist nach beurteilen. Wir dürfen uns nicht mehr von der aufrichtigen Hingabe an Christus abbringen lassen. Wir müssen erst sein Reich und seine Absichten suchen. Diejenigen, die dem Herrn aus selbstsüchtigen Motiven nachfolgen, die Entscheidungen für den Herrn aus persönlichen oder berechnenden Überlegungen heraus treffen, werden letzten Endes den Glauben und die Gläubigen verraten.

Denjenigen, die Einsicht über die dunklen Pläne des Feindes erhalten, werden die meisten Fallen gestellt werden, um zu vermeiden, daß ihren Warnungen Glauben geschenkt wird. Einige »... zwingt man nieder mit dem Schwert (Mord) und durch Haft (Gefangenschaft) ...«. Aber die Schar derer, die ihrem Gott treu sind, wird sich nicht zurückziehen, sie »... bleibt fest und handelt entsprechend ...«, ohne nachzudenken, welche Konsequenzen es hat. Dies ist ein Krieg, und es wird Verluste geben. Diejenigen, die durch das Schwert und durch Intriganten niedergezwungen worden sind, sind Märtyrer für den Herrn, und er wird das, was sie ihm anvertraut haben, bewahren. Es braucht uns nicht zu kümmern, was Menschen oder auch die Vertreter der Kirche von uns denken mögen. »Der Herr kennt die Seinen.« Diejenigen, die dem Herrn in seinem Tod gleich werden, als er allein und sogar von seinen Jüngern verlassen war, werden bald in der Kraft seiner Auferstehung wiederkommen. Die, die ihr Leben geben, werden die Saat sein, die den größten Sieg über das Böse und die größte Ernte von Menschen für Christus erwirken werden, die es je in der Kirche gab.

Dies wird eine Zeit der finstersten und verwirrendsten Tage für die Treuen sein. Einige, die zu den Stärksten und Treuesten zu gehören schienen, werden fallen. Einige von ihnen werden eine große Anzahl von Heiligen an die Behörden verraten und gleichzeitig versuchen, ihr eigenes Leben und ihren Ruf zu retten. Solche Vorkommnisse sind in großen Teilen der Erde schon von Anfang an üblich gewesen, doch für Gläubige, die an religiöse Freiheit gewohnt sind, wird es einen großen Schock bedeuten.

Während dieser Zeit würde der Wahnsinn in der Kirche Einzug halten, wenn es nicht einzelne mutige und beherzte Menschen gäbe, die sich weigerten, angesichts dieses Angriffs zurückzuweichen. Einige, die man im Augenblick nur für »einfache Fußsoldaten in Gottes Armee« hält, werden einige der außergewöhnlichsten Glaubenshelden der Endzeitkirche. Sie werden Stellung beziehen, während andere zurückweichen, und sie werden nicht zulassen, vom Angriff des Feindes ins Wanken gebracht zu werden. Ihr Mut wird sich auf andere übertragen, die dann wiederum noch einigen mehr Zuversicht schenken, bis die Fronttruppe wieder steht und dem tobenden Feind Einhalt geboten ist. Dann wird der ganze Leib Christi zum Angriff übergehen und seine Feinde vernichtend schlagen. Anschließend wird sich die Angst und Paranoia, die die Feinde des Herrn gegen seine Kirche eingesetzt haben, über ihre eigenen Seelen ergießen.

## Die Wahrheit ist stärker als die Lüge

Genau dann, wenn es so aussieht, als ob die Ernte vorbei sei und der Antichrist die Oberhand gewonnen hätte, wird sich die Kirche zu ihrem größten Sieg erheben. Was von früheren Erweckungen übriggeblieben ist, wird bis auf einen Stumpf weggeschnitten werden. Doch dieser kleine Stumpf wird Keimlinge voller Leben hervorbringen, die dann die ganze Erde erfüllen werden. Die Wahrheit wird wieder beginnen zu brennen. Wie ein Funke, im trockenen Gehölz gezündet, wird sie brennen und brennen, bis alles Holz, Stroh und alle Stoppeln der ganzen Welt in Flammen stehen. Der kleine Stein (aus Daniels Prophetie, vgl. Dan 2,34) wird »gegen die eisernen und tönernen Füße« schlagen, die die Verbindung von Kirche und Staat versinnbildlichen. Die kläglichen Überbleibsel all der Reiche und all der humanistischen Philosophien der Welt werden zu zerbröckeln beginnen, während der kleine Stein beginnt, in jeder Nation der Erde die Oberhand zu gewinnen. Wenn Menschen, die Christus treu geblieben sind, die Wahrheit aussprechen, wird die Welt erschüttert. Sie wird die Berge (Regierungen) und die Hügel (Kultgemeinschaften und Gesellschaften) niederstürzen und die Unterdrückten aufrichten und bevollmächtigen.

Der Herr wird die Verfolgung nutzen, um die am Boden liegende Kirche aufzurütteln und sie auf das Werk vorzubereiten, das vor ihr liegt. Die Verfolgung wird die Treuen von den Unredlichen trennen. Sie wird uns helfen, unsere Theorien und Prinzipien in die Realität geistlichen Lebens umzuwandeln. Sie wird einige der äußerst dünkelhaften und gelehrten Exegeten und Theoretiker in geistliche Bettler verwandeln. Einige der demütigsten und unwissendsten Gläubigen verwandeln sich zu Glaubensriesen, deren Standhaftigkeit große Scharen von Menschen ins Reich Gottes geleiten wird.

Einige der Eigenschaften, die Menschen während der friedlichen, wohlhabenden und nicht verfolgten Zeit in das Rampenlicht unserer Kirche brachten, werden sie disqualifizieren, wenn das Feuer fällt. Wenn das Feuer der Trübsal herabstürzt, werden wir sehen, wie viele unserer gegenwärtigen Leiter abtreten und eine andere Art von Gläubigen ihren Platz einnehmen wird. In dieser Zeit wird die Leiterschaft Opfer fordern, und nur wirkliche Diener werden ihr Leben niederlegen, um dieses Opfer darzubringen.

Das soll nicht heißen, daß sich alle, die heute eine Verantwortung tragen, ihre Anstellung selber verschafft haben. Einige sind glaubhafte Diener, die sowohl berufen als auch vom Herrn an ihren Platz gestellt worden sind. Sie haben sich ihre Position nicht durch Manipulation und Berechnung ergattert, sondern treu darauf gewartet, daß Gott jede Tür aufmacht. Durch diese Türen sind sie dann jeweils mit Furcht und Zittern vor dem Herrn eingetreten. Diejenigen, die in Zeiten des Kompromisses und der Selbstsucht in aufrichtiger Weise gelebt haben, werden sich als einige der stärksten Leiter erweisen, wenn das Feuer der Verfolgung fällt. Doch selbst einige von denen, die außerordentlich aufrichtig und integer ihren Dienst erfüllen, werden moralischem und sittlichem Versagen anheimfallen. Viele von ihnen werden von ihren Sünden zugrunde gerichtet. Einige werden wiederhergestellt, um dann sogar noch größere geistliche Autorität zu erlangen, wie es auch bei David der Fall war, der eines der schmerzlichsten Vergehen begangen hat, die überliefert sind.

Es gibt ein einfaches geistliches Prinzip, das uns helfen wird, in diesen schwierigen Zeiten verschont zu bleiben: *Wir alle werden ernten, was wir gesät haben. Da wir alle Gnade nötig haben, um diese Zeiten durchzustehen, sollten wir jetzt beginnen, Gnade zu säen, indem wir anderen soviel Gnade wie irgend möglich erweisen. Wir alle werden das Erbarmen des Herrn benötigen, deshalb sollten wir jetzt anfangen, Erbarmen zu säen.*

Es ist wichtig, daß wir die biblischen Maßstäbe für den richtigen und disziplinierten Umgang mit Sünde in der Gemeinde nicht verwischen und die Anforderungen an die, die wir als Leiter akzeptieren sollen, nicht herunterspielen. Aber es ist genauso wesentlich, daß wir einander dem Geiste nach erkennen und nicht durch die Sünde; daß wir uns im Herzen begegnen und uns nicht in Äußerlichkeiten verlieren. Als der Herr David berief, wußte er, daß Sünde in seinem Herzen war und daß er unter bestimmten Umständen fallen würde. Er liebte und gebrauchte David vor seinem Fall und ebenfalls danach. David beging nicht nur Ehebruch, sondern tötete zudem einen seiner treuesten und loyalsten Männer, um es zu vertuschen. Doch nicht einmal dies war so schlimm, als daß es für die Gnade Gottes zuviel geworden wäre. Und als alles vorüber war, erfuhr David die Gnade Gottes in solch einer Tiefe, wie es vielleicht nicht einmal die Propheten des Alten Bundes erlebt hatten. In den kommenden Tagen müssen wir alle zu Gefäßen der Gnade und Wiederherstellung werden, da wir alle es brauchen werden.

Zusammen mit einem Bruder nahm ich an einer Konferenz teil. Von ihm wußte ich schon seit Jahren, daß er ein bedeutender Prophet in der Endzeitkirche sein wird. Dieser Mann wurde von vielen in der Kirche abgelehnt, da er in seiner Ehe große Schwierigkeiten hatte und zum damaligen Zeitpunkt gerade von seiner Frau getrennt lebte. Eines Nachts sprach der Herr zu mir über meine eigene Ehe, die nach meinem Dafürhalten den biblischen Maßstäben entsprach. Er sagte, daß dieser andere Mann das, was er als Maßstab für eine Ehe ansetzt, besser erfüllen würde als ich. Er fuhr fort und zeigte mir, daß ich eine gottesfürchtige Frau hatte, die Gott liebte und suchte, und daß der Zustand meiner Ehe schlicht und ergreifend das Ergebnis von Gnade war. Ich hatte mich nämlich selber kaum darum bemüht, seinen Anweisungen in diesem Bereich nachzukommen und hatte hart, starrsinnig und widerwillig auf Dinge reagiert, die Gott mich tun ließ, um meine Ehe zu verbessern. Trotz der äußerst erniedrigenden Umstände und trotz Widerstandes hatte sich jedoch dieser Mann jahrelang voller Hingabe bemüht, dem Maßstab der Bibel gerecht zu werden und seine Ehe wieder in Ordnung zu bringen, obwohl er biblisch wie moralisch jedes Recht gehabt hätte, einfach zu gehen. Dennoch hatte die Kirche ihn in diesem Bereich seines Lebens als Versager eingestuft, und ich war in ihren Augen in Ordnung. Gott war da ganz anderer Meinung.

Wie schon gesagt, dies soll nicht die biblischen Maßstäbe herabsetzen, die aus gutem Grund gegeben wurden. Aber der Buchstabe tötet, wenn er nicht durch den Geist lebendig wird. Wie viele von uns hätten denn nach dem Vorfall mit Batseba nicht den Kontakt zu David abgebrochen, um dann später Absalom nachzufolgen und mitsamt dem Rest von Israel in Verblendung und Niederlage geführt zu werden! Die Israeliten wurden von Absalom in die Irre geführt, da sie in ihrer sündigen Natur wandelten und nach Äußerlichkeiten urteilten und nicht dem Geist nach. Wir müssen uns nach einem Herz ausstrecken, wie der Priester Zadok eines hatte, der David nicht aufgrund seiner Erfolge oder Fehler achtete, sondern weil er von Gott gesalbt und bevollmächtigt war. Er blieb auch dann treu, als ganz Israel vom Weg abwich.

Gottes Gnade ist gewöhnlich viel größer als alles, was Menschen begreifen oder sich vorstellen können. Aber wir müssen uns dennoch im klaren darüber sein, daß David ernten mußte, was er gesät hatte, obwohl ihm Vergebung und Wiederherstellung zuteil geworden war. Er und seine Familie zahlten einen schrecklichen Preis für die wenigen Momente flüchtigen Vergnügens, und so wird es auch uns ergehen. Wir können wiederhergestellt werden, wenn wir fallen. Aber es wird viel einfacher für uns, unsere Familien und Gemeinden sein, wenn wir widerstehen und standhaft bleiben.

Sogar manche, die ihre Brüder verleugnet und verraten haben, werden Buße tun und wiederhergestellt werden. Manche, die die schlimmsten Fehler gemacht haben, werden den Herrn mehr lieben, da er ihnen mehr vergeben hat. Sie werden aufstehen und ihr Leben für einige der größten Siege des Glaubens hingeben. Verfolgung wird angeblich Gläubige in Angst und Schrecken versetzen, wahrhaft Gläubige dagegen werden an Stärke und Vertrauen wachsen. Die Verfolgung wird sie anderen Menschen gegenüber nicht verschlossen machen, sondern sie werden noch offener werden und ihr Leben mehr und mehr aufs Spiel setzen, um andere zum Herrn zu führen und die Gefallenen wieder aufzurichten. Gold wird im Feuer geläutert; Heu, Stroh und Stoppeln hingegen werden verbrennen. In Zeiten größten Hasses werden wir Erweise größter Liebe sehen; in Zeiten größter Angst werden wird sehen, wie die größten Helden des Glaubens fest stehen.

Da viele während dieser belastenden Tage aufgrund des unglaublichen Druckes straucheln werden, müssen wir zwischen Reue und Buße unterscheiden. Die Verwirrung, die hierüber herrscht, hat die Kirche in Gebundenheit und Schwäche gehalten. Judas hatte Gefühle der Reue; Petrus tat Buße. Es handelt sich nicht um Buße, wenn wir uns schlecht fühlen, nur weil wir ertappt worden sind, ja, nicht einmal dann, wenn wir uns schlecht fühlen wegen der Sünde, die wir begangen haben. Buße heißt, sich von der Sünde abzukehren und das Sühneopfer des Kreuzes dafür in Anspruch zu nehmen. Der Herr hätte Judas den Verrat vergeben können; das war keine unverzeihbare Sünde. Wir sind wahrscheinlich alle dessen schuldig, ihn verraten zu haben. Denn was wir dem Geringsten seiner Brüder angetan haben, das haben wir ihm angetan. Der Grund, warum Judas nicht geholfen werden konnte, bestand darin, daß er sich erhängte. Er versuchte, den Preis für seine Sünde selbst zu bezahlen. Jedesmal, wenn wir »uns selbst erhängen« im Versuch, unsere eigene Schuld selbst zu tragen, machen wir im wesentlichen die Aussage, daß das Kreuz nicht genügt, um für unsere Sünde zu zahlen, und wir selbst dafür bezahlen müssen. Dies macht uns der Sünde gegenüber nicht widerstandsfähiger, sondern schwächer. Die Botschaften über Buße und Wiederherstellung für die Kirche sind dazu da, uns auf die vor uns liegenden finsteren Zeiten vorzubereiten. Wir dürfen also nicht damit fortfahren, uns oder andere zu »erhängen«.

Auch die größten geistlichen Leiter sind nur Menschen. Petrus eröffnete das Zeitalter der Kirche mit einer der machtvollsten Predigten überhaupt; er machte den Heiden den Weg zum Glauben frei, und er war einer der vertrautesten Jünger des Herrn. Dennoch mußte er von Paulus zurechtgewiesen werden, da »er sich ins Unrecht gesetzt hatte« (Gal 2,11). Er hatte sich bei demselben Evangelium, das er zuvor kraftvoll verkündigt hatte, als unaufrichtig erwiesen. Menschen stehen gerade dann in größter Gefahr zu fallen, wenn sie einen großen geistlichen Sieg errungen haben. Gleich nachdem Petrus seine große Offenbarung darüber erhalten hatte, daß Jesus der Messias war, nannte Jesus ihn »Satan«, da er das im Sinn hatte, was Menschen wollten (Mt 16,13-23).Verantwortliche straucheln in vielen Dingen genauso wie jeder andere. Unser Glaube darf nicht auf einem Menschen, einer Doktrin oder Gemeinde aufbauen, sondern nur auf dem Herrn. Nur er wird uns nie enttäuschen. Diejenigen, die in den kommenden Zeiten zu den führenden Köpfen zählen, werden sich in allergrößter Anspannung befinden und sehr, sehr viel Gnade, Erbarmen und Unterstützung von denen nötig haben, denen sie dienen.

In einigen der heutzutage freiesten Ländern wird die Zeit kommen, in der auf den Besitz einer Bibel oder eines religiösen Buches Gefängnis oder Tod stehen wird. Dies mag zwar wie ein vernichtender Schlag gegen das Evangelium aussehen, doch es wird in keiner Weise die Verbreitung des Evangeliums vereiteln noch bremsen. Alles führt zum Guten bei denen, die den Herrn lieben – sogar dies.

Die Bibel ist eine unermeßlich wundervolle und kostbare Gabe. Sie ist Gottes persönlicher Brief an uns, und sie ist mit dem Blut und den Tränen der herausragendsten Männer geschrieben worden, die die Erde je gesehen hat. Dennoch wollte der Herr niemals, daß sie seinen Platz in unserem Leben einnimmt. Die Urkirche hatte keine Bibel. Wenn eine Gemeinde auch nur eine Schriftrolle des Alten Testamentes besaß, konnte sie sich glücklich schätzen. Und trotzdem haben wir uns dem Maß ihrer Glaubenskraft noch nicht einmal angenähert. Für Orientierung waren sie auf eine lebendige Beziehung mit dem Herrn angewiesen, und so ist es auch gedacht. Er sagte nicht, daß er uns nach seinem Weggang ein Buch dalassen würde, das uns in alle Wahrheit führt. Er sagte, er würde den Heiligen Geist senden, und der Heilige Geist kann niemals wieder von uns genommen werden. Unser Ziel sollte nicht nur sein, das Buch des Herrn zu kennen, sondern den Herrn des Buches. Wenn wir ihn kennen, wird der Verlust unserer Bibeln unseren Glauben nicht beeinträchtigen, da der Verfasser der Bibel in uns wohnt.

Heutzutage haben wir Bibeln, Bücher, Kassetten und eine Unmenge anderer Hilfsmittel, aus denen wir den größten Nutzen ziehen sollten, solange wir sie haben. Bald werden wir uns wegen all der Zeit grämen, die wir mit sinnlosen Fernsehsendungen, schlechten Zeitschriften und anderen Zerstreuungen verschwendet haben, anstatt uns der Bibel zu widmen. Aber wir müssen aufpassen, daß unser Glaube sich nicht am Buchstaben festmacht, sondern am Geist. Der Geist ist uns gegeben worden, um uns zu leiten, zu trösten und zu lehren. Er wird dies weiterhin tun, ungeachtet dessen, welche Hilfsmittel wir zur Verfügung haben oder auch nicht.

## Das Voranschreiten des Kommunismus

Im Kommunismus wird sich vieles ändern, und die Welt wird eine kurze Zeit von seinem unerbittlichen Ansturm verschont bleiben. Doch dann wird er wieder in signifikanter Weise voranschreiten. Südkorea, die Philippinen, Süd- und Mittelamerika, einschließlich Mexiko, und fast ganz Afrika werden schließlich vom Kommunismus erfaßt werden. Die Vereinigten Staaten werden eine »heiße« Grenze nach Süden hin haben, an der es fast täglich zu Zusammenstößen und Verlusten kommen wird. Schwierigkeiten durch die inneren Spannungen des Landes werden einen solchen Mangel an Entschlossenheit auslösen, daß die Vereinigten Staaten sogar große Teile ihres Territoriums an die Angreifer abgeben müssen, da sie es nicht schaffen, den militärischen Druck auszuüben, der notwendig wäre, um diese Angreifer abzuwehren. Zu diesem Zeitpunkt werden die Feinde im Inneren größer sein als die von außen.

In einigen Ländern, die von den Kommunisten erobert werden, wird man versuchen, das Christentum und auch andere Religionen völlig auszulöschen. Gleichzeitig wird in einigen kommunistischen Ländern die religiöse Toleranz zunehmen, aber meist nicht so viel, daß man von echter Religionsfreiheit sprechen könnte. In den Ländern, die »frei« oder demokratisch bleiben, wird die religiöse Intoleranz so lange zunehmen, bis die Gläubigen in jeder Nation der Welt zu einem gewissen Grad gefährdet sind.

*Die schlimmste Verfolgung von Christen wird in den Ländern stattfinden, die im Moment religiöse Freiheit genießen.* Einige Regierungen dieser Länder werden sich mit der falschen Kirche zusammentun. Diese unaufrichtige Kirche wird Autorität über fast alle Völkerschaften gewinnen, die von der »freien Welt« noch übrig sind, und diese werden ihr ergeben sein. Diese Kirche wird Regierungen und Bevölkerungen gegen alle Christen aufhetzen, die sich ihrer Autorität nicht beugen.

Die Entwicklung in einigen kommunistischen Ländern wird ganz anders sein. Die unredliche Kirche wird in den meisten dieser Länder keine politische Macht erlangen. Die Regierungen dieser Länder werden – oft aus Reaktion auf die verkehrte Kirche – den wahren Gläubigen große Freiheit gewähren, die dann in verhältnismäßigem Frieden an der Ernte arbeiten. Ihre finstere Nacht ist dann schon zum Tag geworden. Aus Rußland und China werden vollmächtige apostolische Gruppen kommen, die die verfolgte Kirche auf der ganzen Welt stärken werden.

Die tiefgreifenden Veränderungen, von denen die ganze Erde erfaßt werden wird, werden viele Veränderungen in der Theorie und Praxis des Kommunismus mit sich bringen. Der Kapitalismus, die freie Wirtschaft und die Demokratie werden einem Wandel unterworfen. Wir dürfen uns von diesen Veränderungen weder übermäßig ermutigen noch entmutigen lassen. »Die ganze Welt steht unter der Macht des Bösen« (1 Joh 5,19). Nicht der Kommunismus ist der Feind, auch nicht der Kapitalismus, sondern der Humanismus. Der Humanismus schließt jeden anderen »-ismus« ein, da sie alle im Baum der Erkenntnis von Gut und Böse verwurzelt sind. Große Veränderungen und Zusammenstöße, die aus menschlichen Weltanschauungen hervorkommen, werden dazu verhelfen, daß zwischen Licht und Finsternis klarer unterschieden werden kann. In der Verwirrung jener Tage wird die Kirche weit vorankommen und mehr denn je das Leben und die Vollmacht erlangen, zu der sie berufen ist. Die Kirche wird in diesen Zeiten so nahe bei ihrem Herrn bleiben, daß sie dem, was in der Welt passiert, kaum Beachtung schenkt, außer es besteht die Möglichkeit, mit Hilfe weltlicher Ereignisse das Evangelium weiter zu verbreiten.

## Die Vorbereitung auf die Verfolgung

Es wird weltweite Bewegungen unter dem Stichwort »Hauskirche« und »christliche Gemeinschaft« geben, die helfen werden, die Heiligen sowohl auf die Verfolgung als auch auf die Ernte vorzubereiten. Diese Aufbrüche begannen eigentlich schon in den sechziger Jahren, doch die meisten dieser Bewegungen kamen ins Straucheln und scheiterten. Der Grund hierfür ist, daß das Fundament in einer Doktrin und nicht im Auftrag Gottes verankert war. Wie bei der Krönung von Israels erstem König begannen prophetische Männer die Not zu erkennen, aber sie waren oft zu schnell und warteten nicht auf den Zeitpunkt, den Gott für die Ausführung festgesetzt hatte.

Wenige Christen können die Apostelgeschichte lesen, ohne sich nach dieser Art von Gemeindeleben zu sehnen. Manche jedoch lassen sich von ihrem Idealismus dazu bewegen, unverzüglich damit zu beginnen, es nachzuahmen. Aber diese Art von Gemeindeleben läßt sich nur nachahmen, wenn es auf die gleiche Weise ins Leben gerufen wird wie damals in Jerusalem. Die Jerusalemer Gemeinde lebte in einer wunderbaren Gemeinschaft, da die Gemeinschaft *nicht* ihren Schwerpunkt ausmachte. Ihre Aufmerksamkeit war auf den Herrn gerichtet, der so machtvoll unter ihnen wirkte. Wenn der Herr beginnt, genauso dynamisch in unserer Mitte zu wirken, werden auch wir zu einer echten Gemeinschaft des Geistes vereint werden, es vielleicht aber gar nicht realisieren. Die Gemeinde von Jerusalem traf sich jeweils in einem Haus, denn wenn der Herr wirkt, will sein Volk nichts anderes als ihn gemeinsam anzubeten. Diese Dinge geschahen spontan. Es ist ein Unterschied, ob man Dinge tut, weil eine Lehrmeinung es so vorschreibt, oder ob man sie tut, weil der Herr so mächtig wirkt, daß man davon mitgerissen wird. Wenn der Herr in seinem Tempel ist, dann wird nicht der Tempel unsere Aufmerksamkeit auf sich ziehen! Es wird uns ziemlich unwichtig sein, was *wir* machen; all unsere Aufmerksamkeit wird auf die wunderbaren Dinge gerichtet sein, die *er* vollbringt, und wir werden einfach mit der Feuersäule mitgehen.

Fast alle Gemeinschaften und Hauskirchen, die aufgrund von Idealismus oder Doktrinen gegründet wurden, sind gescheitert. Viele – nicht alle – von denen, die es noch gibt, sind tot. Sie existieren zwar weiterhin, da sie künstlich am Leben erhalten werden, aber sie verfügen über kein geistliches Leben mehr. Obwohl sie jetzt und auch in Zukunft noch einige Lebenszeichen zeigen, werden sie zugrundegehen, sobald der Stecker gezogen wird. Viele, die von diesen Zusammenbrüchen verletzt wurden, werden nicht einmal die Worte »christliche Gemeinschaft« oder »Hauskirche« jemals wieder hören wollen. Doch der Herr hat sie diese Erfahrungen machen lassen, damit er sie einsetzen kann für das, was noch bevorsteht. Ein Großteil dessen, was sie gelernt und verstanden haben, wird sich darauf beziehen, wie man es nicht tun soll; ihre Erfahrung wird anderen jedoch Jahre ersparen, in denen sie sonst die gleichen Lektionen hätten lernen müssen. Jeder, der durch das Feuer des Scheiterns gegangen ist und den Herrn dann weiterhin sucht und vorwärts drängt, wird erkennen, daß sein Scheitern in geistliche Autorität verwandelt und für andere Berge versetzen wird. Nur Wochen nachdem Petrus den Herrn verleugnete, legte er mit solcher Autorität Zeugnis vom Herrn ab, daß die Mächtigsten seines Landes über ihn staunten. Der Herr wird dasselbe an all jenen vollbringen, die sich von ihrem Versagen nicht zum Aufhören bewegen lassen.

Während die Intensität des kommenden Wirkens Gottes zunimmt, werden christliche Gemeinschaften entstehen mit Menschen, die dies selber kaum wahrnehmen werden. Der Schwerpunkt dieser Menschen wird nicht auf »Leben in der Gemeinschaft« sein, sondern alles um des Evangelium willen zu tun (vgl. 1 Kor 9,23). Die Gemeinschaft wird nur ein Mittel sein, um während der Mühen bei der Ernte leistungsfähiger zu werden. Leben in Gemeinschaften wird sowohl wundervoller als auch schwieriger werden als erwartet, doch, was wichtiger ist, es wird Gottes Absichten dienen.

Einige Gemeinschaften werden als Zufluchtsstätten für verfolgte Christen und Juden dienen. Die Furcht des Herrn wird so heftig über Eindringlinge kommen, daß niemand durch ihre Tore geht, der keine reinen Motive hat. Polizeitrupps und Soldaten, die gegen solche Gemeinschaften anrücken, werden manchmal mit Blindheit geschlagen werden, oder ihnen werden die Augen geöffnet und sie sehen Engel, die Wache halten. Dies wird bewirken, daß sie in Panik fliehen. Die Gemeinschaften, die vom Herrn gegründet wurden, werden beschützt werden. Das heißt nicht, daß sie keine Probleme haben; es werden sogar schwerwiegende sein: »... durch viele Drangsale müssen wir ins Reich Gottes gelangen«

(Apg 14,22). Wenn wir in seinem Willen stehen, sind Drangsale keine Hindernisse, sondern Eingangstore zum Reich Gottes. Es werden Tage kommen, wo sich jeder mit größten Schwierigkeiten konfrontiert sieht. Diejenigen, die mit freudigem Herzen damit umgehen, werden große Freude und Frieden erleben. Dies wird eine Welt, die sich im Aufruhr befindet, zum Staunen bringen und dazu veranlassen, ihren Gott zu suchen.

Hauskirchen werden dadurch entstehen, daß sich die Heiligen ganz spontan immer wieder in ihren Häusern und Gemeinschaftszentren versammeln. Auf diesen Treffen in den Häusern wird große Salbung liegen, und einige der überwältigendsten Heimsuchungen des Herrn werden dort stattfinden. Aus ihnen werden Leiter und Dienste hervorgehen, wie auch Stephanus aus der ersten Gemeinde hervorging. Einige werden sogar apostolische Gruppen aussenden. Große Gemeinden werden beginnen, die Treffen in den Wohnzimmern zum Schwerpunkt des Gemeindelebens zu machen. Ohne dies wahrzuhaben, werden die meisten von ihnen auf die Zeit vorbereitet, in der alle großen Treffen verboten oder zur Zielscheibe von Gewalt und Verfolgung werden.

Jede Gemeinde, die nicht wirksam »die Heiligen für die Erfüllung ihres Dienstes« (Eph 4,12) vorbereitet, wird feststellen, daß sie sich auflösen und zerstreuen wird. Die Gemeinde wird später kein großer Schafstall mehr sein, wo alle nur gefüttert und versorgt werden. Der Herr schaut bei Gemeinden nicht auf die Größe ihrer Gebäude oder besieht ihre anderen Werke, sondern er blickt auf die Reife ihrer einzelnen Mitarbeiter. Jedem Mitglied, das sein »Talent«, nämlich die Heiligen vorzubereiten, begraben hat, dem wird es weggenommen. Es wird denen gegeben, die ihr eigenes Talent bereits wirksam einsetzten (vgl. Mt 15,14-30). An diesem Punkt entscheidet sich der Aufstieg oder der Fall von vielen. Der Herr wird bald jeden »Baum« verfluchen, der keine Frucht bringt (vgl. Mt 21,18-22). Frucht trägt grundsätzlich den Samen für Fortpflanzung in sich. Wenn ein Dienst sich nicht fortpflanzt, dann trägt er keine Frucht. Diejenigen, die zulassen, daß die Menschen zu abhängig von ihnen werden, werden gerichtet. Der Herr wird in Zukunft keine Verantwortlichen mehr dulden, denen es um sich selbst geht, und die sich selbst großmachen. Die Kirche wird bald tausendmal so viele Mitarbeiter benötigen, wie im Moment verfügbar sind. Und diese müssen jetzt auf ihren Dienst vorbereitet werden.

Neben den »Hauskirchen« wird es während der Ernte auch noch eine andere Art von Dienst geben, der im Wohnzimmer von Privatpersonen stattfinden wird. Jetzt schon spricht der Herr zu Ehepaaren, sie sollen sich darauf vorbereiten, in ihren Wohnungen ganz grundlegende Schulungen für Bekehrte abzuhalten. Diese Familien werden gelernt haben, wirksam das Evangelium zu verkünden, die Kranken zu heilen, Dämonen auszutreiben und kleine Gruppen von Neubekehrten grundlegend in den Regeln der Nachfolge zu schulen. Dies wird der erste Schritt dazu sein, sie in den Leib Christi einzubinden und zu wirksamen Mitgliedern zu machen. Die riesigen Scharen von Neubekehrten werden die Kapazitäten jeglicher Gemeinde bei weitem übersteigen. Ohne die Hilfe dieser Hauskreisleiter könnten sie all jene Menschen nie versorgen. In den Augen des Herrn und derer, die mit seinen Augen sehen, sind diese Hauskreisleiter wahre Pastoren, Lehrer und Evangelisten, ungeachtet der Tatsache, ob sie »offiziell« ausgebildet oder ordiniert worden sind. Wer sich also angesprochen fühlt, sein Haus zu öffnen, um Neubekehrte in der Nachfolge zu unterweisen, sollte anfangen, sich auf die Ernte vorzubereiten und einen Vorrat an Bibeln, grundlegenden Bibelstudien, Lehrkassetten und vieles mehr anlegen.

Wirkliches Leben als Jünger Christi wird wiederhergestellt werden, um eine große Armee von Leitern effektiv vorbereiten zu können. Wenn die Gemeinden durch die Verfolgung zerstreut sind, werden die Menschen wie Samen weithin ausgestreut und sich vervielfachen. Wenn ein Verantworlicher herausgenommen wird, stehen an seiner Stelle sehr viele andere bereit, die fähig sind, diesen Platz einzunehmen. Jeder Angriff gegen die Kirche wird dazu führen, daß das Evangelium weiter voranschreitet. Die Vorbereitung auf diese kraftvolle Wirkung findet jetzt schon statt und wird immer intensiver werden, bis sich der Leib Christi die Ernsthaftigkeit und Entschlossenheit einer Armee angeeignet hat, die in den Krieg zieht.

Wenn dann große Menschenmengen zum Herrn kommen, müssen wir darauf achten, daß sich die einzelnen Menschen wirklich bekehren und nicht nur von der Begeisterung mitgerissen werden. Diejenigen, die sich zur Kirche oder zu Persönlichkeiten bekehren oder dazu, daß ihren Nöten begegnet wird, werden während Verfolgungen oft zu Verrätern. Eine Gemeinde, die dazu neigt, das

»Dazu-gehören« zu einfach zu gestalten, wird viele Leben kosten. Wir brauchen es Menschen nicht übermäßig schwierig zu machen oder gegen jeden Neubekehrten Argwohn zu hegen, aber wir müssen der Gabe der Unterscheidung der Geister vertrauen und auf einer wahren Bekehrung bestehen, bevor wir zulassen, daß Menschen an der Versammlung der Heiligen teilnehmen. Es gibt nur eine Tür zur Gemeinde: Jesus. Wir müssen darauf bestehen, daß nur durch diese Tür Menschen eintreten. Eine Tür dient zum einen dazu, Leute hineinzulassen, aber auch dazu, ihnen – wenn nötig – den Zugang zu verwehren.

## Kultgemeinschaften und moderne Bewegungen im Christentum

Es wird in zunehmendem Maße Kultgemeinschaften, Satansanbeter und moderne christliche Strömungen geben, die den Beginn eines neuen Zeitalters ausrufen. Einige davon werden nur reiner intellektueller Zeitvertreib sein, hinter anderen aber werden dämonische Mächte stehen und sie werden außerordentliche übernatürliche Wunder tun. Obwohl sie die Aufmerksamkeit der Massen auf sich ziehen und die Heiligen oft lächerlich machen und verspotten, stellen sie nicht die größte Bedrohung dar, ja, sie sind nicht einmal ein signifikantes Hindernis für das Wirken Gottes. Tatsache ist, daß einige von ihnen fruchtbarer Boden sein werden, von dem eine große Ernte eingeholt wird. Viele Menschen dieser Bewegungen sind arm im Geist und suchen geistliche Antworten auf ihre Probleme und auf das Sehnen ihres Herzens. Sie haben die Oberflächlichkeit der sichtbaren Kirche genau erkannt und sie abgelehnt. Sie suchen nach einer Wirklichkeit, in der sie die Kraft finden, in diesen Zeiten zu leben, und der Herr möchte ihnen dies gewähren.

Wie an anderer Stelle schon erwähnt, werden Satansanbeter die Gemeinden und Versammlungen angreifen. Sie werden in Versammlungen eindringen, die Leiter öffentlich verspotten und als Possenspiel verlangen, daß man sie tauft. Es wird solch einen Ansturm von Angriffen dieser Art geben, daß viele vom Dienst fliehen werden, da sie diese Konfrontationen zu sehr fürchten. Dies ist das Wirken Gottes. Es wird diejenigen aussondern, die sich eine Position angemaßt haben, ohne von Gott eingesetzt worden zu sein. Nur wer berufen ist und die Autorität des Herrn trägt, wird diese Angriffe überstehen. Die anderen werden nackt und zerschunden fliehen, wie die jüdischen Beschwörer, die versucht hatten, im Namen von Jesus, den Paulus verkündigte, Dämonen auszutreiben (vgl. Apg 19,13).

Diejenigen, die vom Herrn eingesetzt worden sind, werden so stehen, daß kein Geist sie mehr einschüchtern kann, und sie werden die Geister mit großen Demonstrationen der Macht Gottes austreiben. Dies wird nicht nur den Glauben der Heiligen stärken, sondern es wird auch viele Menschen aus der Welt, denen von diesen Kultgemeinschaften Leid zugefügt worden ist, dazu bringen, zu Jesus zu fliehen, um dort Schutz zu suchen. Nach einer Zeit der Konfrontation werden die Mitglieder dieser Kulte in großer Furcht fliehen, wenn sie Christen kommen sehen, und Angriffe aus dieser Richtung werden immer seltener.

In den Anfangsstadien der Ernte werden eine große Anzahl von Zeugen Jehovas, Mormonen, Adventisten und Mitgliedern anderer Sekten, deren Lehre vermischt ist, gerettet. Die meisten von ihnen werden durch Liebe gewonnen, nicht durch Wahrheit. Einige von ihnen werden große Lehrer, da sie nun, nach ihrer vorherigen Verblendung und Gebundenheit die Wahrheit mit unstillbarer Hingabe lieben. Andere werden unermüdliche und treue Arbeiter in der Ernte sein. Der ganze Leib Christi wird von denjenigen gesegnet, die aus diesen Gruppierungen kommen. Einige benötigen sehr viel Unterweisung und persönlichen Dienst, aber die Mühe, die man in sie investiert, wird sich für das Reich Gottes sehr bezahlt machen. Genauso geschah dies auch mit einem der größten Pharisäer, der dann ein kompromißloser Apostel der Gnade wurde.

Kulte und Sekten haben sehr hart dafür gearbeitet, ihre kommenden Angriffe auf die Kirche zu planen. Doch der Herr gibt seinen Generälen die Pläne für eine Gegenstrategie. Die Strategie des Herrn ist vom Wesen her nicht defensiv, sondern offensiv. Er wird vollmächtige junge Evangelisten freisetzen, die große Volksscharen aus diesen Kulten zum Herrn führen. Wie Elija werden sich einige von ihnen zu bestimmten Zeiten gegen Scharen von falschen Propheten stellen und sie alle durch die Kraft des einen, der in ihnen wirkt, zerstreuen.

## Das »Geheimnis der Gesetzwidrigkeit«

Es gibt eine Anzahl von »Geheimnissen«, über die uns die Schrift sehr viel Einsicht vermittelt. Über zwei von ihnen schenkt die Bibel uns wenig Einsicht, nämlich über das Geheimnis der Gottesfurcht und das Geheimnis der Gesetzwidrigkeit. Der Herr ließ diese als wahre Geheimnisse stehen, da unreife Menschen dazu neigen würden, sie ins Extreme zu führen. Gottesfurcht kann zur Gesetzlichkeit werden, wenn sie nur auf das Gesetz reduziert wird – die »geistliche Gesetzlichkeit« der frommen Pharisäer ist destruktiver als die Gesetzlichkeit der Welt. »Geistliche Gesetzlichkeit« ist schon immer eine der todbringendsten Mächte der ganzen Menschheitsgeschichte gewesen, und das wird bis zum Ende so bleiben.

Die Zeit ist noch nicht gekommen, um auf das »Geheimnis der Gesetzwidrigkeit« in aller Tiefe einzugehen, doch es gibt einige Einzelheiten im Zusammenhang damit, die im allgemeinen mißverstanden werden. Paulus wirft in seinem Brief an die Thessalonicher etwas Licht darauf:

> »Laßt euch durch niemand und auf keine Weise täuschen! Denn zuerst muß der Abfall von Gott kommen und der Mensch der Gesetzwidrigkeit erscheinen, der Sohn des Verderbens, der Widersacher, der sich über alles, was Gott oder Heiligtum heißt, so sehr erhebt, daß er sich sogar in den Tempel Gottes setzt und sich als Gott ausgibt. Erinnert ihr euch nicht, daß ich euch dies schon gesagt habe, als ich bei euch war? Ihr wißt auch, was ihn jetzt noch zurückhält, damit er erst zur festgesetzten Zeit offenbar wird. *Denn die geheime Macht der Gesetzwidrigkeit ist schon am Werk;* nur muß erst der beseitigt werden, der sie bis jetzt noch zurückhält« (2 Thess 2,3-7).

Der Abfall, von dem Paulus sprach, setzte kurz nach seinem Tod ein und wurde die nächsten Jahrhunderte fortgeführt, bis die Kirche in das hineinstürzte, was wir heute historisch als das »finstere Mittelalter« bezeichnen. Es wird in den letzten Tagen noch eine Zeit geben, in der die Liebe bei vielen erkaltet (vgl. Mt 24,12), aber das ist es nicht, was der Apostel hier meint.

Der »Tempel«, in dem der Sohn des Verderbens Platz nehmen wird, ist kein Gebäude, denn bei diesem Tempel handelt es sich nicht mehr um etwas, was von Händen erbaut wurde. Der Tempel, von dem hier die Rede ist, ist in der Tat die Kirche, denn sie stellt den gegenwärtigen Tempel Gottes dar.

In der Offenbarung ruft Johannes diejenigen, die Verstand haben, dazu auf, sie sollen den Zahlenwert des Tieres berechnen, »Denn es ist die Zahl eines *Menschennamens*, seine Zahl ist sechshundertsechsundsechzig« (Offb 13,18). Da diese Offenbarung zuerst der Kirche gegeben wurde, haben Christen immer Ausschau danach gehalten, daß jemand daherkommt und versucht, ihnen die Zahl sechshundertsechsundsechzig aufzudrücken. Dies ist das Ergebnis davon, daß wir nur ein oberflächliches Verständnis gewisser entscheidender Faktoren haben, die sich jetzt auf der Erde erfüllen. Ob es sich hier um ein buchstäbliches Kennzeichen handelt oder nicht, ist *nicht* das, worum es hier wirklich geht. Ein Kennzeichen zu erhalten bedeutet nicht Sünde. Die Sünde besteht darin, das Tier anzubeten. Das Kennzeichen ist nur das äußere Zeichen dafür, daß wir das Tier in der Tat anbeten. Es ist fraglich, ob wir vom Zorn Gottes verschont bleiben, wenn wir zwar das Kennzeichen verweigern, aber uns jeden Tag im Geist des Tieres bewegen. Diejenigen, die dem Geist des Tieres angehören, werden weder das Kennzeichen noch sonst etwas, das von diesem Tier kommt, verweigern können, auch wenn sie genau wissen, was es ist. Umgekehrt gilt genau das gleiche; wenn wir vom Geist dieses Tieres frei sind, werden wir nichts von diesem Tier annehmen – kein Kennzeichen, sei es nun buchstäblich oder symbolisch, und auch nichts anderes – selbst wenn wir nicht wissen, was es ist.

Wahren Verstand zu haben heißt in diesem Fall, die Bedeutung dieser Zahl zu erfassen. Sechs ist die Zahl des *Menschen* – eines von vielen Beispielen ist darin zu sehen, daß der Mensch am sechsten Tag erschaffen wurde. Die drei Sechsen weisen darauf hin, daß es sich hier um den Menschen handelt, der versucht, den Platz des dreieinen Gottes einzunehmen. Dies ist letztlich die Ernte der ersten Sünde, als der Mensch von der verbotenen Frucht aß, um so zu werden wie Gott, aber ohne ihn. Wir sehen, daß dieses Tier »aus der Erde stieg« (Offb 13,11), denn es folgt der »Nachkommenschaft Kains« – und diese sind »Ackerbauern«, haben also eine *irdische Gesinnung*. Wenn wir verfolgen, wie sich die Strömungen jeder menschlichen Philosophie, Religion und Ideologie entwickeln, läßt sich ein Muster erkennen, nach dem sie alle zusammenfließen und dann im Grunde auf diesem einen gemeinsamen Nenner zusammenfinden. Wie die Ströme zusammenfließen, die die Stadt Gottes froh machen und am Ende einen Strom des Lebens ergeben, so werden auch alle Flußläufe der Rebellion des Menschen am Ende in einen Fluß des Todes münden.

Für den »Mensch der Gesetzlosigkeit« (2 Thess 2,3), der die Personifikation der Sünde des Menschen darstellt, ist es die nachdrückliche Rebellion und Spötterei, in der Kirche – dem Tempel Gottes – seinen Platz einzunehmen und den Anspruch zu erheben, das Haupt der Kirche zu sein. Das hieße, den Platz einzunehmen, der allein Christus gebührt. Dadurch würde das eindringliche Ziel des Menschen, den Platz Gottes zu behaupten, scheinbar erfüllt werden. Jede Gemeinde, Denomination, Bewegung und jeder Dienst, dem tatsächlich Menschen oder eine menschliche Organisation vorstehen und nicht Christus, werden dieser demonstrativen Blasphemie leicht unterliegen. Sie kämen nie auf die Idee, daß es vielleicht nicht Gott ist, der ihnen so schmeichelt und ihre eigenen menschlichen Anstrengungen und ihre Findigkeit lobt. Der Apostel sagte auch zu den Intellektuellen von Athen, daß Gott sich »nicht von Menschen bedienen« läßt (Apg 17,25). Sein Werk kann nicht durch Kraft, Macht und überdurchschnittlichen Intellekt vollbracht werden, denn nur der Geist kann das hervorbringen, was Geist ist.

Die Tatsache, daß Jesus das Haupt ist, ist einer der wichtigsten Punkte, um die es in dieser Zeit geht. Das Zeichen, das der Herr seinen Dienern aufdrückt, ist kein wirkliches, sichtbares Zeichen. Genauso ist auch das Mal, mit dem das Tier die Menschen zeichnet, viel schwieriger zu erkennen, als man uns glauben machte. Das Kennzeichen des Tieres finden wir im Verstand des Menschen und auf seinen Werken – der Stirn und den Händen. Wenn das Tier eines Tages tatsächlich mit einem wirklichen Zeichen anrückt, wird dies nur ein Hinweis darauf sein, was das Tier im Herzen der Menschen schon angestellt hat. Und diese Menschen werden dann das Kennzeichen nicht verweigern, auch wenn sie wissen, woher es kommt.

Zu diesem Zeitpunkt liegt die größte Bedrohung und Verblendung des Feindes nicht in dem, was offenkundig böse ist, sondern in dem, was eigentlich gut und gerecht zu sein scheint. Die schlimmste Gestalt, in der Satan auftreten kann, ist die des »Engel des Lichts«. Die Frucht, die den Tod brachte, war vom Baum der Erkenntnis von Gut und Böse. Es ist die gute Seite dieses Baumes, mit der Satan uns zu täuschen versucht. Die Frucht dieser Seite sieht gut aus und scheint von außen betrachtet voller Weisheit zu sein. Doch führt sie uns genauso sicher in den Tod wie die böse Seite dieses Baumes. Sie bringt den Tod, da hier menschliches »Gut-sein« als Ausgleich für unser schlechtes Gewissen angeboten wird. Damit tritt diese Bemühung an die Stelle des Kreuzes, also an die Stelle, die Jesus als Haupt und Quelle unseres Lebens einnimmt.

Für die wahrhaftigen Werke des Herrn sind die Angriffe der Kultgemeinschaften keine wirkliche Bedrohung. Sie werden zwar auch einige Demütigungen und Peinlichkeiten bewirken, aber dies wird nur dazu verhelfen, die Heiligen zu stärken und ihnen größere Entschlossenheit zu verleihen. Die Dämonen haben Jesus und seine Jünger sehr schnell anerkannt und ihre Knie gebeugt. Sie waren zwar gelegentlich ein Ärgernis, aber nie eine Bedrohung. Die religiösen und tüchtigen Bürger waren es, die den Herrn und seine Jünger verfolgten und kreuzigten. Genauso wird es in den kommenden Tagen sein. Die größte Verfolgung der voranschreitenden Kirche wird von den sittenstrengen und konservativen Leuten und ihren religiösen Institutionen kommen. Dort wird der »Sohn des Verderbens« seinen Platz einnehmen und erklären, er sei Gott; doch dieser Akt wird viel raffinierter vor sich gehen, als die meisten von uns erwarten. Einige, die sich Christen nennen, werden es Gott und der Gesellschaft gegenüber für ihre Pflicht halten, die wahren Gläubigen zu töten. Dämonen brauchen wir nicht zu fürchten; sie fürchten sich vor uns. Doch vor den religiösen Institutionen müssen wir uns in acht nehmen.

Die falsche Kirche wird durchschlagende politische Macht erlangen, doch ihre Unterstützung durch die Öffentlichkeit wird nur oberflächlich sein. Eine Zeitlang werden sich die meisten ihrer Angriffe auf ehrliche Christen und Leiter richten, wie es auch im ersten Jahrhundert der Fall war. Danach werden eine Zeitlang so viele Neubekehrte hinzustoßen, daß die vorwärtsstrebende Kirche sie nicht mehr alle wird aufnehmen können. Viele der früheren Werke und traditionellen Kirchen werden von den in Massen hineinströmenden Menschen überflutet werden. Aus diesem Grund werden sie für sich in Anspruch nehmen, sowohl Ursache wie auch Hauptzweck der Erweckung zu sein. Diese Verblendung wird nicht lange anhalten, denn das Leid in der Welt wird später jede religiöse Institution, die von Menschen gebaut wurde, einschließlich der falschen Kirche, zerstören. Dies ist das Gericht des Herrn über die Werke, die er nicht eingesetzt hat: Das große »Meer« oder die breite Masse der Menschheit, über die sie herrschen wollten, wird sich erheben, um sie zu zerstören. Wenn sie zusammenbrechen, werden die Heiligen sie mit großer Entschlossenheit angreifen.

Ein Grund dafür, daß die im Irrtum befindliche Kirche beginnt, alle Gläubigen anzugreifen, liegt darin, daß die Leiterschaft der wahrhaftigen Kirche zu jener Zeit kaum mehr von den übrigen Gläubigen unterschieden werden kann. Die Ursache dafür besteht nicht in der Tatsache, daß es wenige verantwortungsvolle Mitarbeiter gibt, sondern ist darin zu suchen, daß viele Gläubige reif geworden sind und begonnen haben, selber Verantwortung zu übernehmen. Dies wird die Folge einer grundsätzlichen Abkehr vom traditionellen Aufbau christlichen Dienstes sein. Das traditionelle System zielte darauf ab, sich »Professionelle« heranzuziehen, während die glaubhafte Kirche wirklich alle Heiligen zur Erfüllung ihres Dienstes vorbereitet.

Die institutionalisierten Kirchen werden letztendlich die größten Gegner der echten Gläubigen sein, sogar schlimmer noch als die ärgsten antichristlichen Regierungen, Kultgemeinschaften und Religionen. Jeder Christ in der institutionalisierten Kirche wird sich am Ende zwischen seiner Denomination und dem Herrn entscheiden müssen. Das ist nichts Neues; das ist bei jeder neuen Erweckung oder Wiederherstellung von Wahrheit auch schon so gewesen. In jener Zeit wird dies allerdings heftiger vonstatten gehen als früher, da bei der Ernte, die das Ende der Welt bedeutet (vgl. Mt 13,39), alles geerntet wird, was gesät wurde – das Gute wie auch das Böse. Dies wird der drastische Zusammenstoß von Licht und Finsternis sein. Das Beste und das Schlechteste aller Zeiten wird sich Auge in Auge gegenüberstehen.

## Die im Irrtum befindliche Kirche

In der Zeit bevor dies alles geschehen wird, wird es einen großen, auf Macht ausgerichteten Zusammenschluß fast aller großer Denominationen geben. Einige ihrer ranghöchsten Verantwortlichen werden professionell dazu ausgebildet werden, Krawalle gegen Gläubige anzuzetteln und Regierungen dahingehend zu manipulieren, daß sie Gläubige verhaften und hinrichten. Dies wird jedoch nicht lange andauern, da die breite Masse sich in tobender Wut gegen diese Institution wenden wird. Aller Zorn, den diese Institution ausgeschüttet hat, wird vielfach auf sie zurückfallen. Dies alles dient den Absichten des Herrn. Auf diese Weise wird das Unkraut vom Weizen getrennt, so daß man es vernichten kann, ohne dabei den Weizen zu verletzen.

An dieser Stelle ist eine Warnung vonnöten, die wir unbedingt beachten müssen. Der Herr sagt, wir sollen uns vor dem *Sauerteig* der Pharisäer hüten (vgl. Mt 16,6). Er sagt nicht, wir sollen uns vor den Pharisäern selbst hüten. Hochrangige Kirchenmänner sind nicht unsere Feinde; wir kämpfen nicht gegen »Fleisch und Blut«, sondern gegen die Fürsten und Mächte in den himmlischen Bereichen. Wie schon erwähnt, gibt es viele »überkonfessionelle« Gemeinden, die genauso von der ausschließlichen Richtigkeit ihrer Gruppierung überzeugt sind wie jede andere Denomination auch. Und es gibt konfessionelle Gemeinden, die sich kaum oder gar nicht über andere erheben. Wir müssen aufhören, einander dem »Fleisch« nach zu beurteilen. Und wir müssen damit Schluß machen, Gemeinden, Bewegungen und Dienste nach Äußerlichkeiten zu bewerten. Aus vielen Gemeinden, die institutionellen Kirchen angehören, werden in der Zeit der Ernte großartige Leiter hervorgehen.

Viele jener, die Gläubige angreifen und umbringen, werden der Überzeugung sein, sie würden Gott damit einen Gefallen tun. Dies dachten ebenfalls viele, die in der Vergangenheit die Inquisitionen durchführten. Doch der Herr und auch der erste Märtyrer nach ihm erklärten, wir müßten zum Vater beten, damit er ihnen vergibt, *denn sie wissen wirklich nicht, was sie tun*. Der Herr starb auch für sie und möchte von ihnen so viele wie möglich aus dem Feuer der Vernichtung herausreißen. Der Feind erringt seinen größten Sieg, wenn er einen der Erwählten des Herrn verführen kann. Wir erringen unsere größten Siege, wenn wir einen Erwählten des Feindes zum Herrn zurückführen, und wir werden mehr und größere Siege mit nach Hause bringen als der Feind.

Die Kirche wird offensiv gegen die Festungen des Feindes angehen, doch dies wird nicht in einem Geist der Vergeltung geschehen oder indem wir ihnen ihre Verleumdungen mit gleicher Münze heimzahlen. Die offensive Strategie des Herrn lautet, Errettung zu schenken und die Gefangenen durch die Wahrheit zu befreien, die alle Menschen frei macht. Wir müssen Böses mit Gutem vergelten, für unsere Feinde beten und ihnen von der Güte Gottes erzählen, die Menschen zur Umkehr verhilft.

Jeder Christ ist zum Märtyrer berufen, einerlei, ob er in Wahrheit getötet wird oder nicht. Wir sind gerufen, jeden Tag zu sterben. Wenn unser vergangenes Leben wirklich mit ihm in der Taufe begraben wurde, sind wir der Welt gestorben. Was kann die Welt einem toten Menschen anhaben? Ein Toter kann unmöglich verletzt werden, Ablehnung verspüren oder den Tod fürchten. Dies muß in den kommenden Tagen Wirklichkeit für uns werden. Wenn wir begeifen, welche Reichtümer in Christus liegen, werden wir diejenigen glücklich preisen, die heimgehen, um in aller Fülle mit dem Herrn zu sein. Dann werden wir verstehen, warum es im Psalm heißt: »Kostbar ist in den Augen des Herrn das Sterben seiner Frommen« (Ps 116,15).

Der Herr hat durch seinen Sieg den Tod entmachtet (vgl. 1 Kor 15,54). Der Tod hat keinen Stachel mehr. Diese Wirklichkeit wird in der Kirche eine Kühnheit und einen Freimut für das Evangelium entfachen, wie es dies im Zeitalter der Kirche noch kaum gegeben hat. Dieser Mut wird in eindrucksvollem Gegensatz zu der Paranoia stehen, die in der Welt um sich greift. Der Herr wird eine Offenbarung über Taufe und Märtyrertum schenken, die in den Gläubigen einen Frieden bewirken wird, der weit über jedes menschliche Verstehen hinausgeht. Der Tod, der in der Kirche sein Werk verrichtet, wird bewirken, daß in der Welt in beispielloser Art und Weise Leben und Freiheit freigesetzt werden. Damit dies geschehen kann, sind wir da, und dazu sind wir von Gott berufen.

Im Verlauf dieser Zeit, wenn das Gericht über uns kommt, wird die Schrift in zunehmendem Maße wirklich und unaufhaltbar Erfüllung finden. Diejenigen, die ihr Leben retten wollen, *werden* es verlieren. Diejenigen, die ihr Leben um des Herrn willen niederlegen, *werden* ein Leben finden, das ihre kühnsten Erwartungen übertrifft. Stephanus war so von der Herrlichkeit des Herrn erfüllt, daß er von den Steinen, die ihn töten sollten, nicht einmal abgelenkt wurde. In gleicher Weise wird die Herrlichkeit des Herrn in diesen Tagen so strahlend sein, daß für die Heiligen Leben und Tod auf dieser Erde von geringer Bedeutung sein wird. Wir werden dem Herrn vertrauen, was unser Leben, das Leben unserer Familien, Freunde und unserer Geschwister im Herrn anbelangt.

In Zukunft wird auf der ganzen Welt ein Menschenleben kaum mehr etwas zählen. Aufgrund von Plagen, Kriegen, Krawallen und Naturkatastrophen wird nahezu jeder beinah täglich Menschen sterben sehen. An manchen Orten wird das Beerdigen von Toten ein genauso großes Problem darstellen wie die Müllentsorgung. Ganze Kolonnen von Lastwagen und eine Armee von Arbeitern werden sich der Aufgabe widmen, die Toten fortzuschaffen. Einige Länder werden untersuchen, wie die Nazis damals Körper massenweise beseitigt haben, und diese Methoden selbst anwenden. Die Polizei wird Mord und anderen Gewalttaten, die direkt vor ihren Augen verübt werden, kaum Beachtung schenken. Schließlich werden viele Regierungen jegliche Kontrolle über ihre Bevölkerung verloren haben. Eine Zeitlang werden die meisten Regierungen nicht viel mehr sein als Verbrecherbanden, die sich zusammengetan haben, um die Leute auszunehmen und ihre eigenen Interessen zu schützen.

Diese Verwirrung und Finsternis wird immer mehr zunehmen. Im Gegensatz dazu wird der Friede und die Zielstrebigkeit, die die Heiligen an den Tag legen, die ganze Welt in Staunen versetzen. Viele Christen werden von den Behörden und von Polizeitrupps getötet werden. Andere werden auch die größten Krawalle zerstreuen, indem sie sich einfach in den Weg stellen und beten, daß der Friede des Herrn den Sturm beruhigen möge. Andere werden an Regierungen herantreten und ihnen durch das Wort des Herrn gebieten, sie sollen sich auflösen, was sie unverzüglich tun werden. Truppeneinheiten werden ihre Knie vor dem Herrn beugen, nachdem sie Christen angegriffen haben, die ihre Kugeln abgewehrt haben und durch ihre Flammenwerfer gegangen sind. Andere finden zum Glauben, wenn sie sehen, mit welcher Anmut und Würde die Heiligen sterben. Die Treuen werden es als größte Ehre erachten, ihr Leben für ihren Herrn hinzugeben. Diejenigen, die von dieser Erde gehen, wird man nicht beklagen, sondern feiern.

Überall im Westen werden islamische Terroristen Truppen bilden, die es auf christliche Organisationen und Leiter abgesehen haben. Dies dient der Vorbereitung für einen Angriff des Islams, der die ganze Welt erreichen wird. Mit Computern werden sie Daten über jeden christlichen Leiter zusammentragen, dessen Wirkungsbereich in irgendeiner Weise über seine Tätigkeiten vor Ort hinausgeht – durch Rundbriefe und Radio- oder Fernsehsendungen. Sie werden aber hauptsächlich Denominationen und Institutionen mit politischem Einfluß angreifen. Seltener werden sie mit der eigentlichen Ernte oder der wahren Kirche zusammenstoßen. Am Ende wird der Islam zur größten Bedrohung von Frieden, Freiheit und einer geordneten Welt werden. Selbst dies ist ein Wirken Gottes. Auch damals schon setzte Gott die heidnischen Nationen rings um Israel ein, um die Israeliten wegen ihrer Abtrünnigkeit und ihres Götzendienstes zu züchtigen. Genauso wird der Herr nun den Islam dafür gebrauchen, um die Kirche und auch die Welt wegen ihrer Abtrünnigkeit und ihres Götzendienstes zu disziplinieren. Der Islam wird die Macht besitzen, bei allen Angelegenheiten der Welt mitzumischen. Diese Macht wird erst gebrochen werden, wenn fast überall auf der Welt wegen Abtrünnigkeit und Götzendienst Buße getan wird.

Wenn die Ernte die islamischen Länder erfassen wird, werden sich einige Länder zwar heftig dagegen sträuben, doch insgesamt werden sehr viele Menschen aus dem Islam zum Glauben finden. Ganz Ägypten wird sich vollständig zum Herrn bekehren. Die Hingabe der Ägypter und ihre Bereitschaft, für seine Pläne Opfer zu bringen, wird so groß sein, daß man Ägypten den »Altar des Herrn« nennen wird. Große Apostel und Propheten werden aus islamischen Ländern hervorgehen. Sie werden große Freude über die befreiende Wahrheit empfinden und das Evangelium mit einer Hingabe und einem Eifer verkünden, das den ganzen Leib Christi begeistern wird.

*Kapitel 6*

# Israel und die Kirche

> *»Um Zions willen kann ich nicht schweigen, um Jerusalems willen nicht still sein, bis das Recht in ihm aufstrahlt wie ein helles Licht und sein Heil aufleuchtet wie eine brennende Fackel« (Jes 62,1).*

Es wird eine Zeit geben, in der die Kirche immer kontroverser darüber diskutieren wird, welchen Platz Israel und das jüdische Volk im Plan Gottes einnimmt. Dieser Streit wird dazu führen, daß die Mehrheit der Kirche rücksichtslose Standpunkte vertreten wird. Diese Standpunkte bestehen hauptsächlich aus zwei Parteien: Die einen sehen nur das Volk der Juden und die Nation Israel in Zusammenhang mit Gottes Plan, das Ende der Zeiten heraufzuführen und die Ernte der Endzeit einzuholen. Die anderen denken, daß nur das geistliche Israel, die Kirche, die aus denen besteht, die nach dem Geist Juden sind, die Absichten Gottes für diese Tage erfüllen wird. Der Feind wird versuchen, dies zu einer der zerstörerischsten Diskussion aufzubauschen, die in der Endzeitkirche für die meiste Entzweiung sorgen wird. Satan hat das nicht im Sinn, nur weil es ihm gerade gelegen kommt, sondern weil das Verständnis der Kirche in diesem Bereich eine Grundlage sein wird, wenn sie ihrem Mandat in der Endzeit vollkommen entsprechen will.

Satan hat zu allen Zeiten immer wieder solche Kontroversen

heraufbeschworen, bevor der Kirche der ursprüngliche Begriff von Wahrheit wieder gegeben wurde. Das Endergebnis dieses Streites wird sein, daß dem Leib Christi eine klarere Offenbarung über diese wichtige und aktuelle Verheißung geschenkt wird. Wie bei fast allen Streitfragen enthalten beide Seiten ein Körnchen Wahrheit. Dies soll kein Versuch bedeuten, einen Streit beizulegen, der für einen Großteil der Kirche erst in der Zukunft aktuell wird. Hier soll nur prophetisch ein Bild der kommenden Ereignisse gezeichnet werden. Denn wir müssen sowohl die Pläne des Feindes in dieser Angelegenheit kennen als auch die Absichten Gottes.

Fast zweitausend Jahre lang richteten sich Gottes Absichten in erster Linie an die Juden. Danach galten seine Absichten fast zweitausend Jahre lang der Kirche, die das geistliche Israel ausmacht, also denen, die dem Herzen nach Juden sind (vgl. Röm 2,29). Am Ende der Zeiten werden diese beiden durch Jesus in einer Einheit zusammenkommen. Dies wird das gesamte Zeugnis, das von dem Werk der Erlösung des Herrn abgelegt wird, mit Herrlichkeit krönen. Die »von Natur zugehörigen Zweige« (Röm 11,24) werden, wie Paulus im Römerbrief prophezeit hat, wieder in ihren eigenen Ölbaum eingepfropft werden. Wenn bereits die Verwerfung der Juden der Welt Versöhnung beschert hat, wird ihre Annahme, wie Paulus so zutreffend vorausgesehen hat, ». . . nichts anderes sein als Leben aus dem Tod . . .« (Röm 11,15), das bedeutet, die Auferstehung wird beginnen. Wenn Israel und die Kirche in Jesus vereint werden, wird Leben und Kraft freigesetzt, wie es die Erde noch nie erlebt hat, seit der Geist zum ersten Mal das formlose Nichts bewegte.

Die natürlichen Nachkommen Abrahams, also Juden der Geburt nach, und die geistlichen Nachkommen, also Juden dem Geist oder dem Herzen nach, versinnbildlichen beide die Absichten, die Gott mit seinem Erlösungswerk verbindet. Die Kirche ist auch hier zwischen zwei Standpunkten hin- und hergerissen. Die einen denken, daß sich Gottes Erlösungsplan nur auf die Verheißungen für den Himmel bezieht, die anderen denken, daß es dabei nur um die Erlösung und Wiederherstellung der Erde geht. Beide dieser Standpunkte lassen sich aus der Schrift belegen, und in beiden findet sich Wahrheit. Die offensichtlichen Widersprüche werden sich erst dann auflösen, wenn wir verstehen, was Paulus meint, wenn er den Römern und Ephesern gegenüber vom »Geheimnis« der Vereinigung von Juden und Christen spricht (vgl. auch Röm 11,25-26; Eph 2,11-22). Dies hat der Herr so angelegt. Erst wenn wir dieses Einswerden verstehen, werden wir erfassen, welchen Plan Gott bezüglich der himmlischen Berufung und bezüglich der Erlösung der Erde vorhat.

Nach der Auferstehung des Herrn hatten sogar seine eigenen Jünger Schwierigkeiten, ihn zu erkennen (vgl. Lk 24,15-16; Joh 20,14; 21,4). Der Grund dafür war, daß er »in einer *anderen Gestalt*« erschien (Mk 16,12). Dies ist wahrscheinlich der Hauptgrund, warum wir weiterhin so oft an ihm vorübergehen und ihn nicht verstehen: Wir verlassen uns mehr auf äußere Formen als auf den Geist, wenn wir Dinge erkennen wollen. Dies tun wir sogar, wenn es darum geht, ihn zu erkennen, der ja Geist ist. Wenn wir Pfingstler sind, erkennen wir den Herrn normalerweise nur, wenn er in Gestalt eines Pfingstlers kommt. Wenn wir beispielsweise Baptisten sind, erkennen wir ihn nur, wenn er in der Gestalt eines Baptisten kommt. Aus diesem Grund gehen wir – wie die Männer auf der Straße nach Emmaus – allzu oft an ihm vorbei, wenn er versucht, sich uns zu nähern. Wenn wir ihn erkennen wollen, müssen alle Mauern zwischen Juden und Christen, Schwarzen und Weißen, Charismatikern, Pfingstlern, Baptisten, Methodisten, Katholiken und allen anderen niedergerissen werden.

Aus diesem Grund wurde Israel angewiesen: »Ihr sollt die Fremden lieben« (Dtn 10,19). Menschen neigen verständlicherweise dazu, diejenigen geringzuschätzen und abzulehnen, die anders sind und andere Sitten haben als sie selbst. Doch wenn die Israeliten mit Gott leben und seine Wege bekanntmachen wollten, dann mußten sie diejenigen, die anders waren, aufnehmen und sich um sie kümmern.

Der Herr sagte, wenn er wiederkäme, würde er die »Schafe« von den »Böcken« scheiden. Die Schafe würden mit ihm ins ewige Leben eintreten und die Böcke ins ewige Feuer (Mt 25,31-46). Eines der wichtigsten Kriterien, anhand derer er diese beiden Gruppen voneinander scheidet, besteht darin, daß die Schafe ihn aufgenommen hatten, als er »fremd« war (Verse 35 und 43), und die Böcke nicht. Mit dieser Sache meint es der Herr offensichtlich sehr ernst. Auch als Paulus die Eigenschaften darlegte, welche die Ältesten aufweisen sollten, verlangte er, sie müßten »Fremden gegenüber aufgeschlossen« sein (vgl. Tit 1,8). Wenn wir wegweisend darin sein wollen, die Absichten Gottes offenbar zu machen, müssen wir die lieben und annehmen, die anders sind als wir. Denn Gott ist völlig anders als wir, und auch er hat uns angenommen. Einer der Hauptgründe, warum Gott die Vereinigten Staaten so gesegnet hat, ist die Offenheit, mit der wir Fremde aufgenommen haben. Wenn eine Nation, eine Gemeinde oder eine Einzelperson sich um die kümmert, die Gott am Herzen liegen, also die Waisen, die Witwen und die Fremden, wird Gott sich um sie kümmern, auch wenn sie sonst sehr vieles falsch machen.

Der Herr möchte, daß wir die lieben, die anders sind, weil dadurch eine geistliche Macht bekämpft wird, die als Festung und Rückhalt dem »Geist des Todes« dient. Rassismus, Rassentrennung oder die untereinander verfeindeten Gruppen innerhalb Religionen sind beispielsweise Ausdruck dieser Macht. Gott hat ein Universum geschaffen, in dem unglaubliche Harmonie und Ausgewogenheit herrscht. Wenn die Schöpfung ihrer ursprünglichen Idee, so wie Gott sie angelegt hat, entsprechen soll, dann muß sich unbedingt alles in ihr im Einklang miteinander befinden. Entzweiung bringt den Tod. Dieser Geist hat mehr Tod in die Welt gebracht als irgend etwas sonst – angefangen von Kriegen über Aufstände bis hin zu Serienmorden und vielem mehr. Die treibende Kraft bei all dem ist Entzweiung. Rassismus ist eindeutig das Leben in Sünde und Stolz, wobei der Schwerpunkt sich auf Äußerlichkeiten konzentriert. Der Geist, der hierbei wirkt, ist immer derselbe, ungeachtet dessen, ob Schwarze gegen Weiße kämpfen, Juden gegen Heiden, Männer gegen Frauen oder Pfingstler gegen Baptisten.

Um eines der zentralen Themen zu wiederholen, anhand dessen Gottes Absichten für die Endzeit offenbart und für immer erkannt werden soll, hier folgendes Wort aus dem Brief des Jakobus: »*Gott tritt den Stolzen entgegen, den Demütigen aber schenkt er seine Gnade*« (Jak 4,6). Wir müssen den Stolz ablegen, der uns an äußere Formen bindet, und damit beginnen, einander wirklich dem Geist nach zu erkennen, nicht der äußeren Erscheinung nach. Erst dann werden wir ihn in aller Größe sehen. Wenn jemand etwas für sein geistliches Leben tun möchte, sollte er den Mut aufbringen, denen Gastfreundschaft zu erweisen, die anders sind (Fremde). Dies ist eines der besten Dinge, die wir tun können.

Unser Gott ist ein Gott der Vielfalt; sogar jede einzelne Schneeflocke macht er anders! Jeden einzelnen Menschen hat er anders erschaffen. Wenn wir seine Mitarbeiter erkennen wollen, müssen wir offen sein für die Vielfalt. Ein schweres Joch, das die Welt und die Kirche in Finsternis gefangen hält, ist die *Gebundenheit an das Vertraute*. Die Einheit, die der Herr in seiner Kirche schaffen möchte, ist keine Einheit durch Gleichheit, sondern eine Einheit in der Vielfalt. Aus diesem Grund sind Toleranz und Geduld denen gegenüber, die anders sind, zwei ganz grundlegende Merkmale derer, die geistliche Reife erlangt haben.

Die Juden und die Christen fühlen sich im Moment überhaupt nicht zueinander hingezogen, einerseits weil sie so unterschiedlich sind, andererseits weil beide jeweils stolz auf ihre Berufung sind. Man sollte jedoch niemals stolz auf seine Berufung sein, wie der Apostel Paulus erklärt:

> »Seht doch auf eure Berufung, Brüder! Da sind nicht viele Weise im irdischen Sinn, nicht viele Mächtige, nicht viele Vornehme, sondern das Törichte in der Welt hat Gott erwählt, um die Weisen zuschanden zu machen, und das Schwache in der Welt hat Gott erwählt, um das Starke zuschanden zu machen. Und das Niedrige in der Welt und das Verachtete hat Gott erwählt: das, was nichts ist, um das, was etwas ist, zu vernichten, damit kein Mensch sich rühmen kann vor Gott« (1 Kor 26-29).

Wer berufen ist, ist aufgrund seiner Unzulänglichkeit, seiner Torheit und seiner Schwäche berufen. Wenn Gott uns beruft, dann will er uns zu eigen machen. Denn wir sollen nicht länger für uns selbst leben, sondern für ihn und die Welt, für deren Rettung er sein Leben hingegeben hat. Die Kirche ist berufen, den Nichtchristen zu dienen, so wie Israel berufen war, den Heiden zu dienen. Sie wurden aufgefordert, jene zu lieben und für sie zu sorgen; ein Teil des Zehnten war für die Fremden gedacht, die in ihrem Land lebten (vgl. Dtn 14,28-29). Es ging auch darum, ihnen von der Gnade Gottes Zeugnis abzulegen. Gottes Kraft erweist sich in der Schwachheit (vgl. auch 2 Kor 12,9). Jeder, der sich seiner Berufung rühmt, zeigt damit, daß er die Wege Gottes nicht kennt. An unserer Berufung gibt es nichts, worauf wir stolz sein könnten. Doch sie ist eine wunderbare Möglichkeit für uns zu sehen, wie das Kreuzesopfer Jesu nicht umsonst war und wir Gott kennenlernen und ganz nah bei ihm sein können.

Wie wir vorhin sahen, ist der Islam die größte Bedrohung für die Christenheit und eine geordnete Welt. Aber dennoch liebt Gott die Araber und möchte, daß sie gerettet werden. Wer von Gott berufen wird, ist zum Dienen berufen; und wir sind berufen, den Arabern zu dienen, wie auch dem Rest der Welt. Das heißt nicht, daß wir ihre bösen Taten gutheißen und unterstützen sollen. Doch auch der Herr liebt uns und ist für uns gestorben, während wir noch in der Macht des Bösen gefangen waren. Wenn wir mit ihm eins sein wollen in der Kraft seiner Auferstehung, dann müssen wir ihm auch in seinem Tod gleich werden (Phil 3,10).

Die westlichen Medien haben in letzter Zeit die offensichtlich grausamen und schlechten Lehren und Praktiken des Islam ans Licht der Öffentlichkeit gebracht, doch meist wurden nur die extremen Seiten des Islam gezeigt – wie es auch beim Christentum, bei Israel und allen anderen, über die berichtet wird, geschieht. Die Rechtschaffenheit und Integrität, die die Araber in bestimmten Bereichen an den Tag legen, übersteigen bei weitem die der westlichen Welt und leider auch die eines Großteils der Christenheit. Der Funke, der die iranische Revolution entfachte, entzündete sich an der Eröffnung eines Kinos mit Filmen nur für Erwachsene in Teheran. Das islamische Volk kann nicht verstehen, wie wir Amerikaner »Wir trauen auf Gott« auf unsere Münzen prägen und behaupten, ein christliches Land zu sein, wenn wir gleichzeitig solche wüsten Ausschweifungen in alle Welt exportieren. Sie nennen die Vereinigten Staaten den »großen Satan«, da sie sehen, wie Pornographie, Alkoholismus, Drogen und andere Verderbtheiten bei uns toleriert und von uns an andere Orte gebracht werden. Es ist traurig, daß der Westen in vielerlei Hinsicht den Titel »Ungläubige« verdient hat. Der Koran weist sie an, Christen und Juden zu respektieren, doch wenn sie unseren Lebensstil anschauen, können sie nichts von einem wahren Glauben erkennen. Deshalb denken sie wohl, daß »Ungläubige« oder »Nicht-Christen« wohl die passendere Bezeichnung für uns ist.

Der Glaube des Islam wird nie zur Errettung führen, da es Errettung nur in Jesus gibt. Doch in Gottes Augen haben die Araber als Volk ihr Leben konsequenter an dem ausgerichtet, was in ihren Augen richtig ist, als wir das von uns behaupten könnten. Der Herr wies die Städte Chorazin und Betsaida scharf zurecht, denn »... wenn einst in Tyrus und Sidon die Wunder geschehen wären, die bei euch geschehen sind – *man hätte dort in Sack und Asche Buße getan*« (Lk 10,13). Es gibt dogmatische Ansätze des islamischen Glaubens, die grausam und intolerant sind, und viele der Araber neigen dazu, Führern nachzufolgen, die grausam, aufgeblasen und tyrannisch sind. Doch generell sind die Araber Gott gegenüber aufgeschlossen, und wie der Herr sagte, sind sie schnell dabei, Buße zu tun, wenn sie das wahrhaftige, in Vollmacht verkündete Evangelium hören. Im großen und ganzen sind die Araber ein ehrbares, integres und gastfreundliches Volk, und sie werden Drogen, Alkohol, Pornographie, Diebstahl und andere Formen der Verderbtheit nicht dulden. Viel von dem, was der Westen »Freiheit« nennt, ist in ihren Augen ein Freibrief für Sittenlosigkeit und Gesetzlosigkeit. Die Hingabe, mit der sie sich dem Licht, das für sie gilt, verpflichtet haben, sollte die meisten Christen beschämen. Die Zurechtweisung, die der Herr den Städten Israels erteilte, wäre wohl in den meisten Gemeinden heute auch angebracht.

Die Araber sind nicht unsere Feinde; wir kämpfen nicht gegen »Fleisch und Blut«, sondern gegen Fürsten, Gewalten und geistliche Festungen, »... die sich gegen die Erkenntnis Gottes auftürmen« (2 Kor 10,4-5). Die Kirche wird keine Autorität über den Islam oder sonst eine geistliche Festung erlangen, wenn wir nicht beginnen, so zu leben, daß es dem Licht, das wir haben, gerecht wird. Die Städte Israels, die der Herr wegen ihrer mangelnden Bußfertigkeit zurechtwies, *hatten das Licht* in ihrer Mitte, Jesus. Ihre Sünde bestand darin, daß sie auf das Licht nicht mit Buße reagiert haben. Aus diesem Grund sagte der Herr, daß es Tyrus und Sidon beim Gericht nicht so schlimm ergehen werde wie ihnen (vgl. Lk 10,13-14). Diese Aussage deutet an, daß das Gericht nicht so sehr die herrschende Finsternis verurteilt, sondern vielmehr das Licht, das nicht angenommen wurde, einer harten Prüfung unterzieht. Legt der Herr denselben Maßstab nicht auch bei der Kirche an? Das wird er unzweifelhaft tun.

Laßt uns aufhören, Dinge dem »Fleisch« nach, der Kultur oder anderen Äußerlichkeiten nach zu beurteilen. Wir wollen statt dessen leben, wie es dem uns innewohnenden Licht entspricht und danach streben, andere dem Geist nach zu erkennen. Wenn der Herr die Schranken des Rassismus niederreißt und die zwei gegnerischen Samen in Einheit zusammenleben läßt, wird ein unglaubliches Maß an Offenbarung der Herrlichkeit und des Charakters

Gottes freigesetzt werden. Dies führt dazu, daß der Heilige Geist buchstäblich mit so viel Kraft und Leben auf der Erde freigesetzt wird, daß die Auferstehung beginnt. Dann ist die Zeit der Christen vorbei und ein neuer Abschnitt beginnt, in der Juden und Christen eins sind. Es ist das Zeichen dafür, daß die Gegensätzlichkeiten in der Schöpfung ein Ende haben und daß nun alles, was gefallen ist, wieder zusammengefügt und in Einklang mit den Absichten Gottes gebracht wird. Die ganze Schöpfung – das, was natürlich, und das, was Geist ist – wird in die hingebungsvolle Liebe zwischen Vater und Sohn mit hineingenommen werden, bis die Schranken zwischen Natürlichem und Geistlichem aufgehoben sind und ein freier Austausch zwischen Himmel und Erde beginnt. Auf keiner der beiden Seiten wird das Wesen verändert; das, was Geist ist, wird nicht natürlich werden und umgekehrt. Aber der Austausch wird frei und ungehindert stattfinden.

Hierbei handelt es sich um die Darstellung der »Zeiten der Wiederherstellung von allem, die Gott von jeher durch den Mund seiner heiligen Propheten verkündet hat« (Apg 3,21). Diese Offenbarung wurde noch nicht in ihrer Gesamtheit mitgeteilt, da die Zeit dazu noch nicht reif ist. Einige empfangen schon Teile dieser Offenbarung, führen diese aber oft in Extreme. Dies ist oft das Ergebnis, wenn wir nur einen Teil der Wahrheit kennen und damit dann zu dogmatisch umgehen. Übrigens sind die meisten irrigen Lehren in der Kirchengeschichte eine Folge davon, daß Menschen Worte weitertragen, die Gott erst zum Teil offenbart hat, und mutmaßliche Schlüsse daraus ziehen.

Da diese Wahrheit für Gottes Pläne von nachhaltigster Bedeutung ist, wird Satan in Kürze jeden Dämon der Hölle loslassen, damit sie die Kirche über diese Themen entzweien und Feindschaft zwischen Christen und Juden stiften. Was in Deutschland unter der Naziherrschaft stattgefunden hat, wird sich nicht mit dem vergleichen lassen, was der antisemitische und antichristliche Geist anrichten wird, von dem die Erde bald ergriffen sein wird. Der antisemitische Geist wird in der Kirche aufstehen, und der antichristliche Geist wird unter den Juden wüten. Beide geistlichen Einstellungen werden den Rest der Welt beherrschen, bis sie einen Großangriff heraufbeschwören, an dem sich jede Religion und Weltanschauung der Erde beteiligen wird. Mit der Zeit wird kaum eine Person auf der Welt übrig bleiben, die nicht irgendwie mit dem

Konflikt, der sich daraus ergibt, in Berührung käme. Wie die Juden damals schließlich die heftigsten Gegner des Evangeliums wurden, so werden viele falsch geleitete christliche Leiter am Ende zu Feinden dieses großartigen Planes Gottes werden. Diejenigen, die so verblendet sind, werden sich, wie ihre jüdischen Ebenbilder im ersten Jahrhundert, für die Schützer des wahren Glaubens halten.

## Krieg im Mittleren Osten

Ein Konflikt im Mittleren Osten führt dazu, daß Damaskus völlig zerstört wird. Dies wird auf eine Art und Weise geschehen, daß die Welt voller Zorn über Israel sein wird. Viele von den Problemen, die zu jener Zeit die Welt erschüttern, werden Juden angelastet, die Schlüsselpositionen in Politik und Wirtschaft innehaben, was als Hinweis auf eine Verschwörung gedeutet wird. Selbst die Vereinigten Staaten werden Israel die Rückendeckung entziehen und sich an dem neuen Holocaust beteiligen. Juden werden in jeder Nation der Erde getötet und vertrieben.

Während dieser Zeit werden sich ernstzunehmende Gläubige auf der ganzen Welt aufmachen, um Juden Schutz und Hilfe zu gewähren. Dies wird sogar noch größeren Zorn den Christen gegenüber entfachen. Daß Juden und Christen gemeinsam in dieser Verfolgung stehen werden, hat Gott so geplant. Zwanzig Jahrhunderte der Verfolgung und Schande haben die Juden auf das *wahre* Evangelium vorbereitet. Und die Christen, die durch diese Zeiten hindurch treu geblieben sind, werden mit dem wahren Evangelium ausgerüstet.

Christen, die verfolgten Juden Zuflucht gewähren, werden sich nicht in menschlichem, unglaubwürdigem Mitgefühl ergehen und die Juden ob ihrer Schwierigkeiten bedauern. Diese Gläubigen werden die Juden ernstlich und mit solcher Autorität und Klarheit mit dem Evangelium in Berührung bringen, daß damit das »Einpfropfen« Israels in den wahren Glauben Abrahams beginnen kann. Sie werden ihrem Messias begegnen und an ihn glauben. Zweitausend Jahre lang sind sie vom Christentum verfolgt worden. Dies wird ihnen helfen, das aufrichtige Christentum, die Geschichte und den sich entfaltenden Plan Gottes zu verstehen, wie wenig auch andere dies vermögen.

Zur selben Zeit werden die Russen zusammen mit dem Iran und anderen islamischen Ländern gegen Israel ziehen, und die Weltöffentlichkeit wird hinter ihnen stehen. Kein anderes Land wird Israel helfen. Doch der Angriff wird durch ein Erdbeben und schwere Stürme abgewehrt werden. Dies wird so unbestritten als Handeln Gottes angesehen werden, daß dadurch auch die Angriffe auf Christen aufhören. Die Flamme der Erweckung wird dadurch entfacht, so daß sich Gläubige regelrecht verstecken müssen, wenn sie schlafen wollen, da so große Menschenmengen errettet werden wollen.

Dies wird der ruhmreichste Schritt nach vorne sein, den die Kirche gehen wird, bevor der Herr wiederkommt. Gott beabsichtigte, daß die Juden und die Christen ein Leib sein sollen (vgl. Eph 2,14-18). Der Plan wird erst dann vollkommen sein, wenn beide *in Christus* vereint werden. Wenn die Zeit der Heiden endet, beginnt die Zeit der Juden und Christen. Dieser Zeitabschnitt wird erst dann abgeschlossen sein, wenn die Schranken von Rassenzugehörigkeit und Vorurteil überwunden sind und unter dem natürlichen und dem geistlichen Samen Israels Einheit herrscht.

Folgendes sind bedeutende Zeichen der Zeit: Wenn in der Kirche und der Welt Antisemitismus vorzuherrschen beginnt, werden wir in die von Jesaja angekündigte »Finsternis« eintreten, die die Erde bedecken wird (Jes 60,1-2). Vor dem Morgengrauen ist es immer am dunkelsten. Doch wenn die zwei Ölbäume in einen gepfropft werden, wird die schrecklichste Finsternis aller Zeiten langsam weichen und dem Licht Platz machen.

Einige haben die irrige Ansicht verbreitet, daß die Juden bei Gott eine Sonderstellung einnehmen und auch ohne Christus für ihn annehmbar sind. Doch dies ist Unkenntnis, der dringend abgeholfen werden muß. Wenn die Kirche sich genötigt fühlt, den Israelis Geld oder andere Hilfsmittel zu schicken, damit sie Raketen kaufen oder Städte bauen können, dann wird sie von falsch verstandener Sentimentalität getrieben. Dadurch wird Israel nicht gesegnet. Es bewirkt lediglich, daß der Wille gestärkt wird, sich dem Evangelium weiterhin zu widersetzen. Dies wird die Kirche nämlich so lange tun, wie sie sich aus eigener Kraft aufrecht halten kann. Die Kirche ist dazu berufen, das geistliche Königreich zu verkörpern, das »nicht von dieser Welt« (Joh 18,36) ist. Also muß der Segen, den sie Israel angedeihen läßt, geistlicher Art sein. Das soll nicht heißen, daß es falsch wäre, wenn Länder wie beispielsweise die Vereinigten Staaten Israel als Nation Hilfeleistungen erweisen. Die Kirche jedoch hat eine höhere Berufung.

Paulus machte deutlich, daß die Juden »... vom Evangelium her gesehen ... *Feinde Gottes, und das um euretwillen*« sind (Röm 11,28; Hervorhebung durch den Autor). Die Kirche muß verstehen, daß die Juden in der Tat Feinde des Evangeliums sind. Doch sind sie es um unseretwillen. Der Herr hat die Juden zum Prüfstein gemacht, der deutlich machen wird, ob wir das wahre Evangelium predigen oder nicht. Nur das wirkliche Evangelium wird die Juden eifersüchtig machen; und das muß geschehen. Ob unser Evangelium die Juden anrühren kann oder nicht, wird die Feuerprobe sein, die zeigen wird, ob wir eine »unverdünnte Wahrheit« verkündigen oder nicht. Dies ist mit ein Grund, warum die Juden in alle Welt zerstreut worden sind. Es gibt kaum einen Ort, wo wir mit dem Evangelium hinkommen könnten, ohne daß sie uns ein Dorn im Auge wären und uns herausfordern und bekämpfen würden. Doch damit zwingen sie uns zur Wahrheit. Es ist wichtig, die Schwachen und Unterdrückten für den Herrn zu gewinnen. Einen Betrunkenen in der Gosse, einen Obdachlosen oder eine langjährige und abgestumpfte Prostituierte zu einer Entscheidung für den Herrn zu führen, gestaltet sich nicht allzu schwierig. Möchte man aber herausfinden, ob man das Richtige predigt oder nicht, sollte man einem Juden das Evangelium verkündigen. Der Herr wies uns an, daß das Evangelium zuerst den Juden gepredigt werden sollte. Der Grund dafür ist nicht Parteilichkeit, sondern die besondere Herausforderung, die die Juden darstellen. Dies soll bewirken, daß wir das Geheimnis der Errettung immer tiefer durchdringen.

Wenn der apostolische Dienst wieder vollkommen hergestellt sein wird, wird es auch die apostolische Botschaft bezüglich Israels sein. Dabei geht es um das erneute Einpfropfen der Juden und um die Rolle, die Israel in Gottes Plan heute spielt. Mit dieser Offenbarung wird Gott auch eine Klarheit über sein Vorhaben mit der Kirche schenken, die bei weitem alles übertrifft, was wir bisher verstanden haben. Die irdischen und himmlischen Nachkommen Abrahams sind jetzt aufgrund der Absichten, die Gott jeweils mit ihnen hatte, auf Interessenkonflikte gestoßen. Sie werden zusammenkommen müssen, denn keiner von beiden kann seinen Ruf ohne den anderen erfüllen. Diese Offenbarung wird eine Zeitlang auf heftigen Widerstand stoßen. Doch zur rechten Zeit werden der

Kirche in dieser Sache die Augen aufgehen. Bis dahin wird es ein Rätsel und eine Kontroverse bleiben. Wenn das »geistliche« und das »natürliche« Israel eins werden in Christus, dann ist das Ende der Zeiten gekommen.

Der Herr verhieß Abraham, daß er diejenigen segnen würde, die ihn und seine Nachkommen segnen, und ebenso diejenigen verfluchen würde, die ihn verfluchen. Dies gilt sowohl für die geistliche wie auch für die blutsverwandte Nachkommenschaft Abrahams. Die Geschichte scheint zu beweisen, daß diejenigen, die die blutsverwandten Nachkommen segneten, natürlichen Segen empfingen, und diejenigen, die die geistlichen Nachkommen segneten, den Segen für ihr geistliches Leben bekamen. Als Zeugnis dafür, daß Gott die beiden Nachkommenschaften jetzt zu einer Einheit zusammenfügen will, werden diejenigen, die das natürliche Israel – die Juden – segnen, von nun an geistlichen Segen empfangen, und diejenigen, die das geistliche Israel – die Kirche – segnen, den natürlichen Segen.

Ein Beispiel dafür: Harry S. Truman erkannte den neugegründeten Staat Israel an, obwohl ihm fast alle Mitglieder seiner Regierung und auch die Weltöffentlichkeit davon abrieten. Diese eine gerechte Tat Trumans ist der Grund dafür, daß seiner Heimatstadt Kansas City die Ehre zuteil wird, ein Zentrum der Erweckung in den Vereinigten Staaten zu sein und viele andere Länder zu segnen. Auch Anwar Sadat erkannte Israel trotz des heftigsten Widerspruchs von allen Seiten an. Als Vermächtnis für Sadat wird die gesamte Nation Ägypten den Namen des Herrn anrufen und die Wüsten der Erde mit einem reinen Evangelium »bewässern«.

Wenn wir Gottes Vorhaben bezüglich Israel erkennen, werden im geistlichen Bereich in zunehmendem Maße Dinge freigesetzt werden, je näher das Ende rückt. Genauso wird auch in Israel immer mehr der Geist freigesetzt, wenn Israel beginnt, Gottes Ziel für die Kirche zu erkennen.

Eines der Hauptanliegen Gottes ist, uns deutlich zu machen, daß er den Stolzen widersteht. Deshalb wird sein Gericht zunehmend unverzüglich über die kommen, die den »natürlichen Zweigen« gegenüber hochmütig werden (Röm 11,18-22). Dies muß so sein, da etwas von so ungeheurer Bedeutung geschehen wird, wenn die zwei Ölbäume eins werden. Das Einswerden der natürlichen und der himmlischen Nachkommen wird letztendlich den freien

Austausch zwischen den Himmeln und der Erde zur Folge haben. Dadurch wird eines Tages möglich gemacht, daß Gott, der Geist ist, in all seiner Fülle bei den Menschen auf der Erde wohnen kann.

*Kapitel 7*

# Die Titanic und die Börse

Eine der Hauptaufgaben von Propheten besteht darin, aktuelle Ereignisse im Licht der Vorhaben Gottes auszulegen. Sie müssen die Beziehungen zwischen den Ereignissen in Zusammenhang mit seinem Werk und seiner Botschaft erkennen. Gottes Propheten sagen nicht nur voraus und prophezeien, sondern ein Großteil ihres Dienstes besteht darin, Zeichen und Botschaften zu erläutern. In diesen Tagen passieren einige außerordentliche Dinge, die für diejenigen, die hören, eine Botschaft enthalten. Zwei dieser signifikanten Ereignisse jüngeren Datums sind die Entdeckung der Titanic auf dem Grund des Nordatlantik und der Börsenzusammenbruch von 1987. Diese beiden Geschehnisse hängen zusammen.

Als die Titanic gebaut wurde, war sie ein Symbol des Reichtums und der scheinbaren Unbesiegbarkeit, die sich das britische Weltreich anmaßte. Die Titanic spiegelte die Extravaganz und die Arroganz dieser Zeit wider sowie die Überzeugung, daß nichts der sich immer weiter ausdehnenden Weltherrschaft und wirtschaftlichen Vormachtstellung in den Weg stellen könne. Diese Haltung widerspricht der Weisheit Gottes, die warnt: »Hoffahrt kommt vor dem Sturz, und Hochmut kommt vor dem Fall« (Spr 16,18). Aber nur wenige kümmerten sich um seine Weisheit. Niemand hätte sich träumen lassen, daß in nur zwei Jahren die Flammen des Krieges auf der ganzen Welt lodern würden. Keiner hätte vermutet, daß ihr unbesiegbares Weltreich auf einen Eisberg laufen würde und früher oder später auf den gleichen Scheiterhaufen der Geschichte geworfen werden würde, auf dem jedes vorherige von Menschen erbaute Weltreich am Ende gelandet war.

Ein Großteil des britischen Klerus unterstützte diese Arroganz des britischen Weltreiches. Sie predigten einen konservativen Patriotismus, da sie der Ansicht waren, daß nur ihr Weltreich wirklich über den Glauben wachen und das Evangelium verbreiten könnte. Ihre Missionare bekehrten überall auf der Welt die Eingeborenen in ihren Kolonien. Ihr geistliches Erbe war reich. Britische Staatsangehörige, die sich durch nichts von ihren Überzeugungen abbringen ließen, haben die Welt durch Reformation und Erweckung erschüttert. Sie gaben der Welt auch eines ihrer größten geistlichen Geschenke – die »King James«-Bibelausgabe. Sie konnten sich kein anderes Land denken, das den gleichen Mantel geistlicher Autorität getragen hätte wie sie.

Um die Jahrhundertwende hatte Großbritannien den Zenit seiner Macht erreicht und begann abzubauen. Die Briten schauten mehr auf das, was sie schon erreicht hatten, als auf das, was noch zu tun war. Stolz war an die Stelle von Vision getreten, und dies ist immer ein Hinweis darauf, daß das Ende naht. Die Titanic war eine Botschaft von Gott an Großbritannien, in der er sie zur Buße rief. Diese Buße hätte bewirkt, daß die Briten die Welt auch in Zukunft zur Erfüllung der Absichten Gottes hätten führen können. Es wäre für sie die Chance gewesen, sich zu größeren geistlichen Höhen emporzuschwingen. Aber sie haben nicht gehört. Sie sind jetzt fest hinter Traditionen verschanzt, ihre Größe gehört der Vergangenheit an, und ihr Mantel wurde einem anderen gegeben.

So wie der Herr das britische Weltreich eine Zeitlang einsetzte, hat er auch die Vereinigten Staaten auf großartige und wundervolle Weise gebraucht. Die Vereinigten Staaten haben vielleicht sogar noch mehr als die Briten das Evangelium gepredigt, sie haben Israel bei der Staatsgründung unterstützt und waren eine der wichtigsten Festungen gegen das Übel des Kommunismus. Amerika sprach dem Wert des Individuums Sinn und Bedeutung zu und wurde dadurch zur größten Nation in der Geschichte. Amerika hatte die Macht, als alleiniger Besitzer von Atomwaffen die Welt zu beherrschen und den Ton anzugeben. Doch aufgrund ihrer Wertschätzung von Freiheit und freier Entscheidung haben sie kaum jemals in Betracht gezogen, diese Macht auszuüben. Amerika war ein Land von Pionieren, die ein größeres Interesse daran hatten, neue Wege einzuschlagen und Neues anzufangen, als zu versuchen, die Welt zu beherrschen. Der Apostel ermutigt uns, denen Ehre zu geben, denen Ehre gebührt. Und wir Amerikaner sollten unseren Vorfahren sehr viel Ehre erweisen, denn sie riskierten ihr Leben, ihr Vermögen und ihre – ihnen selbst – heilige Ehre, damit wir in einem freien Land leben können. Doch so schmerzlich es auch sein mag, wir haben zugelassen, daß sich das Blatt gegen uns wenden konnte. Das Vernichtendste, was einer großen Nation passieren kann, ist den Vereinigten Staaten passiert – aus unserer Vision ist Stolz geworden. Wir Amerikaner haben angefangen, uns mehr auf dem auszuruhen, was wir schon getan haben, als vorwärtszudrängen, um das in Angriff zu nehmen, was noch zu tun ist.

Paulus warnte die Heiden, die aufgrund der Hartherzigkeit der Juden in den Weinstock eingepfropft wurden, daß auch sie sehr schnell wieder herausgenommen werden könnten, wenn sie stolz würden. In gleicher Weise kann Stolz auch dazu führen, daß eine Nation die Position verliert, die sie in den Plänen Gottes eingenommen hatte. Gott kann selbst die unbedeutendste Nation erheben und diese dann den Platz der anderen einnehmen lassen. Gott benötigt die Vereinigten Staaten nicht; die Vereinigten Staaten brauchen ihn. Der Untergang der Titanic war eine Warnung an das britische Weltreich, sie sollten für ihre Arroganz Buße tun. Gott wollte ihnen zu verstehen geben, daß nichts, was Menschen bauen, unbesiegbar ist. Die kürzlich gemachte Entdeckung der Titanic auf dem Grund des Nordatlantik ist eine Mahnung zur rechten Zeit, die uns darauf hinweisen will, daß sich unsere gegenwärtige Arroganz als unglaublich töricht erweisen wird, wenn wir keine Buße dafür tun. In gleicher Weise war auch die Space Shuttle Katastrophe eine Warnung an die Vereinigten Staaten. Der Stolz dieser Nation technischer Wunderwerke stieg im einen Moment zum Himmel auf, und im nächsten Moment war er verschwunden, genau so, wie es in der biblischen Warnung heißt:

> »Ich werde Wunder erscheinen lassen droben am Himmel und Zeichen unten auf der Erde: Blut und Feuer und qualmenden Rauch« (Apg 2,19).

Die Nation war schockiert von dem Blut, dem Feuer und dem qualmenden Rauch, den der Challenger an jenem Tag in ihre Herzen brannte – doch haben wir die Botschaft verstanden? Nicht der Herr hat den Challenger gesprengt, sondern unser Stolz. Stolz zieht Unachtsamkeit nach sich. Wenn diese Nation keine Buße tut, kann sie genauso schnell in ein paar kleine Bruchstücke zersprengt werden wie der Shuttle. Von der Wirtschaftslage her gesehen, ist die Zündschnur für so eine Katastrophe schon gelegt.

Gibt es keine Hoffnung mehr für die Vereinigten Staaten? Es gibt sie, wenn wir Buße tun. Mit jedem Propheten und jeder Warnung, die der Herr sendet, geht ein Aufruf zur Buße einher. Das vorhergesagte Gericht Gottes wird nur vollzogen werden, wenn wir nicht hören und uns nicht von unseren bösen Wegen abkehren wollen. In den siebziger Jahren gab es viele Prophetien über das drohende Gericht Gottes über Amerika. Dann wurde ein gewisses Maß an Buße getan, und das Gericht wurde aufgeschoben, wie es ab und zu auch bei Nationen in der Bibel so geschehen ist. Wir dürfen nun nicht glauben, diese Prophetien seien nicht von Gott gewesen, nur weil sein Gericht nicht stattgefunden hat. Die Prophetien haben die notwendige Buße bewirkt, und der Herr gab uns dann noch mehr Zeit.

Es muß nicht sehr viel Buße getan werden, damit der Herr sich erweichen läßt und sein geplantes Gericht zurückzieht. Als Abraham ihn fragte, ob er Sodom wegen zehn gerechter Menschen verschonen würde, sagte er, er würde es tun. Das Maß an Buße, das die Vereinigten Staaten geleistet haben, war in den Augen vieler Propheten fast nicht der Rede wert, doch es genügte dem Herrn, um uns mehr Zeit zu geben. Er neigt dazu, bei weitem mehr Gnade walten zu lassen als seine Propheten. Wenn nun für eine Weile eine Abkehr von dem Bösen festzustellen wäre, das sein Gericht über uns bringen sollte, und der Herr würde sein Gericht nochmals für eine Weile zurückhalten, würden wir uns dann auch wie Jona beschweren, daß der Herr sein Feuer nicht fallen ließ? Werden wir uns entmutigen lassen und uns weigern, weiterhin zu prophezeien? Dem ist nicht so. Wir wollen sein Wort mit Kühnheit aussprechen, und gleichzeitig beten, daß die Menschen es hören und Buße tun. Eine einzige Seele ist mehr wert als unser Stolz; wieviel mehr wert ist da nicht eine ganze Nation?

Wir sollten um Buße beten, damit diese Dinge nicht *jetzt* geschehen müssen. Doch aus den biblischen Prophetien wissen wir, daß sie schließlich doch geschehen werden. Und es scheint, als ob unsere Zeit durchaus die Zeit sein könnte, in der diese Dinge geschehen. Der Herr kennt das Ende schon von Anfang an, und ihm ist bewußt, daß es eine Zeit geben wird, in der es keine Buße gibt.

Viele sagen heute: »Wir haben dies alles schon früher einmal gehört, und es ist auch nichts passiert.« Wenige verstehen, warum noch nichts geschehen ist. Die Schrift sagt deutlich, daß schwierige Zeiten und Notlagen auf uns zukommen; wir sollten also immer darauf vorbereitet sein. Wir sollten um Sühne bitten, uns aber gleichzeitig auf Zeiten der Trübsal vorbereiten. Sollte die Zeit dafür jetzt gekommen sein, bedeutet das auch, daß das Reich Gottes schon sehr nahe ist. Wir haben also Grund zur Freude, einerlei wie es kommt. Wir dürfen uns nur nicht so verhalten wie die törichten Jungfrauen, die sich entschieden, schlafen zu gehen, da der Herr sein Kommen hinauszuzögern schien. Wir müssen weise mit der Zeit umgehen, die uns noch zur Verfügung steht, ob der Herr uns nun noch ein Jahr oder noch fünfzig Jahre Zeit gibt.

## Stolz ist eine Zeitbombe

Nicht der Herr ließ die Titanic untergehen – Stolz ließ sie untergehen. Da die Verantwortlichen nicht fähig waren, sich vorzustellen, daß die Titanic auch untergehen könnte, segelten sie mutig und unbesonnen in gefährlichen Gewässern. Dieser »nicht zu versenkende« Stolz des britischen Reiches erwies sich als unglaublich zerbrechlich, wie auch das Reich selbst, und wie letztlich auch jedes andere Reich.

Was die gegenwärtige Lage der Weltwirtschaft angeht, haben viele immer wieder verlauten lassen, daß sich die Ereignisse von 1929 nie wiederholen könnten. Und die meisten haben es auch geglaubt. Man erklärte, es seien so viele Sicherheitsvorkehrungen getroffen worden; die Bundesbank würde eine viel strengere Politik betreiben, von Spekulanten würden höhere Hinterlegungssummen verlangt und es gäbe ja auch all die anderen Einrichtungen, die über den Gang der Wirtschaft wachen und im Zweifelsfall regulierend eingreifen würden. Glauben Sie es nicht. Wir sind im Moment anfälliger für einen weltweiten Zusammenbruch der Wirtschaft als je zuvor und segeln im tückischsten aller Gewässer einfach lustig vor uns hin.

Wenn wir keine Buße tun und der Herr nicht eingreift, befindet sich die Welt auf dem Weg zu einem vermutlich vollständigen wirtschaftlichen Zusammenbruch. Diese Katastrophe wird die gesamte Weltwirtschaft so sehr ins Wanken bringen, daß die Wirtschaftslage jener Tage nie wieder stabil sein wird. Der Zerfall wird – mit kurzen Atempausen – weitergehen, bis das gesamte Weltwirtschaftssystem auseinandergebrochen ist. Zu jenem Zeitpunkt wird der Lebensstil auch der reicheren Länder eher dem des neunzehnten Jahrhunderts ähneln als dem des zwanzigsten.

All die Vorkehrungen, die zur Sicherung der Wirtschaft getroffen worden sind, sind Rettungsboote, die vielleicht einige retten werden. Für die Reise, auf der wir uns befinden, sind sie aber völlig ungeeignet. Die Eigentümer der Titanic hielten es schon für überflüssig, daß die Titanic wenigstens die Hälfte der Rettungsboote mit sich führte, die ein Schiff dieser Größe bei sich haben sollte. Führende Köpfe heute segeln mit der gleichen verachtenden Haltung gegenüber jeglicher vernünftigen Erwägungen. Gleichzeitig preisen sie allseits ihre Genialität an, mit der sie ein Schiff entworfen haben, das ihrer Ansicht nach nicht untergehen kann. Im Oktober 1987 sind wir auf einen Eisberg gelaufen, und wir werden in Kürze sehen, wie widerstandsfähig dieses Schiff gegen einen Untergang denn in Wirklichkeit ist.

Menschen, die sich mit Geschichte auseinandersetzen, staunen immer wieder über die Regelmäßigkeit, mit der sich menschliche Fehler wiederholen. Wenige haben es bisher geschafft, aus diesem Kreislauf auszubrechen. Nicht viele waren weise genug, in den Trends und Geschehnissen, die sich um sie herum ereigneten, nicht nur das zu sehen, was sie sehen wollten. Dies betrifft auch vielfach Propheten, die berufen waren, um die Welt und die Kirche zu warnen. Wie schon zu Zeiten der biblischen Seher werden diejenigen, die zur Buße aufrufen, einsame Stimmen sein. Die Mehrheit derer, die für sich in Anspruch nehmen, Botschafter Gottes zu sein, verkünden normalerweise Wohlstand und Frieden. Der Mehrheit war es schon immer wichtiger, akzeptiert zu werden, als die Wahrheit zu predigen.

Menschen mit Autorität fühlen sich immer gezwungen, Probleme so positiv wie möglich darzustellen. Dies liegt im Wesen ihrer Macht begründet. Nur die Mutigsten von ihnen konnten die Warnungen hören und entsprechend darauf reagieren. Weltreich um Weltreich, Land um Land, Organisationen, Firmen, Gemeinden und Familien scheitern immer wieder, weil die Verantwortlichen sich weigern, Probleme anzugehen, bevor sie außer Kontrolle geraten sind.

Es ist verblüffend, wie sehr die Reaktionen der Politiker und Experten nach dem Zusammenbruch der Börse im Oktober 1987 den Stimmen vom Oktober 1929 ähnelten. Manchmal fragt man sich, ob sie nicht einfach aus einem Geschichtsbuch vorlasen! Nach dem Zusammenbruch von 1929 war die erste Reaktion der Politiker, die »ganz grundsätzliche Gesundheit der Wirtschaft« zu betonen. Die Weihnachtsverkäufe waren in jenem Jahr so lebhaft gewesen wie im Jahr davor. Der Zusammenbruch war bald schon fast völlig in Vergessenheit geraten und blieb nur noch als ein etwas wunderliches Ereignis im Gedächtnis der Leute zurück. Die Situation verbesserte sich sogar kurzzeitig, bevor dann für einen langen Zeitraum die Talfahrt begann. Der Tiefpunkt war im Juli 1932 erreicht, als die Depression dann wirklich einsetzte.

Die Tatsache blieb zwar eine Weile unter der Oberfläche verborgen, doch die Wirtschaft begann schon 1929 mit dem Börsenzusammenbruch auseinanderzufallen. Hier begann das Wasser ins Schiff einzudringen. Die Regierung befand sich unter zunehmendem Druck, etwas zu unternehmen. Doch so sehr sie sich auch bemühte, das zu tun, was die Wall Street verlangte – ihre Anstrengungen verschlimmerten das Problem nur noch. Die angeblich »grundsätzliche Gesundheit der Wirtschaft« entpuppte sich als weit zerbrechlicher, als dies irgend jemand vorhergesehen hätte.

Als die Titanic auf den Eisberg auflief, ging ein unheilverheißender Ruck durch das ganze Schiff. Fast alle bemerkten dies, doch nach einigen Minuten ging die Party einfach weiter. Keiner hätte sich vorstellen können, daß sich die meisten in nur zwei Stunden auf dem Grund des Meeres befinden würden. Das Schiff war so groß, und alle Experten hatten gesagt, es könne nicht untergehen. Da im Moment bei uns auch alles so gut aussieht, ist es nahezu unbegreiflich, daß eine Katastrophe bevorsteht. Jesus und auch Paulus jedoch warnen uns, daß sich Katastrophen genau in solchen Situationen ereignen:

> »Wie die Menschen in den Tagen vor der Flut aßen und tranken und heirateten, bis zu dem Tag, *an dem Noach in die Arche ging,* und nichts ahnten, bis die Flut hereinbrach und alle wegraffte ...« (Mt 24,38-39).
>
> »Während die Menschen sagen: Friede und Sicherheit!,

> kommt plötzlich Verderben über sie ... Ihr aber, Brüder, lebt nicht im Finstern, so daß euch der Tag nicht wie ein Dieb überraschen kann« (1 Thess 5,3-4).

Die Börse ist unter normalen Umständen ein Thermometer, das fortwährend die Temperatur der Wirtschaftslage mißt. Sie spiegelt wider, wie die Welt die Wirtschaft einschätzt. Gelegentlich jedoch wird sie zum Thermostat, das die Richtung und den Verlauf der Geschäfte bestimmt. Wenn dies passiert, ist die Situation meist katastrophal. Seit 1929 hat sich dieser Wechsel von Thermometer zu Thermostat nicht mehr mit solcher Wucht vollzogen wie 1987. Die Börse mißt die Wirtschaft nicht mehr allein, sondern diktiert nun die Vorgehensweisen. So weit kann es nur kommen, wenn äußerste Kontrollmaßnahmen erforderlich werden, um Schaden zu vermeiden.

Eine Reihe Kapitalanleger in der ganzen Welt wachten am »schwarzen Montag« auf und wurden von Panik ergriffen. Doch dieser Tag unterschied sich kaum von all den anderen, die wir in letzter Zeit erlebten. Als Roger Smith, der Vorsitzende von General Motors, nach dem jüngsten Tumult an der Börse gefragt wurde, antwortete er: »Wir hatten nicht nur Bauchweh hier in unserem Land; wir hatten einen wirklichen, garantierten Herzanfall! Wenn wir nicht einsehen, daß dies ein Herzanfall war, und wenn wir nicht endlich auf unsere Ernährung achten und anfangen, uns die nötige Bewegung zu verschaffen, können wir wieder einen bekommen, und dies könnte dann der letzte sein.«

Roger Smith hatte recht. Der »schwarze Montag« war ein tatsächlicher Herzanfall für die Weltwirtschaft, denn die Vereinigten Staaten sind das Herz der Weltwirtschaft. Es war kein tödlicher Herzanfall; es war eine Warnung, daß wir sehr ernsthafte Probleme haben. Wenn wir diese nicht in Angriff nehmen, könnte der nächste Anfall durchaus tödlich sein. Doch bislang hat man sich mit diesen Problemen noch nicht befaßt, ja, man hat sie noch nicht einmal angesprochen.

Daß die Ingenieure behaupteten, dieses Schiff könne nicht untergehen, war todbringende Vermessenheit. Dies säte der Same der Nachlässigkeit in die führenden Mitglieder der Schiffsbesatzung der Titanic. Die Nachlässigkeit war der ausschlaggebendste Grund für diese Katastrophe. Kapitän Smith und seine Mannschaft empfingen zahlreiche Warnungen, daß ein Eisfeld direkt auf ihrem Kurs läge, und sie nahmen nicht einmal die Geschwindigkeit zurück! Auch wenn das Schiff nicht hätte untergehen können, würde das frontale Auflaufen auf einen Eisberg mit Sicherheit großen Schaden anrichten und viele Leben kosten. Der einzig mögliche Grund, warum Smith so unachtsam weiterfahren konnte, ohne die Gefahr ernst zu nehmen, besteht darin, daß er sich wohl in ganz unglaublich falscher Sicherheit wog. Wenn man sich die Wirtschaftspolitik des Westens im Lauf der letzten Jahrzehnte anschaut, fragt man sich wie bei Smith, was um alles in der Welt sich unsere führenden Köpfe wohl denken oder wie es möglich ist, daß eine Katastrophe so lange vermieden werden konnte. Die einzige Antwort darauf lautet, daß der Herr in der Tat seine Engel aufgestellt hat, die die vier Winde der Erde festhalten, bis er sein Werk in seinen Knechten vollendet hat (vgl. Offb 7,1).

Die Bibel warnt uns, daß es in jenen Tagen so kommen wird. Doch sie warnt uns nicht nur, damit wir wissen, welches Verderben uns bevorsteht, sondern damit wir zu gegebener Zeit vorbereitet sind und handeln können. Wenn wir in Christus bleiben, brauchen wir nichts zu befürchten, denn in ihm sind wir von Gottes Gericht befreit. Wir sind hier, weil das großartigste Wirken Gottes aller Zeiten bevorsteht und wir ein Teil davon sind.

Es scheint sich in der Tat so zu verhalten, daß wir in die Zeiten größter Schwierigkeiten eintreten, die es je gegeben hat. Doch diese Schwierigkeiten bedeuten gleichzeitig Geburtswehen, durch die ein neues Zeitalter anbrechen wird, in dem unser König regieren wird. Er ermahnte uns, wir sollten die Zeichen der Zeit erkennen und vorbereitet sein. Dann nämlich können nicht nur wir, sondern auch andere gerettet werden. Es gibt viele Aufgaben für uns, doch werden wir andere nicht retten können, wenn wir selbst am Ertrinken sind.

In naher Zukunft werden verheerende wirtschaftliche Probleme wie Wellen auf die Erde einstürzen. Große Länder und Gesellschaften werden nach und nach zusammenbrechen. Wie bei den Passagieren der Titanic wird uns das Wasser erst bis zu den Knöcheln gehen, dann bis zum Knie; und dann werden alle wie verrückt zum höchstgelegenen Teil des Schiffes rasen. Doch wird alles umsonst sein, da das ganze Schiff sinken wird. Das gesamte System der Welt steht kurz vor seinem Ende. Aber wir müssen nicht mit dem Schiff untergehen, da wir nicht gezwungen werden, auf ihm zu bleiben. Der Herr ruft uns, an Bord des *einzigen* Schiffes zu gehen, das nicht sinken kann – das Reich Gottes.

Als die Rettungsboote sich langsam von der Titanic entfernten, waren die ersten Boote nur teilweise belegt, da die meisten das warme Schiff nicht verlassen wollten. Sie glaubten einfach nicht, daß das Schiff tatsächlich am Untergehen war. Als es dann offensichtlich wurde, daß es unterging, waren die Rettungsboote schon weg. Der Herr ist nun dabei, sein Rettungsboot zu füllen.

> »*Heute, wenn ihr seine Stimme hört, verhärtet euer Herz nicht*« (Hebr 4,7). »*Darum soll jeder Fromme in der Not zu dir beten; fluten hohe Wasser heran, ihn werden sie nicht erreichen*« (Ps 32,6).

## Die Arche

Was sollen wir demnach unternehmen? Es mag vielleicht zu einfach klingen, aber wir müssen den Herrn suchen, ganz ernstlich. Ich meine damit nicht, wir sollten ihn suchen, um Anweisungen zu erhalten, was wir zu tun haben. Wir müssen ihn suchen, denn *er ist*, was wir tun sollen. Er ist die Arche Gottes, die uns aus jeder Flut errettet. Er selbst hat den Fluch unserer Sünde getragen und das Gericht auf sich genommen, das über uns kommen sollte. Wenn wir in ihm bleiben, brauchen wir das Gericht wegen der Sünde nicht zu fürchten. Das heißt nicht, daß wir zum Zeitpunkt des Gerichts nicht anwesend wären oder daß wir kein Leid erfahren würden. Es heißt folgendens: Auch wenn wir gerufen sind, durch Feuer zu gehen, wird das Feuer uns nicht verbrennen; auch Fluten mögen wohl kommen, doch unser Haus wird auf einem Fels gebaut sein, der den Fluten standhält.

Jahrelang wurden Lehrsätze gepredigt, die einen Großteil der Kirche in einen tiefen Schlaf gelullt haben. Es wurde versichert, daß diejenigen, die zu Christus gehören, nicht durch die Zeiten der Trübsal gehen müßten. Dies ist eine maßlose Ignoranz und widerspricht gänzlich dem, was die Schrift sagt. Deshalb ist es recht erstaunlich, daß so viele Menschen dies glauben. Einige halten so sehr an dieser Lehre fest, daß sie überzeugt sind, jede gegenteilige

Ansicht sei von einem falschen Lehrer oder Propheten. Wenn man es sich überlegt, ist es dann nicht besser, vorbereitet zu sein und nicht durch Zeiten der Trübsal gehen zu müssen, als nicht vorbereitet zu sein und dann den Weltschmerz zu ertragen? Corrie ten Boom meinte einmal: »Ich bin in Ländern gewesen, in denen die Heiligen jetzt schon unter schrecklicher Verfolgung leiden. In China hat man den Christen gesagt: ›Macht euch keine Sorgen, bevor die Drangsal kommt, werdet ihr entrückt werden.‹ Dann kam eine schreckliche Verfolgung über sie. Millionen von Christen wurden zu Tode gefoltert. Später hörte ich, wie ein chinesischer Bischof traurig sagte: ›Wir haben versagt. Wir hätten die Menschen vorbereiten und stark machen müssen, so daß sie in der Verfolgung standhalten können, anstatt ihnen zu sagen, daß Jesus davor schon wiederkommen würde.‹ Dann wandte er sich mir zu und sagte: ›Sie haben noch Zeit. Unterweisen Sie die Leute, wie sie in Zeiten der Verfolgung stark sein können, wie sie fest stehen können, wenn die Trübsal kommt – sie sollen fest stehen und nicht schwach werden‹«.

Der Herr ermahnt uns immer und immer wieder, bereit zu sein und uns in acht zu nehmen und jederzeit alle Vorbereitungen getroffen zu haben. Das bedeutet nun nicht unbedingt, daß wir Nahrungsmittel und Munition lagern sollen, sondern daß wir jederzeit handlungsbereit sein müssen, ob der Zeitpunkt uns nun gerade gelegen kommt oder nicht. Wir dürfen nicht die Haltung der Mannschaft der Titanic übernehmen, die nicht wahrhaben wollte, daß ihr irgendwelche Widrigkeiten widerfahren könnten. Denn genau mit dieser Haltung bieten wir die sicherste Angriffsfläche.

## Die Entrückung

Es gibt keine Schriftstelle, die darauf hinweist, daß die Kirche vor dem großen Leiden entrückt wird. Klar ist, daß es eine Zeit geben wird, in der die Christen verwandelt und »in die Luft entrückt (werden), dem Herrn entgegen« (1 Thess 4,17). Doch nirgendwo wird angegeben, *wann* das geschehen wird. Viele haben ihre gesamten Hoffnungen auf die Mutmaßungen einiger Leute gesetzt, wo doch die ganze Bibel ein Zeugnis dafür ist, daß Gott *durch* Drangsal *hindurch* Sieg und Befreiung schenkt. Die Kirche in der Endzeit wird durch das schlimmste Leid aller Zeiten durchgehen müssen, und sie wird überwinden. Dadurch wird sie den Rest der Schöpfung aus ihrer Gebundenheit herausführen. »Wir wissen, daß Gott bei denen, die ihn lieben, alles zum Guten führt, bei denen, die nach seinem ewigen Plan berufen sind« (Röm 8,28). Sogar große Drangsal führt er zum Guten. Dies wird die Sternstunde der Kirche sein, ihr größter Sieg. »Doch all das überwinden wir durch den, der uns geliebt hat« (Röm 8,37). Er führt »uns stets im Siegeszug Christi mit« (2 Kor 2,14).

Dies ist nicht die Zeit, wegzulaufen; es wird Zeit, daß die Kirche ihr geistliches Schwert zieht und angreift. Die Lehre, daß wir vor der Zeit der Weltuntergangsstimmung entrückt werden, hat erfolgreich bewirkt, daß sich in der Kirche eine Mentalität des Rückzugs breitgemacht hat. Doch sie wird nicht erfolgreich sein. Die Mehrheit der vorwärts schreitenden Kirche hat dieses Joch bereits abgeschüttelt. Wenn die Kirche die Herrlichkeit sieht, die in eben jener Zeit der »Finsternis« (vgl. Jes 60,1-2) offenbar werden soll, wird sie diese Zeit um nichts in der Welt missen wollen. In dieser Zeit wird der größte Kampf zwischen Licht und Finsternis stattfinden, und das Licht wird siegen. Der Apostel sagte: »Durch viele Drangsale müssen wir in das Reich Gottes gelangen« (Apg 14,22). Die Drangsale sind das Tor, durch das wir ins Reich Gottes gelangen werden.

Der Begriff »Entrückung« wird verwendet, um das Ereignis zu beschreiben, das bei der Wiederkunft Christi alle Heiligen, die noch am Leben sind, »verwandelt« und sie unsterblich werden. Sie werden »in die Luft« aufgenommen, um dort dem Herrn zu begegnen (1 Kor 15,51-54; 1 Thess 4,15-17). Es ist offensichtlich, daß wir bei der Entrückung regelrecht von der Erde weggenommen und in die himmlischen Sphären aufgenommen werden. Unser Körper wird dabei dann in eine geistliche Gestalt umgewandelt, und von diesem Zeitpunkt an »werden wir immer beim Herrn sein« (1 Thess 4,17).

Es gibt keinen eindeutigen biblischen Hinweis darauf, daß dieses Ereignis zeitlich vor dem, was man allgemein als »die große Trübsal« bezeichnet, stattfinden soll. Es gibt wenige Schriftstellen, aus denen man – frei interpretiert – ableiten *könnte,* daß die Entrückung vor jener Zeit stattfinden wird. Es gibt aber genauso viele Schriftstellen, die die Schlußfolgerung nahelegen, daß es während oder nach dieser Zeit der Qual geschehen wird.

Die weitverbreitete Theorie der Entrückung vor der Zeit des Martyriums taucht in der Geschichte der Kirche zum ersten Mal 1830 auf. Sie läßt sich auf die »Visionen, Offenbarungen und Prophetien« einer Frau namens Margaret McDonald aus Schottland zurückführen. Diese neue Theorie wurde später dann von Edward Irving, John Darby und noch später von Scofield populär gemacht. Dr. Robert Norton, der McDonalds Offenbarungen in seinen zwei Büchern veröffentlichte, gab zu, daß sie die erste war, die die Niederkunft Christi in zwei Abschnitte trennte, was sich aus dieser Lehre der Entrückung vor der Zeit der Trübsal ja ergibt.

Einige der außergewöhnlichen Prediger und Lehrer der letzten eineinhalb Jahrhunderte haben diese Lehre angenommen und verbreitet. Doch genauso viele haben sie nicht akzeptiert, darunter so bekannte und geachtete Prediger wie Spurgeon, Charles Finney, Georg Müller und G. Campbell Morgan. Sie, wie auch eine große Anzahl von zeitgenössischen Predigern, haben überzeugt und bestimmt Stellung gegen diese Lehre bezogen, nachdem sie verbreitet wurde. Zu den wichtigen Reformern, die *vor* der Verbreitung dieser Theorie Lehren gepredigt oder Schlüsse gezogen haben, die dieser Theorie widersprechen, gehören Martin Luther, John Wycliffe, William Tyndale, John Calvin, John Knox, Matthew Henry, Jonathan Edwards, John Wesley, George Whitfield und David Brainerd, um nur einige zu nennen. Weise, verantwortliche Mitarbeiter in der Kirche haben diese Lehre noch fast nie dazu hergenommen, um sie auf strenge Frömmigkeit hin zu prüfen, ungeachtet ihrer eigenen Einstellung dazu. Denn ihr Ursprung ist zu fragwürdig, und sie läßt sich biblisch auch nicht mehr halten als jegliche andere Theorie, die man aus der Schrift herauslesen möchte.

Was ein Christ über die Theorien denkt, die den Zeitpunkt dieses Ereignisses betreffen, sollte unter keinen Umständen als Kriterium dafür genommen werden, zu prüfen, ob derjenige an der Wahrheit und am biblischen Zeugnis festhält. Wenn wir uns wegen solcher Lehren entzweien, macht dies nur unsere Unwissenheit und Unreife deutlich. Wir müssen daran festhalten, daß Gläubige die Freiheit haben, bezüglich dieser und auch anderer Lehren – über die die Schrift keinen eindeutigen Aufschluß gibt – eigene Überzeugungen zu haben. Und einige der Theorien, die die Gegner besagter Lehre aufgestellt haben, sind genauso absurd und wirken zerstörerisch. Doch die Überbetonung dieser Lehre und die Defensive, in die sie uns drängt, haben zur Folge gehabt, daß eine »Mentalität des Rückzugs« und ein Fatalismus in der Kirche zu beobachten sind, die zumindest genauso destruktiv sind.

Wir brauchen uns nicht so sehr um die Theorie der »Entrückung vor der Zeit der Trübsal« Sorgen zu machen als um die Rückzugsmentalität, der die Kirche so sehr verfallen ist. Die gesamte Schrift legt Zeugnis davon ab, daß der Herr seinem Volk zwar Sieg über die Welt schenkt, es aber niemals kurz aus der Welt herausnimmt, wenn Dinge schwierig werden. Aus diesem Grund gibt es den Aufruf an die Gemeinden im Buch der Offenbarung, sie sollten »*Überwinder*« werden. Als Christen sollten wir immer geistlich auf Prüfungen und Leid vorbereitet sein, denn unser »Armageddon« kann schon an der nächsten Verkehrsampel kommen! Millionen Christen in diesem Jahrhundert wurden auf unmenschliche Weise gefoltert, bevor sie um des Namens Jesu willen getötet wurden. Eltern mußten zusehen, wie man ihre Kinder verhungern ließ, da sie sich zu Christus bekannten. Ob das nun »die« Trübsal war oder nicht, kümmerte diese Eltern da wenig. Wir befinden uns auf feindlichem Boden. »Die ganze Welt steht unter der Macht des Bösen« (1 Joh 5,19). Dasselbe kann auch uns passieren und wird es auch, wenn wir nicht wachsam bleiben.

Hier in Amerika und in anderen großen westlichen Nationen werden Kinder christlicher Eltern entführt, um sie bei satanischen Ritualen als Menschenopfer zu mißbrauchen. Der Islam ist die am schnellsten wachsende Religion geworden; auf der ganzen Welt werden nun schon mehr Moscheen gebaut als Kirchen, denn letztendlich strebt der Islam die Weltherrschaft an. (Islam bedeutet »Unterwerfung«, und sein Ziel ist, alle Menschen seiner Lehre zu unterwerfen.) Während all dies um uns herum geschieht, entzweien sich Christen tatsächlich wegen ihres Standpunktes bezüglich der Entrückung und beschimpfen sich gegenseitig als falsche Lehrer! Dies ist die wohl seltsamste, teuflischste und ironievollste Verkehrtheit, die man sich denken kann. Die Engel stufen dies in der Hitliste der größten Torheiten, die verblendete Menschen je begangen haben, wohl ziemlich weit oben ein.

## Nörgler und Besserwisser

Die Bibel ermahnt uns: »Prüft alles, und behaltet das Gute!« (1 Thess 5,21). Wir sollen also das Gute behalten, *nicht das Schlechte.* Bevor wir Dinge beurteilen, müssen wir sie eingehend prüfen. Dabei müssen wir nach dem suchen, was richtig ist, nicht nach dem, was falsch ist. Wir dürfen Dinge nur so weit beurteilen, wie wir auch Erkenntnis darüber haben. Bei Dingen, die wir nicht verstehen, dürfen wir uns zu keiner Stellungnahme hinreißen lassen.

Es läßt sich nicht vermeiden, daß es immer selbsternannte »Häresiejäger« geben wird, die der Kirche mehr Schaden zufügen als die jeweiligen Häresien selbst. Die Taktiken und Täuschungsmanöver von vielen, die sich im Namen der Erhaltung der Wahrheit gegen gewisse Lehren aussprechen, werden zumindest noch eine Zeitlang gerade bei denen Entzweiung bewirken, die sie nach eigener Aussage eigentlich beschützen wollen. Das freie Erfinden und die groben Verallgemeinerungen dieser Besserwisser, von denen Judas im sechzehnten Vers seines Briefes spricht, haben zerstörerische Kraft. Sie haben die Effektivität des geistlichen Lebens und damit der Zeugnisse von mehr Christen untergraben und zerstört als wohl jede andere falsche Lehre sonst.

Der Herr selbst warnte, daß uns nichts Schlimmeres passieren könnte, als ein Stein des Anstoßes zu werden. Er sagte sogar, es wäre besser für uns, gar nicht zur Welt gekommen zu sein, als einen seiner Kleinen zu Fall gebracht zu haben. Der Herr wird viel mehr Nachsicht mit uns haben, wenn wir an jenem Tag vor ihn kommen und einige nebensächliche Lehren nicht richtig verstanden haben, als wenn wir vor ihm stehen und das Blut unserer Brüder an unseren Händen klebt. Wir haben schon immer den Hang dazu gehabt, uns gegenseitig versehentlich zu beschuldigen und sehr grob zu verallgemeinern, wenn wir über die Lehre oder den Dienst voneinander reden. Die Gleichgültigkeit, mit der wir das tun, ist schlimmer und richtet in der Kirche mehr Schaden an, als viele falsche Lehren dies tun.

Etliche Menschen haben in letzter Zeit den Standpunkt vertreten, daß jeder, der nicht an die Entrückung vor der Trübsal glaubt, entweder der Lehre anhängt, daß das Reich Gottes schon in aller Fülle unter uns sei, bevor Jesus wiederkommt (»dominion theology«), oder der Doktrin, daß vor dem Ende der Zeiten heilige, vollendete Menschen auf der Erde wirken (»manifested sons doctrine«). Wenn dies wahr wäre, dann würden alle Christen, die vor 1830 gelebt haben, und auch die meisten wirklich effektiven und anerkannten Leiter seither zu dieser Kategorie gehören.

Wir schauen immer noch »in einen Spiegel und sehen nur rätselhafte Umrisse« (1 Kor 13,12). Noch keiner ist so weit fortgeschritten, daß er alles vollständig und richtig verstehen würde. Deshalb macht jeder von uns Fehler, und wir werden es höchstwahrscheinlich auch weiterhin tun. Nur die ganz Verblendeten können behaupten, noch nie etwas Verkehrtes gelehrt zu haben. Wir haben also alle schon unrichtige, also falsche Dinge gelehrt; und wahrscheinlich halten wir auch momentan an einigen unrichtigen Auffassungen fest. Aus diesem Grund müssen wir alle offen dafür bleiben, uns korrigieren zu lassen und uns einem vollkommeneren Verständnis der Dinge anzunähern. Wenn jemand einmal etwas Falsches oder Unstimmiges lehrt, dürfen wir ihn deshalb nicht zu einem »falschen Lehrer« abstempeln, sonst müßten wir alle dieses Etikett tragen. Die Bezeichnung »falscher Lehrer« müssen wir uns für die aufsparen, die unrichtige Lehren über die *wesentlichen* Punkte des Glaubens vertreten, wie beispielsweise die Geburt, das Leben, den Sühnetod und die Auferstehung Jesu.

In unseren Tagen existieren zwei Arten von Dienst vor dem Thron Gottes: Der eine ist Fürbitte, der andere Anklage. Dies sind die Hauptcharakteristika, anhand derer sich unterscheiden läßt, wer im Geist Christi und wer im Geist des Bösen lebt. Judas beschreibt diese beiden in seiner Ermahnung bezüglich der Endzeit. Auch ihnen gilt, was schon Henoch, der siebte nach Adam, geweissagt hat:

> »Seht, der Herr kommt mit seinen heiligen Zehntausenden, um über alle Gericht zu halten und alle Gottlosen zu bestrafen wegen all ihrer gottlosen Taten, die sie verübt haben, und *wegen all der frechen Reden, die die gottlosen Sünder gegen ihn geführt haben*« (Der Herr sagt, das Kriterium, anhand dessen er die »Schafe und die Böcke« voneinander scheiden würde, sei die Art und Weise, wie sie ihn behandelt hätten. Und dies lasse sich wiederum daran ablesen, wie sie seine Brüder behandelt hätten.) Sie sind *Nörgler*, immer unzufrieden mit ihrem Geschick; sie lassen sich von ihren Begierden leiten; sie

> nehmen große Worte in den Mund und schmeicheln den Menschen aus Eigennutz« (der manipulative, berechnende Geist).
>
> »Ihr aber, liebe Brüder, denkt an die Worte, die von den Aposteln Jesu Christi, unseres Herrn, im voraus verkündet worden sind, als sie euch sagten: Am Ende der Zeit wird es Spötter geben, die sich von ihren gottlosen Begierden leiten lassen. *Sie werden die Einheit zerstören*, denn es sind irdisch gesinnte Menschen, die den Geist nicht besitzen.«
>
> »Ihr aber, liebe Brüder, gründet euch auf euren hochheiligen Glauben, und baut darauf weiter, betet in der Kraft des Heiligen Geistes, *haltet fest an der Liebe Gottes*, und wartet auf das Erbarmen Jesu Christi, unseres Herrn, der euch das ewige Leben schenkt. Erbarmt euch derer, die zweifeln; rettet sie, entreißt sie dem Feuer! Der anderen aber erbarmt euch voll Furcht; verabscheut sogar das Gewand eines Menschen, der der Sünde verfallen ist ...« (Jud 14-23; Klammern vom Autor gesetzt).

Die Menschen, die im Geist des Bösen leben, sind die Nörgler und Besserwisser, vor denen uns Judas in Vers sechzehn gewarnt hat. »Freies Dazuerfinden« und »grobes Verallgemeinern« (also Dinge, die letztendlich nicht korrekt wiedergegeben werden), sind zwei der wirksamsten Mittel, die Satan anwendet, um in seiner Rolle als »Ankläger der Brüder« Unterstellung und Verleumdung in Umlauf zu bringen. Nörgler und Besserwisser sind jene, die »die Einheit zerstören« (Vers neunzehn). Diejenigen, die zu Christus gehören, werden an der Liebe Gottes festhalten und anderen mit Erbarmen begegnen. Wie der Herr werden sie *leben, um Fürbitte zu tun, nicht um anzuklagen*. Der Herr sagt, daß nicht die stimmige Lehre das Kriterium sei, anhand dessen er die »Schafe« von den »Böcken« scheiden würde, sondern die Art und Weise, *wie* sie an ihren Brüdern gehandelt hätten. Satan kann als »Engel des Lichts« kommen (was soviel bedeutet wie »Botschafter, der Wahrheit bringt«). Deshalb müssen wir danach streben, Menschen nach ihren Früchten, nach ihrem Geist zu beurteilen, und nicht nach ihren Lehren oder gar nach dem, was andere über sie sagen. Wenn jemand eine richtige Lehre vorweist, aber einem Geist des Stolzes oder der Anklage verfallen ist, wird er unter normalen Umständen weit mehr Schafe verschlingen als andere, bei denen nur einige Lehrsätze nicht stimmen.

Leid zu ertragen ist schon immer das Erbe der wahrhaften Kirche in dieser Zeit gewesen. Die Integrität und Charakterstärke, die sie hierbei bewiesen hat, setzte die Welt fortwährend in Staunen und brachte dem Herrn Ehre ein. Wenn wir wirklich den Herrn fürchten, brauchen wir sonst vor nichts Angst zu haben. Der Herr hat uns ganz klar gesagt, wie wir unser Haus auf den Fels bauen können, der dem Sturm standhält (vgl. Mt 7,24-27). Wir müssen nur zwei Dinge beherzigen – sein Wort hören und danach handeln. *Aber wir müssen beides tun,* und wir müssen es jetzt tun. Wir dürfen nicht warten, bis die Wassermassen heranfluten. Noch halten die Engel des Herrn die Winde zurück (vgl. Offb 7,1), doch dies wird nicht immer so bleiben. Die Zeit bis dahin müssen wir weise nutzen.

Die Systeme und Regierungen der Welt gehen bereits schon zugrunde. In der Schrift finden wir oft »Berge« als Symbole für Regierungen, und das Meer steht für »Völker und Menschenmassen« (Offb 17,15; vgl. auch Jes 17,12-13). In Psalm zweiundvierzig heißt es im dritten Vers, daß die Berge ins Meer stürzen werden, wir uns aber davor nicht zu fürchten brauchen. In den kommenden Tagen werden die Regierungen zerschmelzen wie Wachs (vgl. Ps 97,5), und für eine Zeitlang beginnen die tosenden und immer wieder sich wandelnden Meere, die Regierungen fortzuspülen. Doch Gottes Herrschaft wird nicht wanken. Während jegliche andere Herrschaft zusammenbricht, wird sie auf der Erde immer mehr zum Tragen kommen. Doch wir müssen verstehen und dürfen nie vergessen, daß sein Reich nicht *von* dieser Welt ist. Sein Reich unterscheidet sich vollkommen von den Regierungen dieser Welt. Über dieses Thema herrscht in der Kirche heutzutage noch einige Verwirrung, doch zu gegebener Zeit wird sich das klären. Das Reich Gottes kommt mit unwiderstehlicher Kraft. Diejenigen, die nicht nur nach einer eigenen Position und Anerkennung streben, sondern ihn und seine Ehre ernsthaft suchen, werden ein Teil dieses mächtigen Wirkens Gottes sein.

Die Lehre des Reiches Gottes muß erst noch gepredigt werden. Die Lehrsätze bezüglich der Errettung sind in fast alle Welt getragen worden, aber das Evangelium des Reiches Gottes noch nicht.

Viele haben vielleicht schon »eine« Lehre des Reiches Gottes verkündigt. Doch die Botschaft des Reiches Gottes haben wir noch nicht in der Klarheit und Vollmacht gehört, wie Gott das für die Endzeit vorgesehen hat. Doch es wird nicht mehr lange dauern. Das Kommen des Reiches Gottes wird viel schwieriger zu erkennen sein, als man uns vorgemacht hat. Jesus warnte die Pharisäer, die sehr sorgfältig ihre Lehren über das Kommen des Reiches Gottes entworfen hatten: »Das Reich Gottes kommt nicht so, daß man es an äußeren Zeichen erkennen könnte« (Mt 17,20). Jetzt sollten wir uns die Offenheit und Integrität der Beröaner zu eigen machen, die bereitwillig zuhörten und dann in den Schriften nachforschten, ob das Gehörte mit der Schrift übereinstimmte (vgl. Apg 17,11).

Wir wissen vielleicht noch nicht genau, wie das Reich Gottes auf die Erde kommt, doch wir wissen, daß es kommt, und wir wissen, wie wir uns darauf vorbereiten können. Wenn wir in Jesus – dem König – bleiben, dann leben wir jetzt bereits im Reich Gottes. Wenn wir in ihm bleiben, können uns keine widrigen Umstände jemals aus der Bahn werfen. Er wird uns Kraft geben, zu seiner Ehre das Beste daraus zu machen.

## Drei Arten von Leiterschaft

Die Tragödie der Titanic offenbarte auf eindrucksvolle Weise drei Arten der Leiterschaft. Alle diese drei Arten sind heute in der Welt und in der Kirche erkennbar.

Den ersten Typus verkörpern Kapitän Smith und die Besatzung der Titanic. Sie gehörten zu dem Besten, was die Britische Handelsflotte aufbieten konnte. Es gab im gesamten britischen Weltreich wohl keinen Kapitän für die Hochseeschiffahrt, der so intelligent, erfahren und kenntnisreich gewesen wäre wie Smith. Er hatte noch nie auch nur einen einzigen Unfall auf See gehabt. Dies alles zusammen ergab das Bild einer »nicht versinkbaren« Mannschaft mit einem »nicht versinkbaren« Schiff. Aber wahrscheinlich haben gerade diese Eigenschaften entschieden dazu beigetragen, daß dieses Schiff so ein schlimmes Ende nahm. Denn all dies nährte den Stolz, der seinerseits dann Nachlässigkeit zur Folge hatte, was normalerweise früher oder später zur Tragödie führt.

Die Mannschaft der Titanic hatte mit den Rettungsbooten nie richtig den Ernstfall geprobt. Sie verfügten über keinen Plan, wie sie die Passagiere geordnet in die Boote schaffen konnten. Die Mannschaft wußte nicht einmal, wie man die Rettungsboote herunterließ. Alles mußte in dem Moment erst geplant und gelernt werden, während das Schiff immer weiter sank. Es ist ganz offensichtlich, daß dadurch viel mehr Menschen sterben mußten, als notwendig gewesen wäre. Viele Boote waren nur teilweise besetzt, als sie heruntergelassen wurden; in einem befanden sich nur zwölf Menschen, während viele hundert Passagiere von der Mannschaft unter Deck gehalten wurden. Das gesamte Schiff war völlig unvorbereitet von den Ereignissen in dieser verhängnisvollen Nacht überrascht worden, und sie mußten es teuer bezahlen. Wird man uns genauso unvorbereitet antreffen? Wenn ja, dann werden wir es ebenfalls teuer bezahlen. Aber es muß nicht sein, daß wir überrascht werden. Der Herr ermahnt uns, auf die Zeichen der Zeit zu achten, nicht zu schlafen und auf der Hut zu sein. Propheten im ganzen Land rufen heute zur *Vorbereitung* auf. Der Herr gibt uns Zeichen am Himmel und auf der Erde. Er läßt seine Trompete erschallen, um uns aufzuwecken, und wir müssen es hören.

Jeder große Mann Gottes ist erst dann erfolgreich, wenn er durch das Feuer von Versagen und Niederlage gegangen ist. Dies mag eine unpopuläre Lehre sein, doch die Schrift gibt uns ein Beispiel nach dem anderen dafür. So viele Älteste und Väter des Glaubens hätten niemals jemandem Verantwortung übertragen, der nicht schon sein Päckchen zu tragen gehabt hätte. Wir würden weiser sein und bei weitem sicherer, wenn wir ihrem Beispiel folgen würden. Alexander Solschenizyn meinte dazu: »Lehrt uns nicht schon die Biologie, daß anhaltendes Wohlergehen keinem Lebewesen guttut?« Beständiges Wohlergehen kann einem höchst gefährlichen Feind die Türen öffnen – der Lässigkeit. Wie könnte man es sonst erklären, daß die Mannschaft der Titanic sechs Warnungen über den genau auf ihrem Kurs befindlichen Eisbergen empfangen konnte, ohne die Geschwindigkeit auch nur ein bißchen zurückzunehmen!

Die Bibel berichtet äußerst freimütig über das Versagen und die Fehler auch ihrer größten Helden. Dies ist schon an sich eine Botschaft. »Wer also zu stehen meint, der gebe acht, daß er nicht fällt« (1 Kor 10,12). Sogar die größten Männer und Frauen des Glaubens erlebten Versagen und Niederlagen. Sogar der Apostel Paulus mußte erleben, wie Satan seine Pläne vereitelte. Wenn ich Zeugnisse von einzelnen oder Gemeinden höre, die sich noch nie getäuscht oder noch nie schwerwiegende Fehler gemacht haben, nimmt mein Vertrauen in sie nicht unbedingt zu. Wenn ich dann feststelle, daß diese Leute manchmal auch noch stolz darauf sind, vertraue ich ihnen noch weniger. Trägt jemand niemals eine Wunde heim, so stand er wahrscheinlich noch nie im Kampfgetümmel. Solche Menschen werden dann sehr leicht nicht nur verwundet, sondern auch getötet werden, wie es mit der Mannschaft der Titanic geschehen ist.

Zwei weitere Schiffe spielten im Drama der Titanic eine bedeutende Rolle: Die »Californian« und die »Carpathia«. Die Kapitäne dieser beiden Schiffe verkörpern auf ganz bemerkenswerte Weise die zwei anderen Arten von Leiterschaft, die heutzutage vorherrschend sind.

Der Kapitän der »Californian« hatte offensichtlich etwas aus seinen zurückliegenden Jahren des Erfolges und des Versagens gelernt. Er war zurückhaltend und vorsichtig, doch war er übervorsichtig. Es mag sein, daß die harte Realität des Lebens uns zu einer solchen Reaktion hinreißen kann, wenn wir zulassen, daß die Angst vor weiterem Versagen fortwährend Unschlüssigkeit in uns sät. Übertriebene Vorsicht kann genauso tödlich sein wie allzu große Zuversicht, wie in diesem Fall zu sehen ist. Als Kapitän Lord von der »Californian« von dem Eis hörte, das sich auf seinem Kurs befand, drosselte er die Geschwindigkeit. Als er das Eis sah, befahl er, das Schiff zu stoppen und wartete auf den Tagesanbruch. Sein Bordfunker begann, die anderen Schiffe im Gefahrenbereich zu warnen. Um 19.30 Uhr erhielt die »Titanic« die Warnung und hielt sie im Logbuch fest.

In dieser Nacht war der sonst so stürmische Nordatlantik unglaublich ruhig. Einige Offiziere äußerten, daß sie die See noch nie so ruhig gesehen hätten. Der erste Offizier der »Titanic«, Lightoller, empfand dies genauso und brachte dies während der späteren Untersuchung zum Ausdruck, indem er sagte: »Alles war gegen uns.« Denn von dieser Ruhe war wohl auch die Mannschaft der »Californian« ergriffen worden. Die Wachhabenden auf der Kommandobrücke sahen, wie sich die »Titanic« von nur einigen Meilen Entfernung näherte und dann schlagartig im Wasser stehenblieb. Zuerst dachten sie wohl, die Titanic treffe die gleichen Sicherheitsvorkehrungen wegen des Eises, wie sie es getan hatten. Doch dann begann sie, alle paar Minuten Notraketen in die Luft zu jagen – was auf See immer das Signal einer Notlage ist. Die Männer der »Californian« jedoch suchten nach einer anderen, verstandesmäßigen Erklärung für dies; sie sagten sich, die Zeichen gälten wohl einem anderen Begleitschiff, das sie nicht sehen konnten. Sie machten sich nicht einmal die Mühe, den Bordfunker zu wecken, damit er versuchen könnte, mit dem Schiff Kontakt aufzunehmen. Dann sahen sie, wie die »Titanic« langsam verschwand, und meinten zueinander, jetzt würde sie ja wieder weiterfahren, während sie in Wirklichkeit immer tiefer ins Wasser glitt. Hätten die Männer der »Californian« auf das erste Notsignal reagiert, wären vielleicht alle Menschen gerettet worden.

Die Gleichgültigkeit der Mannschaft der »Californian« ist unbegreiflich, genauso wie die Haltung der Mehrheit in der Kirche auch. Wenn schließlich alles vorbei ist, werden wir staunen, wie viele von uns in der Lage gewesen wären, Menschenleben zu retten. Doch statt dessen haben wir wie Kapitän Lord die ganze Nacht durchgeschlafen, obwohl wir doch so viel hätten tun können. Rationalisieren kommt dann einem weitverbreiteten Schild gleich, hinter dem sich Feiglinge verstecken. Fürchteten sie sich so sehr vor dem Eis, daß sie sich entschlossen, sich gegenseitig völlig unglaubwürdige Gründe einzureden, wieso sie auf die offensichtliche Notlage jetzt nicht reagierten? Werden wir uns später einmal eine ähnliche Frage stellen müssen? Wenn unsere Welt untergeht, werden wir dann schlafen, statt viele retten zu können? Oder werden wir aufstehen und handeln?

Im Buch der Offenbarung heißt es: »*Aber die Feiglinge und Treulosen, die Befleckten, die Mörder und Unzüchtigen, die Zauberer, Götzendiener und alle Lügner – ihr Los wird der See von brennendem Schwefel sein. Dies ist der zweite Tod*« (Offb 21,8). Hier werden Feiglinge mit Mördern in einen Topf geworfen, da ihre unterlassenen Handlungen andere Menschen oft das Leben kostet. So erging es auch den Passagieren der »Titanic«. Wir können uns als Christen in Zeiten der Not durchaus verstecken und so unser Leben retten. Doch wenn wir das tun, kann es gut sein, daß wir dadurch unser ewiges Leben aufs Spiel setzen. Wenn wir uns nämlich ängstlich niederkauern und unser Leben retten möchten, werden wir es am Ende verlieren, wie der Herr uns gewarnt hat. Nur wenn wir unser Leben verlieren, werden wir es finden. Feiglinge haben keinen Platz im Reich Gottes. »*Die Schar derer, die ihrem Gott treu sind, bleibt fest und handelt entsprechend*« (Dan 11,32).

Das dritte Schiff in diesem verhängnisvollen Drama jener Nacht war die »Carpathia«. Ihr Kapitän war Arthur H. Rostron. Er hatte den Ruf, in der Lage zu sein, sowohl schnelle Entscheidungen zu treffen wie auch seine Untergebenen zum Handeln anzuspornen. Er ist ein wunderbares Beispiel für die Art der Leiterschaft, die der Herr für die jetzige Zeit vorbereitet hat. Rostron war ein gottesfürchtiger Mann des Gebets. Um null Uhr fünfunddreißig stürzte der Bordfunker in sein Quartier und berichtete ihm, daß die »Titanic« auf einen Eisberg aufgelaufen sei. Rostron reagierte mit starkem Charakter. Er ordnete unverzüglich an, die »Carpathia« solle umdrehen und mit voller Kraft losfahren; erst später fragte er den Funker, ob er sicher sei, daß diese Nachricht auch stimme. Seine Handlungsweise steht in beeindruckendem Gegensatz zur Reaktion der »Californian«.

Rostron zeigte dann meisterhaft, was es heißt, eine Sachlage mit wohlvorbereitetem und hellwachem Geiste anzugehen. Er dachte an alles und kümmerte sich um jede Einzelheit. Er ließ den englischen Arzt zum Speisesaal der ersten Klasse kommen, den Italienischen zur zweiten Klasse, den ungarischen zur dritten, und zwar mit jeglicher Ausrüstung und jeglichen Hilfsmitteln versehen, die man für Kranke und Verletzte braucht. Er wies verschiedenen Offizieren unterschiedliche Gangways zu und beauftragte sie, sich per Funk die Namen der Überlebenden zu notieren. Sie bereiteten Bahren mit Tragriemen für die Verwundeten vor. Entlang der Seiten des Schiffes wurden Bulinen befestigt, ebenso wie Schiffstaue und Ziehleinen, um Leute in Stühlen hochziehen zu können. Alle Gangwaytüren wurden geöffnet. Dann wies er bestimmte Offiziere an, sich um seine eigenen Passagiere zu kümmern und zu schauen, ob ihnen etwas fehlte. Alle wurden eingespannt, um Kaffee, Suppe und Proviant vorzubereiten. Danach erklärte er, daß alle Offizierskabinen, Raucherzimmer, die Bücherei und andere Räume als Unterkünfte für die Überlebenden dienten. Die Stewarts wurden losgeschickt, um ihre eigenen Passagiere zu beruhigen und ihnen den Grund für diese Unruhen zu erläutern, damit sie nicht in Panik gerieten.

Dann wandte Rostron sich dem allergrößten Problem zu – dem Eis. Er fuhr mit voller Kraft auf das gleiche Eisfeld zu, in dem die »Titanic« steckengeblieben war. Für diesen mutigen Mann kam es nicht in Frage, die Geschwindigkeit herunterzunehmen, doch tat er alles, um das Risiko für sein Schiff und die Passagiere zu reduzieren. Er plazierte einen Mann am Ausguck, zwei weitere am Bug und je einen am rechten und linken Flügel der Kommandobrücke. Auch er selbst blieb dort. Sein zweiter Offizier, James Bisset, beobachtete dann, wie sein Kapitän eine letzte, für ihn allerwichtigste Maßnahme ergriff – er betete.

Um zwei Uhr fünfundvierzig sah Bisset den ersten Eisberg. Sie steuerten um ihn herum und fuhren weiter. Während der nächsten Stunde konnten sie fünf weiteren Eisbergen ausweichen. Um vier Uhr erreichten sie die Position, die die Titanic zuletzt angegeben hatte, und begannen Rettungsboote zu bergen. Die langsam aufgehende Sonne offenbarte einen erstaunlichen Anblick. Das ganze Meer war ringsum voller Eisberge, so weit das Auge reichte. Trotz all der Sicherheitsmaßnahmen, nach Eis Ausschau zu halten, war die »Carpathia« an zahlreichen Eisbergen vorbeigefahren, die sie nicht einmal gesehen hatte. Keiner konnte sich vorstellen, wie sie an all diesen heil vorbeigekommen waren. Ihr gottesfürchtiger Kapitän jedoch wußte es.

Die schwierige Bergung der Überlebenden ging mit solcher Ordnung und Disziplin vonstatten, daß über allem großer Frieden lag. Der Geist der Selbstaufopferung sprang von der Mannschaft auf die Passagiere der »Carpathia« über. Die Passagiere der ersten Klasse überließen ihre Kabinen den Überlebenden; andere legten sich tüchtig ins Zeug und halfen, wo es nur ging. In einer der dunkelsten Nächte der Tragödie, die es je auf hoher See gegeben hatte, strahlten der Kapitän, die Mannschaft und die Passagiere der Carpathia als helle Lichter der Tapferkeit und des Heldenmutes hervor. Sie haben demonstriert, wie Gott sich vorstellt, daß wir uns in der Nacht der Tragödie und der Verluste, die jetzt über die Erde kommt, verhalten sollen. Wir wollen nicht schlafen, wie einige dies getan haben, und uns auch nicht von der Ruhe der See täuschen lassen. Wir wollen *vorbereitet sein*!

## Kriege, Erdbeben, Hungersnöte und Plagen

Die Schrift sagt uns, daß die Endzeit die schlimmste Zeit mit der größten Not sein wird, die es je auf der Erde gegeben hat. Ein großer Teil der Verluste und der Zerstörung wird daher rühren, daß wir nicht richtig vorbereitet sind. Dieser Not wird so großer Frieden und relativer Wohlstand vorausgehen, daß sich fast die ganze Welt in Ruhe und Gelassenheit wiegt, bis das Böse losgelassen wird »wie das Zuschnappen einer großen Falle«. Wenn diese Ereignisse erst einmal geschehen, werden sie mit atemberaubender Geschwindigkeit immer schneller aufeinander folgen. Wenn wir nicht vorbereitet sind, bevor diese Flutwelle über uns hereinbricht, wird es wirklich zu spät sein. Jetzt ist die Zeit, unsere Häuser in Ordnung zu bringen.

Eines der ersten Dinge, die ich als Jetpilot lernte, war exakt auf meine Meßinstrumente zu achten und zu verstehen, was sie anzeigten. Auch wenn die einzelnen Systeme innerhalb ihrer zulässigen Abweichung blieben, so konnte man doch von gewissen Tendenzen auf ernsthafte Probleme schließen. Bei sprunghaften und unregelmäßigen Schwankungen – auch wenn sie innerhalb akzeptabler Parameter bleiben – kann es sein, daß der Motor nicht nur einfach ausfällt, sondern schlichtweg explodiert! Die politischen, wirtschaftlichen und ökologischen Meßinstrumente der ganzen Welt schwanken wie wild und tun dies schon seit geraumer Zeit. Trotz des großen Spielraums haben sie die sicheren Parameter verlassen. Diese Meßanzeigen versuchen uns zu warnen, daß dieser Motor vielleicht nicht einfach langsam an Kraft verliert, wenn er ausfällt, sondern eventuell mit furchtbarer Wucht explodiert.

1987 hatten wir den größten Börsenzusammenbruch aller Zeiten, der über Nacht Auswirkungen auf jede große Börse der Welt hatte. Am nächsten Tag schon konnten wir die eklatantesten Kurszuwächse aller Zeiten verzeichnen. 1988 hatte ein Präsidentschaftskandidat scheinbar unüberwindliche siebzehn Punkte Vorsprung bei den Wahlumfragen. Doch nur in wenigen Wochen fiel er um siebzehn Punkte zurück und kam nie wieder nach oben. Der Präsident des ersten und mächtigsten kommunistischen Landes ruft nach demokratischen Reformen und einer beschränkten freien Marktwirtschaft. Auch in vielen anderen kommunistischen und westlichen Nationen gibt es erstaunliche Veränderungen in der politischen Linie. 1988 erlebten wir den gewaltigsten Hurrikan aller Zeiten, die schlimmsten Waldbrände, eines der heftigsten Erdbeben, niedrigste Temperaturen im Atlantik, Höchst- und Tiefsttemperaturen in vielen anderen Gebieten auf der ganzen Welt, bei denen einige die bisherige Rekordtemperatur um fast zehn Grad Celsius übertrafen! Wir verzeichneten Höchst- und Tiefsttemperaturrekorde in denselben Regionen zur selben Jahreszeit; wir hatten in derselben Region größte Dürre und schlimmste Regenfälle. Wir bemerken schon kaum mehr, daß diese Wetter- und Temperaturrekorde kontinuierlich und in immer größerem Ausmaß ansteigen. Politische, wirtschaftliche und ökologische Meßgeräte schlagen wie wild aus und gehen über ihre sicheren Parameter hinaus. Diese Entwicklungen sind Botschaften.

Nun beginnt eine Zeit, in der zunehmend Kriege stattfinden werden. Dies wird sich wieder legen, bis auf der Welt fast völliger Frieden herrscht. Mit grausamsten Waffen werden einige vernichtende Angriffe geführt; in begrenztem Umfang werden sich vor allem Länder der dritten Welt sogar nukleare Gefechte liefern. In diesem Zeitabschnitt der Vision werden mehr Menschen durch Plagen und Naturkatastrophen ums Leben kommen als durch Kriege. Die Grundfesten der Zivilisation werden erschüttert und zerfressen werden. Sogar die stabilsten Regierungen werden zusammenbrechen und die Autorität und Kontrolle über die Bevölkerung verlieren. Am Ende wird sich kaum jemand mehr finden, der den Mut hat, Autorität zu ergreifen. Dies wird schließlich dazu führen, daß sich auf der ganzen Welt Paranoia und Anarchie ausbreiten.

Es wird beständig neue vernichtende Erdbeben geben. Einige der schrecklichsten Beben werden Gegenden treffen, die man vorher für erdbebensicher hielt. Dies macht die Beben um so vernichtender, da man in diesen Gegenden beim Häuserbau die Möglichkeit eines Erdbebens nicht mit eingeplant hat. Da es in diesen Gegenden auch weniger Unterbrechungen in Form von Hügeln gibt, die die Energie verlagern und auffangen könnten, werden sich die Wellen der Erschütterung über viel größere Entfernungen ausbreiten, während sie ihre ungeheure Wucht beibehalten.

Eines dieser Killerbeben wird mit solcher Wucht die Ostküste Amerikas treffen, daß man es noch an der Westküste spüren wird. Die Vernichtung, die dieses Beben verursacht, wird sich bis zum westlichen Mississippi hinziehen. Ein Erdbeben wird Florida zerstören und es vom Festland wegreißen. Die Westküste wird sich durch ein schlimmes Beben drastisch verändern. In manchen Gegenden wird der Ozean so weit ins Inland dringen, bis er dahin gelangt, wo heute Wüste ist. Asien und Südeuropa werden wiederholt von rekordbrechenden Beben getroffen werden. Einige davon werden fast ganze Nationen ausradieren. Eine große Nation Südeuropas wird bis auf ein paar kleine Inselchen einfach verschwinden. Da Elektrizitätswerke und Stromleitungen zerstört werden, bleiben große Teile der fortschrittlichsten und modernsten Nationen jahrelang ohne Elektrizität. Dies wird den Lebensstil in diesen Gegenden so drastisch verändern, daß er mehr dem des neunzehnten Jahrhunderts gleicht als dem des zwanzigsten.

Die Krankheit Aids wird sich weiterverbreiten, bis sie zu einer der tödlichsten Krankheit aller Zeiten geworden ist. Dieser Virus wird sich dahingehend verändern, daß er durch zufälligen Kontakt, Mücken und sogar Nahrungsmittel übertragen werden kann.

Riesige Bandengruppen werden über alles herfallen, was sich ihnen in den Weg stellt. Eine ihrer wichtigsten Zielscheiben wird die Infrastruktur großer christlicher Religionsgemeinschaften und bekannter, im Dienst stehender Gruppen sein – viele werden fast über Nacht verschwinden. Heidnische Religionen, Kultgemeinschaften und Hexerei werden sich wie Seuchen verbreiten, doch auch sie werden Zielscheibe dieser Banden sein. Zu diesem Zeitpunkt werden die Regierungen schon so weit zusammengebrochen sein, daß die Behörden über Lynchjustiz und Massenhinrichtungen, die von diesen Verbrechern vollstreckt werden, hinwegsehen.

## Licht ist stärker als Finsternis

Furcht und tiefe Finsternis werden auf der Erde herrschen, doch dies wird die Herrlichkeit, die über den Heiligen sichtbar werden wird, nur noch heller strahlen lassen. Menschenmassen werden in Strömen zum Herrn kommen. An machen Orten wird der Zustrom so groß sein, daß sehr junge Christen äußerst große Gemeinden leiten werden. Arenen und Stadien werden jeden Abend überfüllt sein, wenn die Gläubigen zusammenkommen, um die Apostel und die Lehrer zu hören.

Zu jener Zeit werden sehr wenige Gemeinden separat und für sich bleiben. Viele Älteste und Pastoren werden wohl am gleichen Ort bleiben, doch die Gruppen, für die sie verantwortlich sind, werden ständig wechseln. Einige von ihnen werden aufgrund von Verfolgungen weiterziehen, andere deshalb, weil der Herr sie verstreuen wird, damit sie seine Botschaft wie Samen überall hin weitertragen.

Kurz vor dem Ende (meiner Vision) ist der Leib Christi wie ein großer, flutender Strom, der so frei wie der Wind dahinbraust. An einem Tag werden Treffen in einem öffentlichen Saal oder Stadium stattfinden, am nächsten in einem Park, und die Heiligen werden sich fortwährend in ihren Häusern sehen. Bedeutende Zusammenkünfte, die ganze Städte aufwühlen, werden sich ganz spontan ergeben. Außerordentliche Wunder werden an der Tagesordnung sein, und Wunder, die wir heute als großartig einschätzen würden, wirken junge Christen fast unbeachtet. Das Erscheinen von Engeln wird für die Heiligen etwas ganz Alltägliches sein. Über einigen, durch die die Kraft des Herrn gerade fließt, wird für längere Zeit die sichtbare Herrlichkeit des Herrn erscheinen.

Keine Seuche oder Krankheit, kein körperlicher Schaden, abgetrennte Gliedmaßen, Aids, Giftgas- oder Strahlungsschäden mit eingeschlossen, wird sich der Heilung und den Wundern, die die Heiligen in dieser Zeit wirken, widersetzen können. Tag um Tag werden an Orten, wo es nichts zu essen gibt, Nahrungsmittel vermehrt werden. Zu bestimmten Zeiten wird der Herr uns äußerst üppig vom Himmel versorgen, so wie er es mit Israel in der Wüste gemacht hat. Apostel und Propheten werden aufstehen, um im Namen des Herrn Felder und Städte zu segnen und dadurch jede Spur von Strahlung von ihnen zu entfernen.

Konferenzen von Aposteln, Propheten, Pastoren, Ältesten und anderen werden vom Herrn einberufen und sehr stark eingesetzt werden, ohne daß die Teilnehmer auf ihre Denomination fixiert wären oder sich vom Rest des Leibes Christi abtrennen. Ihre Einheit wird in Jesus sein, und er allein ist das Haupt seiner Kirche. Die Gegenwart des Herrn wird während dieser Erweckung schließlich so allmächtig sein, daß alle Kronen zu seinen Füßen geworfen werden, wie bei den Ältesten aus der Offenbarung. Geistliche Anmaßung wird undenkbar sein. Die Leiter werden die Demütigsten von allen sein. Wer sich Leiterschaft anmaßt, ohne eine Berufung dafür erhalten zu haben, wird sofort von allen erkannt werden. Die Verantwortlichen dieser Erweckung werden wahre Diener sein, denen nichts an einem großen Namen oder Posten liegt. Ihre Demut wird sie öffnen, so daß sie Welle für Welle zu Kanälen des lebendigen Wassers werden.

Diese Ernte wird so großartig sein, daß niemand mehr auf die Urkirche zurückschaut, um sich zu orientieren. Alle werden übereinstimmen, daß der Herr ohne Zweifel seinen besten Wein bis zum Schluß aufgehoben hat. Durch die Urkirche wurden Erstlingsfrüchte dargebracht, doch dies wird wahrlich eine Ernte sein! Vom Apostel Paulus sagte man, er habe die Welt auf den Kopf gestellt. Von den Aposteln, die bald gesalbt werden, wird man sagen, daß sie eine auf dem Kopf stehende Welt wieder richtig herum gedreht haben. Nationen werden zittern, wenn sie nur ihre Namen hören, aber sie werden von ihnen auch Heilung empfangen.

# Zusammenfassung

Das Ausmaß der Not wie auch das Ausmaß der Erweckung kann hier nicht in angemessener Weise beschrieben werden. Mir wurde nur ein kleiner Teil des tatsächlichen Ablaufs der Ereignisse gezeigt. Wie ich in der Einleitung dargelegt habe, sah ich nicht das Ende, meine Vision jedoch endete mit zunehmendem Chaos und zunehmender Erweckung. Zu gegebener Zeit wird der Herr noch mehr von dieser Offenbarung schenken. Wir sollten uns jetzt darum kümmern, uns auf diese große Ernte vorzubereiten. Wir müssen den Herrn suchen und nach seiner Strategie und Vision fragen. Wir müssen uns voll und ganz seinen Absichten hingeben.

Es wird andere Worte und Ermahnungen geben, die direkt vom Thron Gottes kommen und große Autorität besitzen, um seine Kirche auf die kommenden Tage vorzubereiten. Nicht, daß er nicht auch über andere Dinge sprechen würde, aber wir werden bald hören, wie seine Propheten und Lehrer anfangen werden, folgendes hervorzuheben:

*Erstens dürfen wir auf keinem anderen Grund bauen als dem, der gelegt ist – Jesus Christus (vgl. 1 Kor 3,11)*

Werke, die auf Wahrheiten aufbauen anstatt auf *der* Wahrheit, Jesus Christus, werden an jenem Tag nicht standhalten können. Viele Gemeinden und Dienste brechen heute schon durch die leiseste Erschütterung zusammen. Werke, die in richtiger Weise auf einer Beziehung zu Jesus aufbauen, werden den größten Prüfungen und Angriffen standhalten, ohne zu wanken. Großer Nachdruck wird in den kommenden Tagen auf Jesus, den Herrn, gelegt werden. Die immer tiefergehende Offenbarung seiner Person wird all die anderern Schwerpunktsetzungen der Vergangenheit überschatten, wie das stärkere Licht der aufgehenden Sonne das geringere Licht des Mondes überschattet. All die Wahrheiten, die uns bisher so sehr abgelenkt haben, werden bedeutungslos erscheinen, wenn die Kirche *ihn* zu sehen beginnt, in dem »*alle* Schätze der Weisheit und Erkenntnis verborgen« sind (Kol 2,3).

*Zweitens müssen wir die Schranken und Mauern niederreißen, die uns vom Herrn und voneinander trennen.*

Wir müssen vertrauter mit ihm werden und durch ihn auch miteinander. Geistlicher Stolz und die Erhöhung von Menschen, einzelnen Wahrheiten oder Werken werden der unerbittlichen Zucht des Herrn anheimfallen und bald als »unerlaubtes Feuer« (vgl. Lev 10,1) verstanden werden. Wer nicht davon abläßt, diese Art von Feuer darzubringen, wird mit so unmißverständlicher Deutlichkeit in seinem Dienst zugrunde gehen, daß eine reine und heilige Furcht vor dem Herrn über den Leib Christi kommen wird. Dies wird dazu beitragen, daß die Kirche auf wahrhaftiger und geistlicher Anbetung sich gründet. Aus dieser Anbetung wird dann wahre Einheit hervorgehen.

*Drittens sollten wir in der Sabbatruhe des Herrn bleiben.*

Dies wird immer stärker betont und immer mehr Wirklichkeit werden, wenn der Herr in seinen Tempel, die Kirche, eintreten wird. Unsere wachsende Vertrautheit mit Jesus wird einen Frieden mit sich bringen, der die stürmisch wogende See der Menschheit beruhigen wird. Die Intensität dieser Zeiten wird jeden Scheinfrieden überwältigen. Wir müssen mit dem »Herrn des Sabbats« eins sein.

*Viertens müssen wir uns danach ausstrecken, unser Leben geistlich vorzubereiten, damit es im natürlichen Leben Auswirkungen zeigt.*

Dazu ein Beispiel: Einige haben begonnen, ihr Vermögen in materiellen Gütern oder Ländereien anzulegen. Dies mag hilfreich sein, doch es ist bei weitem wichtiger, das geistliche Land einzunehmen und unsere Schätze im Himmel zu sammeln. Der Herr sucht Geber, die er zu Kanälen seiner Versorgung machen kann. Diesen Menschen wird es an nichts mangeln. Wer Reichtümer hortet oder nicht lernt, großzügig zu geben, wird in seinen irdischen Geschäften wahrscheinlich zunehmende Krisen erleiden. Dies ist die Disziplin des Herrn, um solche Menschen freizusetzen. Auch einige treue und großzügige Geber werden eventuell zunehmende Schwierigkeiten in diesem Bereich haben. Doch bei ihnen dient es der Vorbereitung, damit sie Werkzeuge für die Versorgung vieler werden können. Denken Sie daran, wie es bei Josef war!

Andere denken beispielsweise, sie sollten wegen der Aidsepidemie ihre Reisen auf bestimmte Gebiete begrenzen und beginnen, persönliche Hygiene großzuschreiben. Dies mag zu einem gewissen Grad hilfreich sein, doch die einzig wirkliche Befreiung vom Gericht Gottes liegt darin, in Christus gefunden zu werden. Geistliche Treue und Hingabe an Christus wird unwillkürlich im natürlichen Bereich Treue und Hingabe zur Folge haben und ist bei weitem wichtiger. Dies allein wird uns vor Aids oder jeglicher anderen Seuche schützen.

*Fünftens sollen wir besonders den Ausspruch des Herrn beachten: »Der Gerechte wird aus Glauben leben«, nicht aus Angst (Röm 1,17).*

Auf der ganzen Welt wird in zunehmendem Ausmaß Angst um sich greifen. Wenn die Kirche jedoch aus Angst handelt, wird sich dies sicher als zerstörerisch erweisen. Einiges der »Glaubenslehre« hat die Wasser so trübe gemacht, daß viele das Wort »Glaube« schon gar nicht mehr hören wollen. Dies passiert oft, bevor der Herr ein großes Werk beginnt. Er wird uns eine großartige Offenbarung über wahren Gauben schenken. Diese Offenbarung wird unentbehrlich sein, und ohne sie könnten wir in diesen Tagen sicher keinen Dienst tun. Einige beispielsweise werden an Orte berufen werden, wo sich Engel kaum hinwagen. Wir müssen *wissen*, daß der, der in uns ist, *viel* größer ist als der, der in der Welt ist. Die Gefäße, die Gott in diesen Tagen vorbereitet, werden eine Kühnheit und Zuversicht an den Tag legen, die eine von Angst gefesselte Welt in Staunen versetzen wird. Je mehr die Gegenwart des Herrn zunimmt, desto mehr wird unser Glaube wachsen. Der wahrhaftige Glaube bedeutet den zu erkennen, an den wir glauben. Wer den Herrn tatsächlich und in richtiger Weise fürchtet, wird sich vor nichts sonst ängstigen.

In den kommenden Tagen werden viele Menschen fortwährend in göttlichen Dimensionen leben und wirken. Dies wird für sie so selbstverständlich sein, wie für die Israeliten das Aufsammeln des Manna. Der Herr wird einige Taten für sein Volk vollbringen, die noch nie dagewesen sind und alle Wunder aus biblischen Zeiten übertreffen werden. Diese Wunder werden jedoch beinah als etwas Normales erachtet werden, da die Gegenwart des Herrn mehr Staunen erregen wird als seine Werke. Er wird in diesen Tagen sehr nahe bei seinem Volk sein.

*Sechstens wird der Herr zukünftig*
*unser Verständnis seines Wortes und seiner Absichten uns*
*in einer Tiefe und Erkenntnis schenken,*
*die unser momentanes Verstehen weit übersteigt.*

Die »Bücher« müssen erst noch »geöffnet« werden, und das wird auch passieren. Wenn es geschieht, wird unser Verständnis von so grundlegenden Wahrheiten wie »Errettung« und »Wiedergeburt« beträchtlich erweitert. Dies wird dem ganzen Leib Christi weit mehr Bedeutung und ein größeres Zielbewußtsein verleihen. Die Gaben und Dienste werden mit zunehmender Autorität und Vollmacht ausgestattet, da mit wachsender Erkenntnis auch größeres Vertrauen einhergeht. Die geistliche Dimension wird für die Kirche wirklicher werden als die natürliche. Wenn in der Kirche der richtige Grund in der rechten Weise gelegt worden ist – unser Einssein mit Jesus und unsere Hingabe an ihn –, wird der Geist der Offenbarung in noch nie dagewesenem Maß ausgegossen werden.

Es gab schon viele bemerkenswerte Ausgießungen des Heiligen Geistes, aber fast nie gab es bleibende Früchte. Große Menschenmengen, die dem Herrn begegneten, fielen wieder in die Welt zurück, doch der Herr hat trotzdem das vollbracht, was er beabsichtigte. Viele, die ins Reich Gottes gebracht wurden, blieben und wurden »reif«. Er hat sich etwas geschaffen, was sich als eine starke Grundlage erweisen wird, auf der sich bauen läßt; ein Netz, das den Fang, den er für das Ende der Zeiten vorbereitet hat, halten kann. Durch die Drangsal und die Zeiten der Trockenheit in den letzten paar Jahren hat er sorgfältig starke Seile geflochten, die er nun anfängt zusammenzuknüpfen.

Widersetzen Sie sich dem Herrn in diesem Werk nicht. Streben Sie nach größerer Vertrautheit mit dem Herrn und öffnen Sie sich Ihren Mitgeschwistern im Leib Christi. Strecken Sie sich aus nach ihnen und reißen Sie die Schranken nieder. Christen, die in Extreme abgeglitten sind, werden wieder zurück auf den Weg finden, um nie wieder vom Strom des Lebens durch die kleinen Nebenflüsse, die ihn speisen, abgelenkt zu werden. Diejenigen, die sich neuer Wahrheit bisher widersetzt haben, werden sich bald schon in den Strom stürzen ohne Angst vor Felsbrocken oder Tiefen. Die Salbung wird bald jedes Joch zerbrechen, das auf uns lastet. Die Reformation zeigte uns den *Weg*. Die pfingstliche und charismatische Erneuerung begann, uns näher zur *Wahrheit* hin zu führen. In der kommenden Erweckung werden wir Jesus als unser *Leben* kennenlernen. Wenn das Seil alle diese drei Stränge enthält, wird es nie wieder reißen.

Dieses Wort wurde denen zur *Vorbereitung* gegeben, die der Herr einsetzen möchte. Es werden Beziehungen zwischen Diensten und Gemeinden aufgebaut werden, die einander in der Vergangenheit gefürchtet und abgelehnt haben. Gott wird diese Beziehungen bei vielen Gemeinden wachsen lassen, ohne ihre jeweiligen Lehren oder Schwerpunkte zu verändern. Er wird sein Volk ganz einfach dazu bringen, über diese Verschiedenheiten hinwegzusehen und ihn in der Einheit anzubeten. Wenn er erhoben wird, werden wir uns allmählich fragen, wie so viele Dinge, die uns so wichtig waren und wegen derer wir uns zerstritten haben, so viel Aufmerksamkeit auf sich ziehen konnten. Wenn diese letzte Schlacht beginnt, werden wir alle erstaunt und manchmal auch beschämt sein wenn wir erkennen, wer alles auf unserer Seite kämpft.

Wichtiger als die kommenden Dinge vorauszusehen ist es, tagtäglich in ihm zu sein. Wenn wir in ihm bleiben, werden wir am rechten Ort sein und gut vorbereitet für alles, was er uns zu tun gibt. Jesus kam nicht, um uns den Weg zu zeigen; er kam, um Weg zu *sein.* Der Heilige Geist wurde nicht gesandt, um uns Führung zu geben; er kam, um unser Führer zu *sein.* Es ist nicht allein die Verblendung, Wahrheit nicht richtig zu verstehen; Verblendung bedeutet, nicht in seinem Willen zu sein. Es ist völlig unwesentlich, wie genau unsere Vision und Erkenntnis von diesen Zeiten ist, wenn wir nicht in seinem Willen sind, können wir in ernsthafte Schwierigkeiten geraten. Wir müssen den Herrn suchen, und zwar nicht, um zu fragen, was wir tun sollen, sondern weil *er ist, was wir tun sollen.* Er ist die Arche, die Gott uns für unsere Errettung gegeben hat.

Das Ziel dieser Vision ist nicht, dafür einzutreten, daß Zukunft und Eschatologie groß in den Vordergrund gerückt werden. Sie möchte vielmehr erreichen, daß in der Kirche Bewußtsein und Entschlossenheit zunehmen, die Nähe Gottes zu suchen und dabei keinen einzigen Tag zu vergeuden. All unser Wissen und unsere Mutmaßungen über »Armageddon« werden uns nichts nützen, wenn unser »Armageddon« an der Verkehrsampel auf dem Weg zur Arbeit stattfindet. In den kommenden Tagen wird es nicht allzu sehr darauf ankommen, was wir wissen; wichtig wird sein, ob wir ihn kennen und wie gut wir ihn kennen. Der Herr selbst hat uns ermahnt, wir sollen die Zeichen der Zeit erkennen. Doch bei weitem wichtiger ist es, den zu kennen, der all diese Dinge in seiner Hand hält und dessen Willen zu tun.

Wenn wir seine Stimme hören wollen, müssen wir ihn kennen. Ich habe einmal eine Geschichte von drei Hirten gelesen, die ihre Schafe zur gleichen Zeit an ein Wasserloch führten. Die Herden vermischten sich, bis es unmöglich geworden war, auseinanderzuhalten, welches Schaf zu welcher Herde gehörte. Die Hirten schien dies nicht weiter zu bekümmern, obwohl es so aussah, als ob sie ihre Schafe nie wieder auseinanderhalten könnten. Als die Zeit zum Aufbruch gekommen war, schlug jeder Hirte einen anderen Weg ein und begann beim Laufen zu singen. In der durcheinandergewürfelten Herde herrschte erst riesige Verwirrung; dann begannen kleine Gruppen von Schafen hinter ihren Hirten herzuziehen, bis sich alle getrennt hatten. Obwohl alle Schafhirten sangen, kannte jedes der Schafe die Stimme seines Schäfers.

Heutzutage gibt es in der Welt viele Stimmen, die alle auf verschiedene Wege führen. Alle diese Wege sehen gut aus, doch gibt es nur einen Weg, der zum Leben führt. Wir können keinem vorgezeichneten Pfad folgen; wenn wir anhand von Formeln und »so funktioniert's gewiß«-Tips unseren Weg machen wollen, können wir sehr leicht in die Irre geführt werden. Wir müssen ihm folgen. Wir müssen seine Stimme von allen anderen unterscheiden können, auch wenn jene laut nach unserer Aufmerksamkeit verlangen. Es reicht nicht, jemanden zu kennen oder jemandem nachzufolgen, der Gottes Stimme kennt. Viele der gegenwärtigen Leiter werden im Laufe der Zeit gehen. Jeder von uns muß den Herrn ganz persönlich kennen. Jeder von uns muß eine vertraute Nähe mit ihm pflegen. Als Hiob alles verloren hatte außer dem Herrn, realisierte er, daß er gar nichts anderes brauchte als ihn. Genausowenig brauchen wir sonst etwas! Er ist alles, was wir in diesen Zeiten und für alle Zeiten brauchen werden.

Stellen Sie sich demütig unter den Schutz der mächtigen Hand Gottes, dann werden Sie dabeisein, wenn Gott seine Kirche erhöht. Diejenigen, die sich jetzt entäußern, die all ihren persönlichen Ehrgeiz ablegen und nicht an ihrem Rang und Namen länger interessiert sind, die geduldig Ablehnung erleiden und auf kein Verständnis stoßen – sie werden bald die ganze Welt mit der Botschaft des Königs aufrütteln.

Wir haben ein Reich, das nicht erschüttert werden kann. Dieses Reich ist so groß und machtvoll, daß nicht einmal ein einziger Bewohner auch nur den Kopf heben würde, wenn die schlimmsten Probleme und Tragödien alle auf einmal über dieses Reich hereinbrechen würden. In der ehrfurchtgebietenden Größe von Gottes Universum bedeutet die Erde nicht mehr als ein Tropfen Wasser in all den Ozeanen der Welt. Außer auf diesem kleinen Fleck namens

Erde herrscht sonst überall im Universum Gottes Güte. Er hat alles in der Hand.

Die Vollmacht, die er dem Geringsten seiner Kleinen gegeben hat, ist größer als alle Macht des Feindes – denn er hat uns seinen Sohn gegeben. Die ganze Schöpfung staunt jetzt und für alle Zeiten darüber, was er für uns getan hat. Uns jedoch scheint es oft kaum zu kümmern. Es ist Zeit, daß wir aufwachen. Es ist Zeit, daß wir den, der in uns wohnt, kennenlernen und in ihm bleiben. Er muß realer für uns werden als alle Probleme und Reize der Welt. Wenn wir ihn erst einmal sehen und das Reich, das er uns gegeben hat, dann wird uns nichts auf der Welt je wieder ablenken können. Wenn wir unseren König erblicken, wird jeder menschliche Pomp und jede Position ganz erbärmlich belanglos erscheinen. Wenn wir ihn sehen, wird das Ewige wirklicher für uns werden als das Vergängliche. Auf diese Weise steuert unser Leben unaufhaltsam auf die Stadt zu, die feste Grundmauern hat – die Stadt, deren Architekt *und* Bauherr Gott ist.

# Ergänzungen

## Das Folgende wurde am 15. März 1990 hinzugefügt

Seit dieses Buch 1989, also vor weniger als einem Jahr zum ersten Mal erschienen ist, hat es auf der Welt radikale Veränderungen gegeben. Einige dieser Veränderungen wurden in dieser Vision vorausgesagt. Allerdings hätte ich nicht gedacht, daß sie sich so schnell ereignen würden, wie es nun passiert ist. Auch war mir die Art und Weise, wie die Dinge sich nun ereignet haben, nicht unbedingt klar. Wenn dieses letzte Jahr ein Hinweis auf den Zeitrahmen ist, in dem sich der Rest der Vision abspielen wird, dann sind wir nun in die intensivsten und dramatischsten Zeiten der Menschheitsgeschichte eingetreten. Zeit ist nun eines der kostbarsten Dinge, die wir haben. Wir dürfen keinen Augenblick verstreichen lassen, ohne so viel daraus zu machen wie nur möglich. Wenn wir angemessen vorbereitet sein wollen, dürfen wir keinen einzigen Tag verschwenden, der uns gegeben ist.

Der Apostel Paulus erklärte: »*Aber zuerst kommt nicht das Überirdische; zuerst kommt das Irdische, dann das Überirdische*« (1 Kor 15,46). Die Dinge, die im Bereich des Natürlichen geschehen sind, gehen oft prophetisch dem voraus, was im Bereich des Geistes geschehen wird. Was in Osteuropa geschehen ist, spiegelt nur das wider, was demnächst in der Kirche geschehen wird. Jede Mauer, die das Volk Gottes voneinander trennt, wird fallen. Wenn die verantwortlichen Mitglieder sie nicht niederreißen, dann werden es die anderen tun. Die Fessel des starren Festhaltens an der ausschließlichen Richtigkeit der eigenen Konfession oder Glaubensrichtung wird gesprengt werden.

Als das kleine Land Ungarn seine Zäune niederriß, um in freien Austausch mit dem Westen zu treten, brach die eiserne Herrschaft einiger der mächtigsten und gewaltsamsten Regierungen der Menschheitsgeschichte innerhalb von Wochen zusammen! Noch nie zuvor ist eine solche Kräfteverschiebung in so kurzer Zeit vonstatten gegangen, darüber hinaus mit nur wenig Waffen und geringem Blutvergießen. Es geschah wirklich so, als ob man einen kleinen Strohhalm auf ein schwerbeladenes Kamel gelegt und dieser den Rücken des Tieres gebrochen hätte. Dasselbe wird in Kürze in der Kirche passieren. Die Bürden der Selbstverherrlichung und des Schützens der eigenen Position, die sich Leiter aufluden, haben ein unerträgliches Maß erreicht. Scheinbar unbedeutende Ereignisse werden zu einer Revolution im Christentum führen, wie es sie seit fast zweitausend Jahren nicht mehr gegeben hat.

Als Revolutionen durch die Ostblockländer hinwegfegten, wurde jeder Berg und Hügel (Mächte und Amtsgewalten) niedergerissen und jedes Tal und jede Niederung erhöht (vgl. Jes 40,4). Diejenigen, die fast unbegrenzte Macht in Händen gehabt hatten, fanden sich im Gefängnis wieder oder vor einem Exekutionskommando. Männer, die unter den niedrigsten und unmenschlichsten Bedingungen in Gefängnissen vor sich hingesiecht hatten, wurden innerhalb von Tagen zu Staatsoberhäuptern. Es war eine durchdringende Offenbarung, Männer zu sehen, die noch Tage vorher die Mächtigsten der Erde gewesen waren und nun auf Knien die Leute anflehten, sich doch zumindest ihre Verteidigungsreden anzuhören. Doch die Menschen duldeten kein einziges Wort von ihnen, denn sie gehörten der alten Ordnung an. Sie würden nie wieder auf die hören, die sie unterdrückt hatten.

Nur diejenigen, die vor den Veränderungen schon Revolutionäre gewesen waren, wurden als Leiter akzeptiert. So sehr die Männer der alten Ordnung auch versuchten, sich als zur neuen Ordnung gehörig darzustellen – die Menschen ließen sich nicht täuschen. Als die Veränderungen hereinbrachen, rissen sie alle mit, die sich ihnen widersetzt hatten. Die Kirche wird in Kürze einen Wechsel in der Leiterschaft erleben, der genauso radikal ist. Diejenigen, die keine Erneuerung wahrgenommen haben, bevor die Veränderungen hereinbrechen, werden mit der alten Ordnung hinweggerissen werden. Wir dürfen nicht glauben, wir könnten warten, bis der Umschwung da ist, bevor wir Buße tun. Dann wird es zu spät sein. Jetzt ist die Zeit! Der Psalmist warnte uns:

> »Darum soll jeder Fromme in der Not zu dir beten; fluten hohe Wasser heran, ihn werden sie nicht erreichen« (Ps 32,6).

Der augenscheinliche Zusammenbruch des Kommunismus hat vielen ein Gefühl der Sicherheit verliehen. Wie ich in dieser Vision ausgeführt habe, wird die Freiheit in Ländern, die bisher unter Gewaltherrschaft gelitten haben, zunehmen, dagegen werden die Länder, die bisher Freiheit genossen haben, zunehmend unterdrückt werden. Der Kapitalismus wird sich genauso radikal verändern, wie der Kommunismus es getan hat. Das heißt nicht, daß kapitalistische Länder nun kommunistisch werden, sondern die Grundstruktur ihres Wirtschafts- und Regierungssystems wird sich verändern. Alles im Himmel und auf der Erde wird erschüttert werden (vgl. Hebr 12,25-29). »*Während die Menschen sagen: Friede und Sicherheit!, kommt plötzlich Verderben über sie*« (1 Thess 5,3). Wir dürfen unser Vertrauen nicht auf die Welt und ihren Zustand setzen, sondern sollen »*dankbar sein, weil wir ein unerschütterliches Reich empfangen, und wollen Gott so dienen, wie es ihm gefällt in ehrfürchtiger Scheu; denn unser Gott ist ein verzehrendes Feuer*« (Hebr 12,28-29).

Einige der beschriebenen Ereignisse in dieser Vision sind *viel* schneller eingetroffen, als ich erwartet hätte. Ich kann nicht mit Sicherheit sagen, ob dies ein Zeichen dafür ist, daß der Rest der Vision genauso schnell eintreffen wird. Doch weiß ich mit Sicherheit, daß die Kirche im allgemeinen weit davon entfernt ist, auf diese Zeiten vorbereitet zu sein. Wir müssen von unserem Schlaf erwachen und dürfen unsere Zeit und Energie nicht weiterhin darauf verwenden, an dem zu bauen, was sowieso zum Sterben verurteilt ist.

Es versteht sich, daß »... die Unwissenden, die noch nicht gefestigt sind ...« bestimmte Einzelheiten dieser Ermahnung »zu ihrem eigenen Verderben« verdrehen (2 Petr 3,16). Immer wenn von der Notwendigkeit einer Veränderung die Rede ist, wird in den Rebellischen die Rebellion genährt. In gewissem Ausmaß muß und wird dies passieren, doch wir dürfen uns davon nicht einen einzigen Grad von unserem Kurs abbringen lassen. Wir haben keine Zeit mehr, irgend etwas zurückzuhalten. Wir müssen zu unserer ersten Liebe zurückkehren und uns wieder radikal einem biblischen Christentum zuwenden. Bald wird der Tag kommen, an dem wir uns für die neue Ordnung disqualifiziert haben, wenn wir nicht zuvor furchtlos für sie eingetreten sind. Diejenigen, die sich Veränderungen widersetzen, werden von ihnen mit fortgerissen werden.

Es versteht sich ebenfalls, daß das Bestreben der alten Ordnung immer sein wird, eine aufkommende neue Ordnung zu zerstören. Wie Davids Vorgänger Saul werden diejenigen, die ihre Salbung verloren haben, den jungen gesalbten Leitern gegenüber vor Zorn »geistlich« wahnsinnig werden. Sie werden Speere in Form von Beschuldigungen und Verleumdungen auf sie werfen und alles tun, um sie zugrunde zu richten. Wir brauchen uns dadurch nicht beunruhigen zu lassen. Wir müssen einander dem Geist nach erkennen, nicht aufgrund von Gerüchten, damit nicht auch wir vom Wahnsinn dieser Zeiten mitgerissen werden.

Das soll nun nicht heißen, daß jeder, der eine Zeitlang in Leiterschaft gestanden hat, zur alten Ordnung gehört. Es gibt viele treue Heilige, die den Glauben durch einige der verwirrendsten Zeiten der Kirchengeschichte hindurch bewahrt haben. Sie waren schon Mitglieder dieser neuen Ordnung, als ein Teil dieser neuen Generation noch gar nicht geboren war. Sie gehörten vielleicht einer anderen Generation an, doch sie sind echte »Josuas« und »Kalebs«, die dazu berufen sind, die neue Generation in ihr verheißenes Land zu führen.

Zwar haben einige Leiter die gleichen Anlagen wie König Saul, doch wir leben im Zeitalter der Gnade. Um ihretwillen wollen wir den Herrn um Hilfe anflehen, damit sie in neue Menschen verwandelt werden mögen, die ihre Ängste ablegen und das Wesen eines Josuas oder Kalebs annehmen. Der größte Triumph unseres Feindes ist, einen der Gesalbten Gottes in einen Saul zu verwandeln. Einige unserer größten Siege werden wir verzeichnen, wenn wir sehen, wie Gott sie wieder erneuert. Wir dürfen nie vergessen, daß unser Gott ein Gott der Erlösung und Wiederherstellung ist. Er möchte, daß *alle* Menschen gerettet werden *und* zur Erkenntnis der Wahrheit gelangen. Wir wollen eines Sinnes mit ihm sein und uns immer nach Möglichkeiten umsehen, wie wir Vergebung und Wiedergutmachung üben können. Bei dieser großen Ernte, die immer näherrückt, werden wir jeden Mann brauchen, den wir bekommen können. Wir wollen also keinen unserer Brüder, der in irgendeiner Weise in die Fänge des Feindes geraten ist, bereitwillig zurücklassen. Denn das Erbarmen siegt über das Gericht (vgl. Jak 2,13). Erbarmen kann unsere Brüder befreien, die sich in ihren eigenen Fallen des Richtens und Kritisierens verfangen haben.

## Das Folgende wurde am 20. Januar 1991 hinzugefügt

Während ich dies schreibe, führen die Vereinigten Staaten und ihre Verbündeten schon seit einigen Tagen Krieg mit dem Irak. Im Moment kann ich noch nicht mit Sicherheit sagen, ob dies der Krieg im Mittleren Osten ist, den ich in dieser Vision vorhergesehen habe und auf den ich im sechsten Kapitel eingegangen bin. Falls er es sein sollte, dann schauen Sie, ob nicht Syrien innerhalb der verbündeten Nationen zum zentralen Brennpunkt und Problem wird. Was im Bereich des Natürlichen geschieht, spiegelt das wider, was im Bereich des Geistes vor sich geht. Die Kirche muß mit der gleichen Entschlossenheit in den geistlichen Kampf eintreten, mit der sich die verbündeten Nationen ihrem Kampf verpflichtet haben. Die Gebete der Heiligen können gewaltigere Wirkung haben als Bomben. Es ist Zeit, den »Engelfürst des Perserreiches« (Dan 10,13) mit allem was wir haben anzugreifen. Wir müssen unbeugsam werden in unserer Entschlossenheit und dürfen nicht aufhören, bevor er nicht gänzlich vernichtet ist. Wie Daniel, der gegen den gleichen Geist anging, müssen wir unsere Aufmerksamkeit auf den Herrn konzentrieren und auf die Wiederherstellung seiner Absichten. Dafür müssen wir beten, ungeachtet der bösen Pläne und Angriffe des Feindes, durch die er uns zum Abbrechen bewegen will. Unsere Gebete können genauso treffend und wirksam Festungen einstürzen lassen wie jede lasergesteuerte Fernlenkwaffe. Es ist nun Zeit, daß die Kirche ihre Waffen ergreift und im wesentlichen das tut, was auch die Streitkräfte der verbündeten Nationen im Irak zu erreichen versuchen – sie muß den Fürst des Perserreiches unschädlich machen, damit er nichts Böses mehr *aussprechen* (Anklage) und keine »Raketen« mehr auf uns abschießen kann (seine »feurigen Geschosse«, Eph 6,16). Sie muß seine Festungswerke – die »Gedankengebäude ... die sich gegen die Erkenntnis Gottes auftürmen« (1 Kor 10,5) wie Humanismus, New Age und andere falsche Religionen und Irrlehren – unerbittlich unter geistlichen Beschuß nehmen. *Es wird endlich Zeit, daß die Kirche zum Angriff übergeht!* Wenn wir nicht jetzt beginnen, das Lager des Feindes anzugreifen, werden wir später einen viel höheren Preis zahlen müssen.

# Vision für Deutschland

Deutschland ist eine der außerordentlichsten Nationen der letzten fünfhundert Jahre gewesen. Aus Deutschland sind gewaltige geistliche Segnungen, aber auch schlimmste Tragödien hervorgegangen. Deutsche große Denker wie Martin Luther, Graf Zinzendorf und Dietrich Bonhoeffer haben tiefgreifenden und prägenden Einfluß auf den Leib Christi genommen. Sie haben dazu beigetragen, den Kurs der Kirche richtig einzustellen, damit sie ihren Auftrag in der Endzeit erfüllen kann. Freud, Marx und Einstein haben das zwanzigste Jahrhundert wahrscheinlich stärker geprägt als irgend jemand sonst. Doch trotz alledem liegt Deutschlands großartigste Bestimmung und sein vielleicht bedeutendstes Ausüben geistlicher Leiterschaft noch in der Zukunft.

Die geistlichen und politischen Kräfte, die im Deutschland der Nazis hochkamen, sollten letzten Endes nur der Vorbereitung auf Satans endgültigen Plan dienen, den Endzeitdienst der Kirche und die endzeitlichen Pläne Gottes mit Israel zu vereiteln. Bemerkenswerterweise sind die Ursachen dieser schlimmen Verblendung des deutschen Volkes bisher noch nicht in aller Tiefe verstanden worden. Der Historiker D. Sklar beobachtete: »Viele Bücher sind über Hitler und den Holocaust geschrieben worden, und man hat sich viele Gedanken über die Ursachen davon gemacht ... Doch es scheint keine Erklärung zu geben, die der nächsten nicht widersprechen würde, und all die Erklärungen zusammen ergeben eine Lösung, die so allgemein ist, daß sie letzten Endes gar nichts aussagt ... Noch haben die Historiker die grotesken Ereignisse des dritten Reiches nicht in angemessener Weise aufgearbeitet.«*

Das Dritte Reich stellt die Menschheit vor einige grundlegende Fragen, die noch nicht zufriedenstellend beantwortet sind. Diese Fragen kann nur die Kirche beantworten, denn sie hat den Auftrag,

---

* *The Nazis And The Okkult,* D. Sklar, Dorset Seite 1

Licht der Welt zu sein. Erstaunlicherweise ist die Kirche auf diese Fragen noch nicht allzu tief eingegangen. Und wahrscheinlich kann sowieso nur die deutsche Kirche diese Antworten geben. Denn wem viel vergeben wurde, der liebt normalerweise viel, und nur die Liebe kann die letztlichen Fragen der gefallenen Menschheit beantworten. Wenn diejenigen, die in unendliche Tiefen gefallen sind, wieder Boden unter den Füßen haben, werden sie längst nicht mehr so leicht wieder fallen.

Mit dem Kommunismus wird es weiterhin abwärts gehen (vorbei ist es allerdings noch nicht mit ihm), doch genau dann, wenn die Welt sagt »Friede, Friede« sind wir einer ganz schrecklichen Zerstörung näher denn je. Ein wahres Sprichwort sagt: »Wer aus der Geschichte nicht lernt, ist prädestiniert dafür, sie zu wiederholen.« Wenn die Wurzeln der Verblendung im Nazideutschland nicht ausgegraben und ans Licht gebracht werden, dann ist die ganze Welt darauf eingestellt, diese teuflische Torheit zu wiederholen. Die Samen, aus denen der Faschismus hervorging, der gerade erst vor fünfzig Jahren in einem noch nie dagewesenen Ausmaß die Welt zur Hölle machte, sind auch in jeder anderen Nation der Erde gesät worden. Was diesen Samen damals das Sprossen ermöglichte, war ein weltweiter Zusammenbruch der Wirtschaft. Und genau darauf steuern wir mit jedem Tag immer näher zu. Wenn die Wirtschaft zusammenbricht, wird sich die Welt nicht in den Kommunismus flüchten, sondern ins andere Extrem verfallen. Sie wird sich dem Faschismus verschreiben und starken Führungspersönlichkeiten folgen, die wirtschaftliche und soziale Wiederherstellung versprechen, auch wenn deren geistlicher oder moralischer Zustand indiskutabel ist.

Viele Kultgemeinschaften haben die Herrschaft Hitlers schon viele Jahre vor seiner Machtergreifung prophezeit. Die bekannten Autoren Guido von List und Jörg Lanz sahen beide voraus, daß »ein arischer Held« kommen würde, »ein Starker von oben«, der das hinduistische Konzept der Rassenreinheit mit der Darwin'schen Evolutionslehre vereinigen würde. Die in München ansässige Thule-Gesellschaft prophezeite das Kommen eines *Führers*, der die verhaßte Demokratie, die sie als »Handlanger der Schwachen« bezeichneten, abschaffen würde. Danach würde das deutsche Volk seine Stellung als das wahre, auserwählte Volk, »das messianische Haupt aller Nationen« einnehmen und den anderen Nationen auf dem Weg zur ultimativen Zivilisation als Leiter voranschreiten.

Im zweiten Kapitel, Vers 13 der Offenbarung tröstete der Herr die Kirche in Pergamon mit den Worten: »Ich weiß, wo du wohnst; es ist dort, wo der Thron des Satans steht.« Dieser Thron des Satans war ein tatsächlicher Altar für den heidnischen Gott Baal, auf dem Menschenopfer dargebracht wurden. Interessanterweise haben deutsche Archäologen diesen »Thron des Satans« in der Stadt Pergamon, auf die die Schrift hier Bezug nimmt, ausgegraben und nach Berlin gebracht. Man kann diesen Altar heute noch im Berliner Pergamonmuseum besichtigen. Hitler ließ die riesige Frontseite seines Podiums in Nürnberg – wo die großen Kundgebungen und Militärparaden der Nazis immer stattfanden – als originalgetreues Ebenbild dieses »Throns des Satans« fertigen. Damit zeigte er, daß er genau wußte, wem er diente. Beide dieser teuflischen Bauten stehen auch heute noch in Deutschland und dienen als ernüchternde Erinnerung an die Verblendung in der Vergangenheit.

Als ich vor kurzem in Berlin war, saß ich im Café mit einem schwedischen Journalisten namens Torbjörn Freij, den ich schon seit vielen Jahren kenne. Er teilte mir mit, daß es nach seinem Dafürhalten viele Antichristen gäbe und daß man die Geschichte mit einer aufwärtsstrebenden, immer enger werdenden Spirale vergleichen könne. Jede nächsthöhere Stufe der Spirale offenbarte einen Antichristen, der sich immer mehr dem Wesen und der Macht *des* Antichristen annäherte, den die Spitze der Spirale repräsentiert. In der Tat scheint jede Generation einen Antichristen gehabt zu haben, den viele für *den* Antichristen gehalten haben, da er so sehr dem entsprach, was man sich unter dem Antichristen vorstellt. Und wirklich scheint auch jeder einzelne von ihnen der eindringlichen Personifikation Satans immer ein bißchen näherzukommen. Es ist gut möglich, daß Hitler diesem letztlichen Schrecken, der erst noch über die Welt kommen wird, bisher am nächsten gekommen ist. Dies könnte sehr wohl ein Zeichen dafür sein, daß die Spirale immer enger wird und sich langsam der Spitze nähert.

Man könnte dementsprechend beobachten, daß auch die Kirche einer sich verjüngenden Spirale gleicht, an deren Spitze ihre letztliche Berufung zur Christusähnlichkeit und der eigentliche Zusammenstoß mit dem Antichristen steht. Doch gleichgültig, ob uns dieses Bild der Spirale zusagt oder nicht, ist klar, daß jeder einzelne Tag uns dem Kulminationspunkt dieses Zeitalters und dem damit einhergehenden letzten Zusammenstoß zwischen Licht und Finsternis näherbringt. Die Kirche muß die Antworten auf die letztlichen Fragen bezüglich der Verblendung der Menschheit haben, und niemand anderer als die Kirche *kann* sie haben. Der größte Teil der Christen in Deutschland ließ sich vom Dritten Reich genauso täuschen wie die Nichtchristen. Wird sich das wiederholen? Was im Nazideutschland geschehen ist, kann in jeder anderen Nation der Welt genauso geschehen, auch in den Vereinigten Staaten. In unmittelbarster Gefahr stehen gegenwärtig die früheren Sowjetrepubliken, da sie sich jetzt schon mitten in einer schlimmen wirtschaftlichen Misere befinden. Sie werden nicht in den Kommunismus zurückflüchten, sondern Satans Strategie ist, sie in ihrer Verzweiflung dazu zu bringen, sich mit dem Islam zusammenzutun und ins andere Extrem zu verfallen.

Ein wichtiges Element in Satans Strategie für die Vereinigten Staaten bestand darin, die tiefe Frömmigkeit und Gottesfurcht, die in der Nation herrschte, zu zerfressen, und uns dazu zu bringen, unsere zukünftige wirtschaftliche Stärke zu verspielen, indem wir unseren gegenwärtigen Wohlstand auf Schulden aufbauten. Unmittelbar nachdem 1962 das Schulgebet in Amerika abgeschafft worden war, startete Satan einen Großangriff gegen unsere Kinder. Er ließ unverzüglich all die Tendenzen zu, die sich gegen die bestehende Kultur auflehnten und Drogen und freie Liebe propagierten.

Schulgebet war ein wirksames Schutzschild für unsere Kinder. Als es abgeschafft wurde, wurde ihr geistlicher Schutzmantel sehr dünn. Millionen wurden von dem Strom von Ausschweifungen mitgerissen, dem damals freier Lauf gewährt wurde. Der Apostel Paulus rief die Kirche dazu auf, nicht mit der Faust zu kämpfen, »... wie einer, der in die Luft schlägt ...« (1 Kor 10,25). Paulus verstand, daß unser Konflikt mit dem Bösen mit einem Boxkampf vergleichbar ist. Satans »rechter und linker Fausthaken« in diesem Jahrhundert war, erst eine Bewegung auf uns loszulassen, die sich gegen die bestehende Kultur auflehnte, um gleich danach eine Kultur aufzubauen, die vom Materialismus besessen war. Jeder dieser Fausthaken soll uns aus dem Gleichgewicht bringen, damit ein noch stärkerer Konterschlag uns dann leichter ganz zu Boden werfen kann. Gerade als wir uns von den Bewegungen der sechziger Jahre, die nach einer Kulturrevolution verlangten, einigermaßen wieder erholt hatten, kam die Faust von der anderen Seite und schlug uns mit der Besessenheit »Materialismus«. Und wenn wir uns davon wieder erholt haben werden, wird Satan eine Bewegung ins Leben rufen, die noch heftiger gegen die bestehende Kultur kämpfen wird. Wenn wir diesen Kampf gewinnen möchten, müssen wir seine Schläge kommen sehen, sie abwehren und selbst zuschlagen, bevor Satan wieder aufsteht.

Die Kirche hat durch die Erweckung und den Aufbruch in der Vergangenheit einige sehr, sehr wirksame Konterschläge setzen können. Doch in letzter Zeit hat der Feind so sehr auf uns eingeboxt, daß wir angeschlagen in den Ringseilen taumeln. Er hat es sogar geschafft, daß die Kirche selbst zu einem guten Stück daran beteiligt war, daß in den achtziger Jahren der Materialismus die Herzen der Menschen so gefangennehmen konnte. Deshalb brauchen wir gerade jetzt ganz dringend einen guten Konterschlag. Der Herr sieht vor, in Kürze sowohl England als auch Deutschland diesen Konterhaken setzen zu lassen. Eine große Anzahl der Konflikte zwischen diesen beiden Nationen liegt darin begründet, daß Satan schon seit langem versucht hat, die gemeinsame Bestimmung zu verhindern, die diese beiden Länder im Endzeitdienst verbindet.

Nach dem verlorenen Ersten Weltkrieg und dem darauffolgenden wirtschaftlichen Zusammenbruch während der großen Depression kam ein ungeheurer moralischer Verfall in noch nie dagewesenen Wellen von Ausschweifung und Verderbtheit über Deutschland. Die Geschichte bestätigt nicht die Theorie, nach der ein wirtschaftlicher Zusammenbruch eine Nation zur Umkehr bewegt; im Gegenteil, bisher ist meist sogar genau das Gegenteil passiert. Ernsthafte wirtschaftliche Probleme haben meist zur Folge, daß allseits moralischer Verfall um sich greift. Und in vielen Fällen dienten wirtschaftliche Probleme als Trittbrett für so teuflische Regierungsformen wie Nationalsozialismus oder Kommunismus, die dadurch an Boden gewinnen konnten. Wirtschaftlicher Zusammenbruch ist nicht die Strategie des Herrn, um Buße zu bewirken, sondern es ist die Strategie des Feindes, der dadurch die Stabilität der Weltregierungen untergraben möchte, damit er dann die Zeit größter Finsternis über uns kommen lassen kann, die die Welt je gesehen hat. Die Kirche wird in dieser Zeit der Finsternis aufstehen und überwinden, aber dennoch wollen wir nicht hoffen, daß der Feind mit seiner Strategie Erfolg hat, wie manche Christen dies zu tun scheinen. Wir sollten ernsthaft für unsere Regierungen beten und für Frieden und wirtschaftliche Stabilität in der Welt, damit uns noch so viel wie möglich Zeit zur Vorbereitung bleibt. Denn die Kirche ist weit davon entfernt, auf diese letzte Schlacht vorbereitet zu sein.

Als Hitler kam und sich so voller Überzeugung gegen Pornographie, Perversion und Drogen aussprach, hielt ihn das Volk Gottes in Deutschland zu weiten Teilen für einen Gesandten Gottes. Ist unsere Fähigkeit zur geistlichen Unterscheidung immer noch so schlecht wie damals? Die Torheit, die der Leib Christi in den letzten Jahrzehnten bei Fragen bezüglich der Lehre gezeigt hat, gibt Anlaß zur Vermutung, daß es inzwischen noch schlimmer ist und daß die Kirche indirekt sogar zum Wegbereiter für eine weitere schlimme Verblendung dieser Art geworden ist. Als Hitler seine Versprechen wahrmachte, die Wirtschaft, die nationale Würde und die Disziplin im Land wiederherzustellen, hielt man ihn für einen Retter. Es ist immer deutlicher abzusehen, daß die Welt abermals vor genau dieselbe Situation gestellt wird. Deutschland wird die Nation sein, die sich wahrscheinlich am wenigsten nochmals täuschen läßt und die am ehesten erkennt, wenn dieser antichristliche Geist wieder aufkommt.

Immer wenn der Herr Weizen sät, kommt der Feind und streut seine Unkrautsamen in dasselbe Feld, denn er möchte die Ernte vernichten. Der Feind hat in der Vergangenheit einige seiner entschlossensten Angriffe gegen Deutschland gerichtet und einige seiner teuflischsten Samen in dieses Land gelegt, da er weiß, welch hohe Berufung und Bestimmung auf der deutschen Nation liegt. Die Samen, die Satan in Deutschland gesät hat, sind ein ultimativer Versuch, Gottes Absichten für dieses Land in der Endzeit zu entkommen.

Deutschland wird einen erneuten Blitzkrieg starten, doch diesmal wird die Armee, die loszieht, eine Armee des Heils sein, nicht der Zerstörung. Diese Armee wird wieder durch fast alle Nationen Europas ziehen, und sie wird unbesiegbarer sein als jede andere Armee, die durch Europa marschiert ist. Was Satan durch die zwei Weltkriege anrichten konnte, war ziemlich exakt eine ins Gegenteil verdrehte Kopie des Planes, den der Herr eigentlich für Deutschland gehabt hatte. Deutschland wird allen Orten, an denen es einstmals Zerstörung verursachte, Heilung, Wiederherstellung und Errettung bringen.

Es war der Herr, der Deutschland wiedervereint hat. Deutschland hat äußerlich wie auch geistlich immens viel durchmachen müssen und kennt den Schmerz des Getrenntseins aus eigenem Erleben. Gegenwärtig muß das Land nun die Opfer bringen und den Schmerz leiden, den die Wiederherstellung der Einheit kostet. Deutschland muß diese Lektionen lernen, da es dazu berufen ist, den verarmten Ländern des ehemaligen Ostblocks Heilung, Einheit, Wiederherstellung und wirtschaftlichen Neuaufbau zu bringen. In Deutschland wird ein tiefes Verlangen danach erwachsen, die Länder zu segnen, denen es zuvor Zerstörung gebracht hat. Deutschland wird Israel liebgewinnen und segnen, und Israel wird Deutschland liebgewinnen. Deutschland wird Rußland liebgewinnen und mehr als jedes andere Land zur Wiederherstellung von Rußland und den anderen Staaten der ehemaligen Sowjetunion beitragen. Gott hat gute Pläne für Deutschland.

Vor einem halben Jahrhundert wollte sich Deutschland stolz über die anderen Nationen erheben, doch auf Stolz legt nur Satan seine Salbung. »*Gott tritt den Stolzen entgegen, den Demütigen aber schenkt er seine Gnade*« (Jak 4,6). Gott in seiner Gnade erhält Deutschland die Erinnerung an die Verblendung in der Vergangenheit. Dies wird es Deutschland leichter machen, demütig und abhängig von Gottes Gnade zu bleiben. Deutschland kennt die Abgründe, in die Satan eine Nation ziehen kann. Doch der Herr wird Deutschland nun ebenso tief erfüllen, wie zuvor Satan seine Wurzeln in deutschen Boden geschlagen hat. In Deutschland wird in Kürze eine neue Reformation aufkommen, die sich gegen die antichristlichen Mächte stellen wird, welche sich gegenwärtig auf der ganzen Welt zusammenballen. Dort, wo der Geist des Antichristen durch Rassenhaß und die Rebellion des Humanismus Finsternis, Tod und Zerstörung bringt, wird die deutsche Kirche und die deutsche Nation aufstehen und mit hellem Licht strahlen. Deutschland ist eine erwählte Nation. Doch nur wahre Demut sowie Liebe und Toleranz anderen Völkern gegenüber wird die Gnade Gottes freisetzen, die notwendig ist, damit Deutschland seine große Bestimmung erfüllen kann.